城乡文化和谐共生……

理论基础、实现机制及地方经验

徐之顺　等/著

南京大学出版社

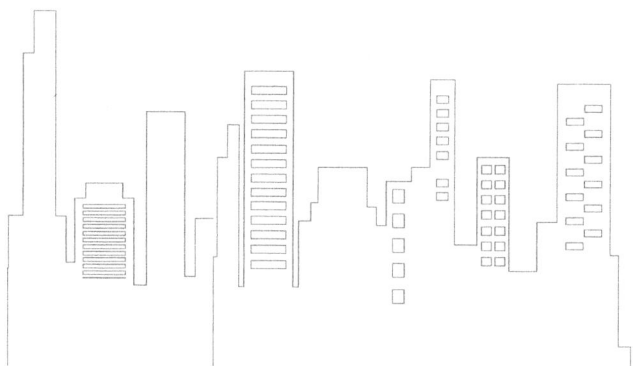

图书在版编目(CIP)数据

城乡文化和谐共生：理论基础、实现机制及地方经
验 / 徐之顺等著. — 南京：南京大学出版社，2021.7
ISBN 978 - 7 - 305 - 23973 - 1

Ⅰ. ①城… Ⅱ. ①徐… Ⅲ. ①文化发展－城乡一体化
－研究－中国 Ⅳ. ①G12

中国版本图书馆 CIP 数据核字(2020)第 226344 号

出版发行　南京大学出版社
社　　址　南京市汉口路 22 号　　　　　邮　编　210093
出 版 人　金鑫荣

书　　名　**城乡文化和谐共生：理论基础、实现机制及地方经验**
著　者　徐之顺 等
责任编辑　束　悦

照　　排　南京南琳图文制作有限公司
印　　刷　江苏凤凰数码印务有限公司
开　　本　718×1000　1/16　印张 17.5　字数 314 千
版　　次　2021 年 7 月第 1 版　2021 年 7 月第 1 次印刷
ISBN 978 - 7 - 305 - 23973 - 1
定　　价　88.00 元

网址：http://www.njupco.com
官方微博：http://weibo.com/njupco
官方微信号：njupress
销售咨询热线：(025) 83594756

序

　　城乡文化关系是一个国家在工业化、城市化进程中必然产生、必须解决的重要问题。我对这个问题感兴趣，起初是源于感性认识而不是理性思考。我的家乡在江苏高邮市司徒乡官垛村，那是一个典型的里下河地区的传统乡村，地势低洼，四面环水，出门靠船，种粮靠垦荒围田。村庄北面，方圆万亩的芦苇荡，不通人烟，不近城郭，鱼虾戏水，禽兽出没，村民们春天采芦叶，夏天捕荡鱼，秋天割芦草，冬天避大风；婚丧嫁娶，自有村里或乡里唱戏的、说书的、做道场的、放电影的前来热闹，这就是我孩提时代对家乡的记忆。1982年我考取大学后回家乡不多了，家乡面貌发生了巨大改变。先是通电架了路灯，通了公路不再行船，后来（1995年前后），村民们由于种粮不赚钱，开始搞鱼虾养殖，村里把芦苇荡分配到各户，用挖掘机开挖鱼塘，短短几年，那莽莽苍苍、一望无际的芦苇湿地就消失了，取而代之的是错落有致、首尾相连的鱼虾养殖基地，大量养殖污水直接排入河道，那环绕村庄、村民们洗菜淘米的清澈小河，慢慢变成了混浊的、黄黑色的死水。再后来，家乡的年轻人都出去打工，村里都是上了年纪的人；比较富裕的人家到县城买房，村里的房屋旧了没人翻新，很多老屋上了锁无人居住。原先风景秀丽、民风淳朴的家乡如今只剩下一个空架子，村民们看电影要去镇上，孩子上学要去镇上，老人看病要去镇上。我每次回家探亲，看着空寂的村庄，想着繁华的城镇，两相对照，一声叹息，乡村不能再衰落了，它需要添加养料，需要培植生机，需要良序善治。

　　2013年夏天我从省委宣传部调到省社科联工作，行政事务减少了，自主支配时间多了，我开始尝试解开多年的心结，关注并研究城乡关系问题。2014年6月我申报国家社科基金课题"城乡一体化中城乡文化和谐共生的实现机制研究"，并获准立项（项目批准号14BSH059）。从那时算起直到2020年3月项目结项，课题研究用了近6年时间。我和课题研究团队按照课题申请书计划，先后在苏州市、无锡市、昆山市、张家港市、高邮市等地召开调研座谈会，并以苏州市为样本区，针对城市居民、乡村居民、农民工、城镇外来人口等，分类发放500份问卷进行社会调查；收集、整理国家、江苏及苏州市经济社会教育文化和城乡建设各类统计年鉴，设计"城乡文化和谐共生"评价指标体系，并进行统计分析；对浙江"农村文化讲堂"、特色小镇建设、江南水乡文化，以及英国、美国、法国、日本、韩国等域外经验开展文献调查整理。课题组先后召开开题会、中期研讨会等各类研讨活动，发表系列学术论文，完成研究报告《城乡文化和谐共生：理论基础、实现机制及地方经验》。

我们的研究思路，是如何从中国特色社会主义制度、生态文明、城乡共同体等更宽广的理论视域，探索形成一个城乡文化关系和生存样态的全新方式，从而有效摆脱工业文明与农业文明、城市与乡村二元对立的思维局限。这种城乡文化关系的全新生存发展方式，是中国特色社会主义制度优越性在文化上的重要体现，是建基于城乡居民共同利益和共同要求之上，是符合人类文明发展趋势的，是源于中国城乡结构内在的互哺互育特性。它将成为我们今天理解新型城镇化、城乡一体化、乡村振兴战略的新的坐标系和理论范式。

我们的研究对象，是紧紧围绕城镇化进程中城乡文化关系的性质、演变及愿景这一主线，历史性考察中央提出的新型城镇化、城乡发展一体化、新农村建设、乡村振兴战略等国家战略实施情况及其对城乡文化关系的实际影响，主要研究城乡文化和谐共生的基础理论、域内外经验借鉴，现代城乡文化共同体理论构想，城乡文化关系的现实状况，城乡文化和谐共生的价值认同机制、利益共享机制、生态文明机制、城乡居民交往互动机制、政府文化治理机制等理论与实践问题。

我们的研究目标，是通过理论分析、文献研究、样本借鉴等方法，尝试建构现代城乡文化共同体理论，用当代中国的理论和经验材料去修正、补充西方国家社会融合理论，实现城乡文化冲突对抗的分析范式向和谐共生的分析范式转变，并以江苏苏南区域为典型案例，研究总结"先行先试"的实践经验，揭示如何以体制重构、制度创新和载体建设为核心，为城乡文化实现和谐发展提供解决方案。

由于课题本身的复杂性，加之研究工作受理论视野和实践发展不足的局限，课题成果还存在一些不足和欠缺，特别是课题研究主要采取综合的、偏于宏观研究的方法，田野调查、个案分析等微观研究明显不足，这不能不说是一个缺憾。

最后，我要衷心感谢课题研究团队的同仁，他们是：苏州大学马克思主义学院朱蓉蓉教授、江苏大学人文社会科学学院李明宇教授、南京市委党校胡宝平副教授。正是他们的鼎力配合支持，我承担的课题才得以顺利完成。城乡文化关系是动态的、不断演变的，它有着自身发展的规律和特点。我坚信，和谐共生是城乡文化关系的永恒主题，本书作为铺路石，为有志于进一步研究的学人们贡献微薄的力量，乡村振兴、美丽中国的美好愿景一定会实现。

徐之顺

2020 年 11 月

目　录

第一章 导 论

第一节 问题的提出

人类社会经济活动总是发生在特定的地域空间,形成带有区域特征的特定文化。在中华文明发展的几千年漫长历史中,城乡文化和谐共生一直是一种普遍的社会现象,其根源就在于城乡之间通过地缘、亲缘和贸易的纽带,形成了小农经济与手工业相结合的相互哺育的经济社会联系,城乡居民之间形成了以儒学思想为主导的中国传统文化的核心认同。但自 1840 年鸦片战争以来,传统的乡村小农经济与城市手工业相结合的生产模式逐步解体,城市以工业为主体,农村以农业为主体,逐渐形成了城乡二元经济社会结构,以及源于农业文明的乡村文化与源于工业文明的城市文化、外来文化的差异和碰撞。1978 年中国改革开放前,一方面,中国工业化进程缓慢,农业经济占主体,中国传统文化仍然占主导,城乡文化的差异更多地表现为"城"与"乡"物理空间上所附着的文化差异;另一方面,新中国建立后,我国城乡实行不同的制度安排及管理政策,例如,城乡分立的户籍制度,偏向城市的国民收入再分配政策,"以农养工,以乡养城"的制度安排,统购统销、集体所有制、歧视性就业等制度,所有这些制度相当程度上固化了城乡经济社会二元结构,城乡之间没有出现大规模的人口流动,城乡居民经济联系和社会交往很少,城乡相互封闭,城乡文化的巨大差异被人为地控制住了,没有形成严重的文化冲突。

改革开放以来,工业化、市场化、城市化、信息化快速发展,极大地改变了传统社会原有的结构和运行机制,人们的生活方式和交往方式发生了重大改变,城乡文化关系也随之一变,由原来的相互断裂、隔离,变成相互碰撞、对立和冲突。"1952—2017 年,中国第二、三产业的 GDP 占比从 49.51% 提高至 92.09%,就业人数的城镇占比从 11.99% 提高至 54.69%,城镇人口占比从 12.46% 攀升至 58.52%。"[①]工业化率和城市化率显著提高,使得以农村为代表的传统部门向以

---

① 高帆:《构建新型城乡关系 推进一体化发展》,《中国社会科学报》,2018 年 5 月 29 日。

城市为代表的现代部门输出大量各类资源要素,城市经济社会得到快速发展,农村经济社会则陷于停滞衰退,出现了所谓"城市中国"和"乡村中国"的巨大社会变迁。而在这一历史变迁过程中,城市文化凭借工业化的资本优势和城镇化的政策推力,通过传媒、教育、市场、人口流动、旅游等各种途径,以强势姿态全面"下乡"、广泛渗透,城乡文化逐步同质化、乡村文化逐步边缘化,引发了城乡文化的认同危机。乡村是传统的农业生产地和农民生活聚集地,同时兼具经济、社会、文化、生态等多重价值和功能。在城镇化快速发展进程中,乡村普遍面临着资源外流、活力不足、公共服务短缺、人口老化和空心化、乡土特色受到冲击破坏等问题和挑战。城乡文化的对立和冲突,其主要现实表现是:城市化对乡村文化价值的否定,造成了城乡文化内在的对立和冲突,很大程度上动摇了城乡文化认同的思想基础;城乡地域景观逐步同质化,乡村文化赖以生存的文化生态日渐消失;农村"空心村"与城市"城中村"逐步形成和扩大,导致城乡文化矛盾从城乡之间延伸到城市内部;市场经济和农村工业化推动农民身份发生多角色转变,无论是留守农民还是都市乡民,不再能准确定位自身,普遍出现了集体身份焦虑。

城乡文化发展及其关系问题是一个国家城市化进程中必然产生、必须解决的重要问题。21 世纪以来,党和国家非常重视城乡文化关系。2011 年中共十七届六中全会提出城乡文化发展一体化理念。2012 年中共十八大提出以人为本的新型城镇化战略。2013 年 12 月 12 至 13 日,中央城镇化工作会议召开,指出新型城镇化要以人为本,推进以人为核心的城镇化,要传承文化,发展有历史记忆、地域特色、民族特点的美丽城镇。可以说,以 2013 年中央城镇化工作会议为标志,如何有效遏制伴随着工业化、城镇化进程而出现的我国城乡文化同质化、乡村文化边缘化趋势,努力消除城乡文化的对立和冲突,实现城乡文化和谐共生,就成为我国新型城镇化战略必须解决的重大现实问题。2017 年中共十九大进一步提出实施乡村振兴战略,加快形成城乡融合发展的体制机制。2018 年 9 月 21 日,习近平总书记在中共中央政治局第八次集体学习时强调:"在现代化进程中,如何处理好工农关系、城乡关系,在一定程度上决定着现代化的成败。……我国作为中国共产党领导的社会主义国家,应该有能力、有条件处理好工农关系、城乡关系,顺利推进我国社会主义现代化进程。"①而正确处理好城乡文化关系,推动城乡文化和谐共生,是新时代我国现代化进程中必须处理好工农、城乡关系问题的重要内容和重要体现。

---

① 习近平:《把乡村振兴战略作为新时代"三农"工作总抓手》,《求是》,2019 年第 11 期。

第二节　研究思路、方法与价值

一、研究思路

理论层面:建构理论框架,实现城乡文化冲突对抗的分析范式向和谐共生的分析范式转变。课题尝试运用马克思主义城乡关系理论、文化自觉、文化自信和文化认同理论、文化多样性理论、文化生态学的原则和理念,同时重点借鉴西方发达国家城镇化进程中如何解决新移民和少数族裔与原有城市社群文化冲突问题所形成的历史经验教训,努力探寻中国城乡文化所具有的同源性、一体性和互哺性,揭示中国城乡文化与中国特色社会主义文化的关系,分析中国城乡文化都面临着现代性、全球化挑战,因而都需要以中国特色社会主义文化为引领保持正确的发展方向,以社会主义核心价值观为核心重构城乡文化和谐共生的价值主体,形成并发展城乡文化共同体理论,进而确立实现城乡文化和谐共生的内在依据。

实践应用层面:建构机制框架,提出推动中国城乡文化和谐共生的制度设计、有效路径、载体抓手和经验示范。课题坚持以党的十八大确立的城乡一体化发展战略,中央城镇化工作会议确立的新型城镇化战略,党的十八届五中全会确立的创新、协调、绿色、开放、共享新发展理念,以及党的十九大确立的习近平新时代中国特色社会主义思想和乡村振兴战略为指导,总结借鉴世界发达国家和江苏苏州的成功经验,并通过构建城乡文化和谐共生的评价指标体系,研究总结苏州城乡文化一体化建设"先行先试"的实践经验,揭示如何以体制重构、制度创新和载体建设为核心,把城乡文化和谐共生纳入新型城镇化、城乡一体化、乡村振兴战略,按照现代城乡文化共同体建设要求,逐步纠正造成城乡文化不协调、不和谐的制度、机制和政策,为城乡文化实现和谐发展寻找基本出路,提供解决方案。遵循这样的对策研究思路,课题组提出了诸如推进城乡文化和谐共生的利益共享机制建设、政府治理机制建设、价值认同机制建设、居民交往互动机制建设、文化生态机制建设等一整套实现机制;提出了确立包容性发展的新型城镇化战略,推动城乡公共文化服务协调均衡发展,推进城乡文化认同的价值基础建设,以中国特色社会主义文化引领城乡文化发展方向,以优秀文化传统维系城乡文化认同,活跃城乡居民的交往互动,增强农民的文化自觉和主体作用,坚持发展与保护相统一走绿色发展之路,着力形成城乡文化相互开放、包容的新局面,实现城乡居民文化民生的共建共享等一系列观点。

课题研究技术路线如下图：

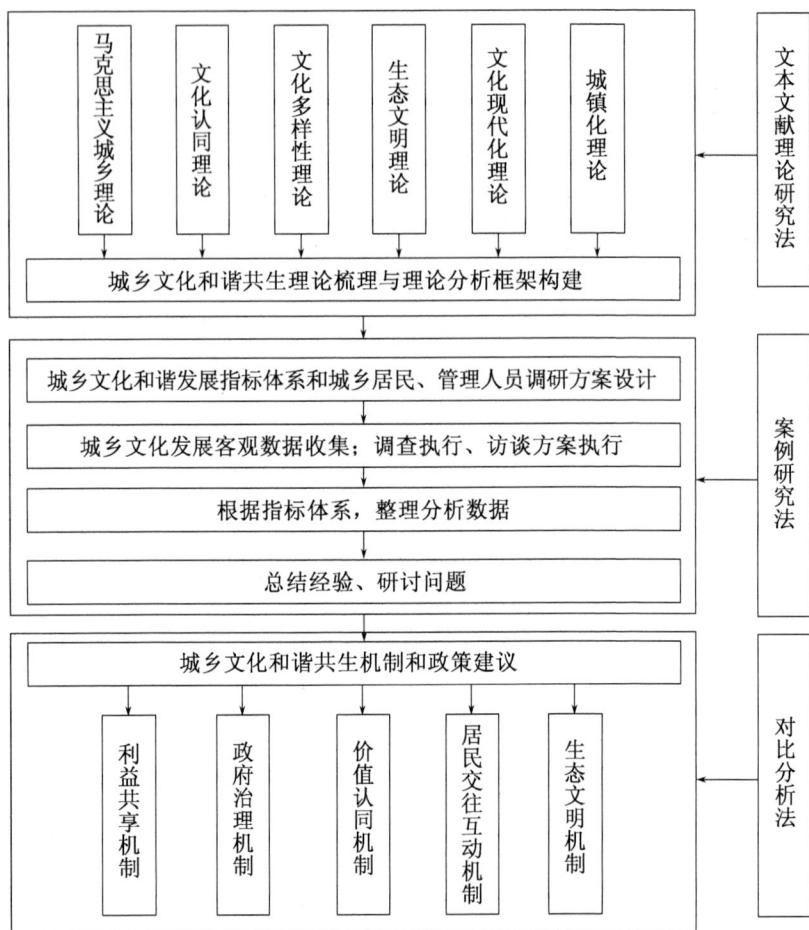

图1　课题研究技术路线

二、研究方法

1. 理论研究与实证研究相结合，突出可行性分析

基于相关理论，结合研究对象的特征进行理论梳理，同时分别在苏州市和张家港市、常熟市等地抽样调研，召开针对不同对象的系列座谈会并实地考察，对日本"一村一品"、韩国"新村运动"等进行案例研究，验证理论构想。

2. 定性与定量研究相结合（指标分析法），突出针对性分析

运用城乡文化一体化发展相关理论，依据苏州城乡文化实践经验，制定评价指标体系，定量测度苏州新型城乡文化和谐共生关系的水平、层次及特点。

　　3. 静态研究与动态研究相结合,突出时空变化分析

　　以苏州为样本,对中国当下城乡文化关系进行静态剖析,同时从动态角度作历史考察,特别是从时空变化中寻求其演变轨迹和发展规律。

三、研究价值

　　1. 理论创新价值

　　以党的十八大关于城乡发展一体化理念和十九大关于习近平新时代中国特色社会主义思想为指导,将马克思主义城乡关系理论、文化自觉、文化自信和文化认同理论、城镇化理论、现代化理论、文化治理理论、文化多样性理论、生态文明建设理论等有机结合起来,围绕工业化、城镇化中城乡文化关系问题进行跨学科研究,探索形成具有中国特色的现代城乡文化共同体理论,用中国特色社会主义文化理论和中国文化发展的经验材料去修正、补充西方国家社会融合理论及相关理论,建构本土化的文化融合理论,为提出符合中国国情的城乡文化和谐发展的制度构想和实践策略提供理论基础。

　　2. 方法创新价值

　　课题研究采用了理论分析、实证调查、对比分析法。以苏州为样本,对中国当下城乡文化关系进行剖析;同时对日本“一村一品”、韩国“新村运动”等进行案例对比分析,提出城乡文化和谐共生机制与政策建议。

　　3. 学术观点创新价值

　　课题提出了新时代实现城乡文化和谐共生的理论依据,苏州新型城乡文化关系的样本经验,以及推进城乡文化和谐发展的现实机制设计、路径选择。

第三节　主要概念的界定与探讨

　　城镇化、新型城镇化、城乡发展一体化、乡村振兴战略,以及城市文化、乡村文化、城乡文化一体化、和谐共生等概念,是课题研究中最重要、最基本的概念。课题研究在借鉴相关研究及文件精神的基础上,对它们进一步作出科学界定,以确保研究对象的关联性、科学性。

一、城镇化、城乡发展一体化、新型城镇化、乡村振兴战略

　　城镇化有很多含义。在中文语境下,城镇化、城市化、都市化等概念的内涵和要求存在着区别;在西方,城镇化、城市化、都市化等均来自词语 urbanization 或 urbanisation。为简化讨论和保持一致性,本课题不严格区分城镇化、城市化、

都市化等概念,均采用中文概念"城镇化",对应英文 urbanization。

根据国家《城市规划基本术语标准》(GB/T 50280-98),城市或城镇是指以非农业和非农业人口聚集为主要特征的居民点,包括按照国家行政建制设立的市和镇。城镇化是指乡村分散的人口和非农业经济活动不断进行空间集聚,城市相应地成为经济发展的主要动力过程。城镇化的本质是实现人口由农村向城镇的转移。城镇化的动力是生产力发展和社会分工,特别是以 18 世纪 60 年代的英国工业革命、机器大工业的出现和发展为标志,人类劳动生产力水平有了质的飞跃,城市人口大规模聚集有了物质条件,人类城镇化进程大大加速。到 2008 年,全世界城镇化水平超过了 50%,人类社会进入了城市社会。美国等西方发达国家城镇化率超过 80%,进入了逆城市化阶段。改革开放以来,伴随着工业化进程,我国城镇化进程明显加快,从 1978 年到 2013 年,城镇常住人口由1.72 亿增加到 7.31 亿。我国城镇化率从 1978 年的 17.92% 达到 2015 年的56.1%,城镇常住人口达到 7.7 亿。我国东部一些发达省份,如江苏,2000 年至2017 年,全省城镇人口由 3 086 万增长到 5 521 万,城市化水平由 42.3% 增长到68.8%。①

城乡发展一体化是城镇化发展的一个新阶段,其基本内涵是统筹城乡发展,把城乡作为一个整体统筹安排,重点是以城带乡,引导城市优质资源下乡,有效推动农村经济社会事业发展。2002 年中共十六大提出"统筹城乡经济社会发展"的战略思想,并把它列入全面建设小康社会的重大任务。2007 年中共十七大进一步提出:"要加强农业基础地位,走中国特色农业现代化道路,建立以工促农、以城带乡长效机制,形成城乡经济社会发展一体化新格局。"江苏省提出,城乡一体化要实现"六个一",即城乡规划、交通、产业、就业、社会保障、建设等领域实现一体化。城乡发展一体化,是一项重大而深刻的社会变革,从我国东部一些发达省份的实践情况看,城乡一体化不是城乡一样化,而是在尊重城市和乡村各自特点的基础上相互协调、相互扶持、共同进步、融合发展。城乡发展一体化的内涵可归结为:继续优先推进城市化、城乡基本公共服务均等化、城乡特色差异化以及村庄发展多样化。②

新型城镇化,是 2012 年中共十八大报告提出的概念。2014 年 3 月,国家发布了《国家新型城镇化规划(2014—2020 年)》。新型城镇化是相对于传统城镇化而言,是城镇化理论与实践的创新。传统城镇化是一种以"规模扩张"为发展

---

① 江苏省人民政府:《关于重点区域城镇体系规划编制情况的报告》,江苏人大网。
② 张泉:《江苏省城镇体系规划(2012—2030 年)战略方针的思考》,《城市规划》,2012 年第 9 期。

方式、主要依靠土地等物质资源大量投入和以政府主导为驱动要素的城镇化,它造成了城镇发展"摊大饼""铺摊子","大城市病"严重,中小城市衰败,大量农业转移人口难以融入城市社会,资源环境消耗过度,城乡居民收入差距扩大、农业落后、农村空心化,城乡自然环境和古街区、古村落等文化设施遭到建设性破坏等一系列尖锐矛盾。新型城镇化以人为核心,以"内涵式增长"为发展方式,以"政府引导、市场运作"为机制保障,走可持续发展道路。其主要特征为:强调以人为本,推进农业转移人口市民化,推进城乡基本公共服务均等化,把促进外来人口市民化作为首要任务,把城乡居民能否成为城镇化的积极参与者和真正受益者作为城镇化成功与否的最终判断标准;强调产业升级,关键是提升质量,以工业化、信息化为依托,以农业现代化为支撑,实现"四化"同步;强调城乡统筹,在城镇化快速发展进程中不能以牺牲农村、农业和农民为代价,应更加重视"三农",更多资源向"三农"倾斜,以最终实现城乡差距缩小、城市居民和农村居民共同富裕文明、城乡发展一体化为目标,特别是让愿意留在农村的居民能够享受到制度化供给带来的城市文明;强调大中小城市协调发展,以资源环境承载能力和公共服务功能配套完善为原则,优化城市布局,促进大中小城市和小城镇合理有序发展;强调绿色环保,按照"资源节约和环境友好"的要求,积极发展低耗经济、低碳经济、循环经济、节能减排,推动城市与自然、人与城市环境和谐相处;强调文化传承,注重保存"乡愁""城愁",倡导城乡文化的多样性、差异性。

乡村振兴战略,是中共十九大报告提出并作为贯彻新发展理念的重大举措。十九大报告指出:"实施乡村振兴战略。……要坚持农业农村优先发展,按照产业兴旺、生态宜居、乡风文明、治理有效、生活富裕的总要求,建立健全城乡融合发展体制机制和政策体系,加快推进农业农村现代化。"[①]与城乡统筹、城乡发展一体化战略相比较,乡村振兴战略更加强调坚持农民主体地位,强调突出农村比较优势,强调城乡融合融通融为一体。乡村振兴战略的总要求,就是中共十九大报告提出的"产业兴旺、生态宜居、乡风文明、治理有效、生活富裕"。

二、城市文化、乡村文化、城乡文化一体化、城乡文化和谐共生

城市文化、乡村文化是从区域(空间)文化角度对民族文化的划分。城市主要为社会发展提供资本、技术密集型的工业产品和服务产品。城市文化是建立在工业文明基础上的,从精神价值的角度看,城市文化包含着现代社会的许多进

---

① 习近平:《决胜全面建成小康社会　夺取新时代中国特色社会主义伟大胜利》,北京:人民出版社2017年版,第32页。

步理念，如崇尚创造与变革、讲求效率与效益、尊重知识与人才、注重法治与平等。从文化发展史上看，城市文化是伴随着工业社会的到来得以产生壮大的，城市文化是现代文明的主要载体，代表了人类社会从农业社会向工业社会转变的文明成果和前进方向，因而更适合现代社会的需要，在社会文化结构中占据了主流、主导地位。

乡村文化是农民长期从事农业生产和乡村生活形成并发展起来的一整套思想观念、心理意识和行为方式。它表现为无形的，如农民的情感心理、生活情趣、处世态度、人生追求和行为习惯，也表现为有形的，如民风民俗、典章制度和生活器物等。乡村文化的价值，从根本上说，它承载了农业生产、农民生活和农业文明的思想价值、思维习惯和生活方式，其中有许多珍贵和合理的文化元素，特别是其基本价值观，如对自然的尊重，淡泊名利的处世态度，人际交往中崇尚中庸、忠恕、互助，社会关系中重视秩序、规范，等等。从文化发展史上看，乡村主要为社会发展提供生活必需品和生态产品，与城市相比，乡村具有三个特殊标记：土地、村落和乡村文化。乡村文化集中地代表了农业文明的成果。尽管随着生产力发展，工业文明相比农业文明在现代经济中所占比重愈来愈大，地位越来越重要，但这并不意味着农业文明必然消失，城市文化全面优于并彻底取代乡村文化。事实上，在现代社会中，即使工业经济占经济比重非常大，但农业经济仍然存在，农业生产方式仍然存在，农业文明所具有的独特的文明基因和文化元素仍然发挥作用，这是工业文明所不能取代的，也是现代社会所必需的。还应看到，乡村文化在历史发展中构成了民众共同的文化记忆或乡愁，延续着中华民族的文化根脉。在经济全球化、文化多元化浪潮冲击下，保护民族的历史文化记忆和精神家园，就显得十分重要。因此，城乡文化之间并不是简单的相互取代、优胜劣汰的关系，而是一个相互借鉴、相互补充、共同繁荣发展的关系。

城乡文化一体化最早见于中共十七届六中全会《关于深化文化体制改革推动社会主义文化大繁荣大发展若干重大问题的决定》（简称《决定》）。《决定》指出："加快城乡文化一体化发展。增加农村文化服务总量，缩小城乡文化发展差距，对推进社会主义新农村建设、形成城乡经济社会发展一体化新格局具有重大意义。"城乡文化一体化从其目的来看，主要针对消除我国由城乡二元经济结构造成的城乡文化不平等、发展不协调、农村文化落后状态，缩小城乡文化差距，增强城乡文化发展的协调性、均衡性。根据有关课题组调研结论，目前我国城乡文化差距和不协调主要表现为：城乡文化基础设施建设差距较大，社区基层文化发展主体缺位，农民用于文化消费的可支配收入较少，农村公共文化资源稀缺，农村文化服务环境较差,等等。① 从其内涵要求来看,城乡文化一体化是城乡发展一体化的基础和支撑,把城乡文化事业作为一个整体来统一规划,协调推进,促进城乡文化要素合理流动,保证城乡居民基本享有同等文化权益,尤其是农村居民对文化生活的需求能够得到充分满足,享有同城里人同样的基本公共文化产品、文化服务。但城乡文化一体化不是城乡文化一样化、同质化,城乡文化应保持各自的文化特性、特色,不能搞整齐划一。从其实现路径来看,主要包括:统一规划整体推进,在规划本地区经济社会发展目标时,农村文化建设和城市文化建设纳入总体规划,统筹兼顾,科学管理,一体化发展;统筹城乡文化资金投入,特别是加大对农村文化设施的投入力度,完善农村基础文化设施,提供充足的农村公共文化产品;城乡对接相互促进,重点是建立以城带乡机制,加大城市文化对农村文化的帮扶力度,推动城市优质文化资源向农村辐射,城市文化设施向农村延伸,城乡居民广泛交流互动,形成城乡统一的文化市场体系。

和谐,从字义上解释即和睦相处,主要指不同的事物通过相互联系、作用所形成的一种协调的状态。和谐是中国传统文化的核心价值,和谐就是和而不同,求同存异。马克思主义和谐思想,则是强调重视事物内在矛盾的统一性和非对抗性,发挥矛盾统一性和非对抗性在事物发展中的积极作用,重视事物发展的平衡性、统一性和协调性。2006 年 10 月中共十六届六中全会《关于构建社会主义和谐社会若干重大问题的决定》提出社会和谐是中国特色社会主义的本质属性。中共十七大、十八大结合新的实践进一步深化发展了社会主义和谐社会思想。在西方,和谐思想起源于古希腊,经历了一个漫长的历史发展过程。总体上看,西方和谐思想与中国古代和谐思想有很大差异,西方和谐思想更多注重合规律的和谐,如外部世界的和谐是合乎自然规律的和谐,人类社会的和谐是合乎理性(即公平公正等价值观)的和谐。

共生,从字义上解释即共存共荣。在生态学上,主要指不同生物种类成员相互依存、互为条件的一种生活或存在状态。在人文社科领域,共生主要是指任何人都生活在人与人、人与自然的相互联系、相互依存的关系系统之中,人与人的关系具有双重性:一方面相互排斥,受资源稀缺性影响,每个人都希望占有更多资源发展自己,人与人的关系表现出一种冲突性和排他性;另一方面相互依赖,个人生存所需的许多资源需要由他人提供,他们又是相互支撑的。共生关系不只存在于社会某个方面,而是遍布所有领域,在这些领域,不同事物普遍形成了相互获益的紧密生存关系。

---

① 曹守亮:《加强城乡文化一体化的顶层设计》,《中国社会科学报》,2014 年 5 月 7 日。

归结起来,和谐共生,其涵义就是不同的事物之间在和谐的基础上实现共同繁荣发展。和谐其表征为静态,共生其表征为动态,和谐共生是静态与动态的统一。立足和谐共生视域认识城乡文化关系问题,就要走出"非此即彼"的单向思维模式,走出"工业文明与农业文明""城市文化与乡村文化"二元对立的思维框架,当代中国城乡文化关系不是先进与落后的关系,不是替代与被替代的关系,不是改造与被改造的关系。要运用统筹发展的思路,探索一条中国特色的城乡文化协同发展、互动进步的文化发展道路。据此,城乡文化和谐共生可这样定义:城乡不同形态文化,共同坚持中国特色社会主义先进文化方向,具有同等文化地位,共享文化发展权利,功能各异、优势互补、紧密联系、融合发展,呈现出以社会主义先进文化为主导的一元多样的文化发展格局与发展状态。

三、城镇化与城乡文化的关系

1. "记得住乡愁"和有根的城镇化

文化是人类最高意义上的存在,也是城乡的内在精神。对城市来说,文化是生命和灵魂,是内核和形象。文化造就城市的气质和品位。对乡村而言,农耕文化具有独特价值。从文明演化根源看,"负载着中国五千年文明的生产方式是农耕经济,而农耕经济的载体不在城市在乡村。所以,以乡村为载体成长起来的中华文明之根也不在城市,在乡村"。"从这个角度看,中华文明是属于乡村社会主导的文明。"[1]而西方工业文明的载体是城镇,西方文明之根在城市。西方城市化进程是城市消灭乡村的过程,"因为它彻底摧毁了乡村,因而是无根的,是一种断根的文明"[2]。中国的城镇化必须走城市与乡村二元文明共生的城镇化之路,因为"乡村是中国最大的国情,乡村是中国社会安全、经济安全的大堤。如果我们城镇化,成为回不去乡村、记不住乡愁的城镇化,那么这样的城镇化,就是一个断根的城镇化,是一个目标迷失与无根中国梦的城镇化"[3]。总之,城镇化与文化相伴相随,城镇化离开了文化之根,必然会导致与自己的乡土、传统文化的断裂,城镇化就失去了灵魂,失去了价值追求。

---

① 张孝德:《"记得住乡愁"与有根中国梦的城镇化》,国家行政学院、公共经济研究会中国乡村文明研究中心编:《第二届中国乡村文明发展论坛集辑》,第40页。

② 王治河:《走向一种厚道的后现代乡村文明》,国家行政学院、公共经济研究会中国乡村文明研究中心编:《第二届中国乡村文明发展论坛集辑》,第37页。

③ 张孝德:《"记得住乡愁"与有根中国梦的城镇化》,国家行政学院、公共经济研究会中国乡村文明研究中心编:《第二届中国乡村文明发展论坛集辑》,第43页。

2. 传承创新中华优秀传统文化的城镇化

城镇化化什么？化物、化人，还是化文化？从人类城镇演化史看，文化是贯穿化物、化人的一条红线。人类城镇化历史源于工业化进程，而工业化从一开始就是对农业、农民和农业文明的排斥与否定。因而，人类城镇化历史就是一部城市中心主义、物质财富的扩张史。2013 年 11 月 26 日，习近平总书记参观考察孔府，他说：中华传统文化是我们民族的"根"和"魂"。"不忘未来才能开辟未来，善于继承才能更好创新。""对传统文化进行创造性转化、创新性发展。"①这是中国城镇化必须解答的一个重大的历史性课题。其中的核心问题，是要解决好文化自信、文化自觉的问题。2016 年 7 月 1 日，习近平在庆祝中国共产党成立 95 周年大会上的讲话中指出："文化自信，是更基础、更广泛、更深厚的自信。"②文化自觉是费孝通先生 1997 年首次提出并多次阐述的重要概念。他说："文化自觉是一个艰巨的过程，只有在认识自己的文化、理解所接触到的多种文化的基础上，才有条件在这个正在形成中的多元文化的世界里确立自己的位置，然后经过自主的适应，和其他文化一起，取长补短，共同建立一个有共同认可的基本秩序和一套各种文化都能和平共处、各抒所长、联手发展的共处守则。"③基于此，中国城镇化应具有文化传承创新的历史使命，具有文化反思、文化借鉴、文化整合的警醒意识，具有包容开放、主动适应、自我变革、和而不同的世界眼光。文化自觉和文化自信赋予中国城镇化强大的精神驱动力。

3. 推动城乡文化融合发展的城镇化

考察世界城镇化发展历史，城镇化进程不仅是一个经济增长的过程，更是一个城乡社会文化融合发展的过程。早期的城镇化或者说传统城镇化，主要解决的是物的问题，包括城市扩张、地产开发、景观建设、产业布局、经济规模等。现代城镇化或者说新型城镇化，主要解决的是人的问题，而人的问题，不是仅是城乡居民能够获得均等化的公民权利和社会福利，还应包括城乡居民能够培育起现代文化的进步理念。从深层意义上看，城镇化从关注"物"的问题到关注"人"的问题是一个巨大进步，而关注"人"的问题，不是简单地指越来越多的农民演变为城市及城镇的居民，即获得市民身份这一外在资格的市民化，还应包括内在素质的市民化，农业转移人口文化市民化。同时，传统农民现代文明素质也不断提高，农村居民享有同城里人同等的文化权益，城市文化辐射、带动乡村文化创新

---

① 习近平：《中华文化是我们民族的"根"和"魂"》，载于《习近平总书记系列重要讲话读本》，北京：学习出版社、人民出版社 2014 年版，第 100－101 页。

② 习近平：《在庆祝中国共产党成立 95 周年大会上的讲话》，《人民日报》，2016 年 7 月 2 日第 2 版。

③ 费孝通：《文化与文化自觉》，北京：群言出版社 2016 年版，第 195 页。

发展,乡村文化渗透、反哺城市文化,城乡文化互哺互助,融合发展。实现城乡文化融合发展,要求建立健全一整套国家文化治理体系,以提供制度保障和现实支撑。在处理城乡文化一系列矛盾问题上,如传统文化与现代文化,工业文化与农业文化,户籍市民与非户籍农民工,大农业与小农户,新农村建设与乡村传统,政府主导、市场杠杆与农民主体作用,"撤点并校"与乡村教育,村落保护与宜居等,应在统筹兼顾中寻求各方利益的平衡点,找到最大公约数,把各方面的利益诉求、发展愿景最大程度包容进来。要创新城乡制度,不断改革完善政府公共文化服务体系、公共文化政策和公共管理规范,加强乡村文化保护规划和立法,努力创造一个有利于城乡文化共同繁荣发展的体制机制,以制度化融合渠道实现包容性发展。

第四节　研究的主要内容

根据课题研究的对象、主线和视角,以问题为中心,以现实情况为依据,主要研究探讨以下问题:

一、城乡文化和谐共生基础理论

主要涉及马克思主义城乡关系理论、文化自觉文化自信理论、文化认同理论、文化多样性理论、共生主义(文化生态理论)等,研究阐明上述理论的主要内涵、重要观点及实践要求,重点揭示它们对于研究城乡文化和谐共生问题的理论启迪。

二、域内外经验借鉴

域外经验主要涉及西方社会融合、日本"一村一品"、韩国"新村运动"等典型经验。重点考察以美国为代表的西方发达国家在城市化进程中如何处理城乡文化关系,特别是新移民和少数族裔与原有城市社群之间的文化冲突问题及其经验教训。

域内经验主要是动态考察 20 世纪 90 年代以来,苏南中心城市、小城镇大发展所造成的城乡文化关系的变化,分析问题及原因,总结概括苏南推进城乡文化和谐发展的体制变革、制度创新、机制建设和可行性路径。

三、中国特色城乡文化和谐发展理论：现代城乡文化共同体

主要探讨城乡文化的同源性、互哺性、一体性,阐明其和谐共生的基础、条

件,用中国的经验材料去修正、补充西方社会融合理论及相关理论,建构本土化的文化融合理论,为提出符合中国国情的城乡文化和谐发展的制度构想和实践策略提供理论指导。

四、城乡文化发展现状的实然分析

主要涉及我国城乡文化关系的历史考察,城乡文化关系的实证分析,结合苏州地区的实践探索,采用分层随机抽样调查法,重点围绕城镇先进文化引导乡村文化、乡村文化重建与创新、城乡文化和谐发展的制度安排和环境建设、城乡文化共同价值观和伦理道德规范建设、农民文化民生、城乡居民交往状况、城乡融合水平等领域,提出评价和监测指标,为政府部门制定决策提供参考依据。探讨城乡文化不协调、不和谐的现实表现及其根源,实现城乡文化和谐共生面临的主要问题等,力求准确把握城乡文化冲突的实质内涵和现实表现,为化解冲突奠定实证基础。

五、推进城乡文化和谐共生的利益共享机制建设

主要研究如何以城乡公共文化服务均衡发展为重点改善乡村文化民生,如何以现代文明催生农民新的文化生活方式,如何发展农村文化产业构建城乡共同文化市场等,力求从城乡一体化发展和共建共享的视角提供城乡文化和谐共生的利益机制。

六、推进城乡文化和谐共生的政府文化治理机制建设

主要研究习近平关于城乡关系及农村基层治理思想,如何加强顶层设计和城乡规划,推进城乡统筹协调、一体化发展,如何以城乡公共文化服务均衡发展为重点改善乡村文化民生,如何积极培育农民新的文化生活方式,如何以政府文化立法保护乡村传统文化等,从中归纳总结政府文化治理现代化的有效路径。

七、推进城乡文化和谐共生的价值认同机制建设

主要探讨如何以社会主义核心价值观为主体,重构城乡文化认同的新的价值主体;如何以推进公民道德建设实施纲要为重点,形成城乡文化认同的制度化、系统化的渠道载体;如何以"活化"优秀历史文化传统为抓手,增进城乡文化认同的源流和滋养等,力求从文化认同的视角提供城乡文化和谐共生的现实机制。

八、推进城乡文化和谐共生的居民交往互动机制建设

主要研究目前限制城乡居民交往活动的障碍因素，如何加强顶层设计，把提升城乡居民交往水平作为新型城镇化的衡量指标，构筑交往载体、搭建交流平台，增进城乡居民之间的互信、互动、互助。

九、推进城乡文化和谐共生的生态文明机制建设

主要研究浙江美丽乡村建设、苏州江南水乡传统风貌保护与发展、常州历史文化街区建设等典型样本经验，从中揭示文化生态在促进城乡文化和谐共生中的环境支撑、现实土壤功能。

第五节　文献综述

一、国内研究现状

近些年来，国内学术界从文化适应、文化认同、文化产业、公共文化服务等多维视角研究了城乡文化和谐共生问题，取得了多项成果。

1. 城镇化或城乡一体化中农村文化的危机及其重建

李友梅(2007)研究讨论了快速城市化过程中的中国乡土文化转型，对乡土文化的特征及其转型进行研究。刘老石(2008)、吴理财(2011)、江立华(2011)、徐晓军等(2012)研究提出农村精神贫困问题极为突出，乡村文化正面临伦理道德衰败、公共精神瓦解等诸多挑战，农村民俗文化遗产面临风险。沈妉(2013)研究认为，乡村文化正面临主体空心化、地位边缘化、认同感疏离等困境。徐学庆(2013)研究指出："我国城乡文化发展差距巨大，农村是文化建设最薄弱的地方，只有推动城乡文化发展一体化，才能填平城乡文化鸿沟，实现城乡文化均衡发展，让人民共享文化发展成果。"[1]郭秀丽(2013)研究指出城镇化要注重在传统文化基础上的文化现代化。鲁可荣(2014)研究了乡村学校的兴衰与乡村文化及村落的兴衰之间的内在联系，提出要改变撤乡并校带来的"文字上移"农村教育局面，延续"文字下移"和"文字留村"。徐之顺(2016)认为，虽然我国城乡文化发展差距加大，但区别于西方社会，我国城乡文化具有同源性、一体性和互哺性，共同构成了社会主义文化共同体，应包容式地促进文化发展，活跃城乡居民间的文

---

① 徐学庆：《推动我国城乡文化发展一体化研究》，《学习论坛》，2013 年第 12 期。

化交流。[①]

2. 城镇化或城乡一体化中城乡文化冲突及其对策

杨立新(2004)研究指出,目前我国城市文化建设面临着包括城市生态环境恶化、城市文化与乡村文明的冲突和城市市民多元文化价值观的困惑等诸多伦理困境。焦连志(2009)研究发现农民对城市文化的文化适应是实现真正市民化的最后和关键步骤;于建嵘(2012)研究了移民城市的文化困境;陈林等(2013)对福州市城郊失地农民的文化生活展开调查,发现其文化生活融入水平低。何慧丽(2014)研究了当代乡村复兴的主体性及重建乡村系统问题。吕新雨(2010)从中西比较的角度分析了中国城市贫民窟的成因,揭示土地私有化、农村工业化改造的严重弊端,提出了新的乡土主义主张,即重新建立城乡互动的、相互哺育的良性关系,保持乡土社会的社区性,发展建立在小农基础上的有机农业。[②] 姚富宽(2015)选用城乡居民文化消费、文化基础设施、文化工作人员配置、城乡教育发展水平等指标,研究分析了城乡文化一体化的现状、制约城乡文化一体化的因素以及如何实现城乡文化一体化的健康快速发展。[③]

3. 城乡文化的地位关系

孙立平(2004)在《转型与断裂:改革以来中国社会结构的变迁》一书中提到现代中国社会面对市场,在市场经济的大环境下,农村与城市间存在着深刻断裂的"文化现象"。体现在文化上,就是社会传播媒体成为城市的传播媒体。它反映着城市文化表征,农民接触的信息与城里人几乎没有什么不同。[④] 与该学者持有相似观点的还有肖小霞、德频(2003)等学者,他们认为城市居民和农村居民在生活方式上存在冲突,其背后原因就包括城乡文化之间的差异与冲突。城乡文化冲突,实质上就是传统观念与现代思想的交锋。[⑤] 李佳(2012)在坚持城乡文化冲突论的基础上,提出要实现乡村文化复兴,关键在于依靠本土文化精神。全球化、现代化、城市化深刻影响着乡村文化的未来走向,但并没有完全摧毁乡土文化,乡村仍然按照自身的逻辑和惯性延续着,并不断地转换着形式。乡村文化有自身生存发展的逻辑与惯性,不能完全"复制"城市文化。[⑥]

马永强、王正茂(2009)在《农村文化建设的内涵和视域》一文中指出社会主

① 徐之顺:《城乡文化:基于文化认同的和谐共生》,《江苏社会科学》,2016年第2期。

② 吕新雨:《新乡土主义,还是城市贫民窟?》,《开放时代》,2010年第4期。

③ 姚富宽:《我国城乡文化一体化发展建设研究》,北京:中国青年政治学院硕士论文,2015年。

④ 孙立平:《转型与断裂:改革以来中国社会结构的变迁》,北京:清华大学出版社2004年版,第114－118页。

⑤ 肖小霞、德频:《冲突与融合:城市生活方式的变迁》,《学术论坛》,2003年第3期。

⑥ 李佳:《乡土社会变局与乡土文化再生产》,《中国农村观察》,2012年第4期。

义新农村文化建设是"现代"和"传统"的对话和互融，是民族、地域文化同现代文化的对话和互融，是乡村文化内涵的重新建构。在此基础上，他们进一步指出"乡村文化是中国现代文化的重要组成部分"，乡村文化以其多样性与顽强生命力对和谐文化的建构起着重要作用，"乡村文化与现代文化、都市文化的关系应该是互补互融，互相激荡、化合的，而不是以'彼文化'取代和湮没'此文化'的"。①

陈绍芳（2010）在《城市化进程中文化融合的哲学解读——基于主体间性理论的分析》一文中从主体间性哲学出发，认为城市原住民和城市新成员具有同样的主体地位，他们之间的关系是一种交互主体性的关系，城市文化与农村文化作为现代文化的组成部分，没有主次优劣之分。在城市化过程中，城市文化与农村文化的冲突是客观存在的，但是城市文化和农村文化之间是主体和主体间的互动关系，所以城乡文化发展应该是不同文化的融合，而非城市文化代替农村文化。②

张学昌（2019）在《城乡文化共生发展的内在逻辑与推进策略——基于文化间性的视角》一文中指出：我国城乡文化关系经历了由古代乡村文化强势化城市文化向近现代城市文化逐步强势化乡村文化的变迁，这一过程中城乡文化在碰撞中有所整合。在张学昌看来，城乡文化关系具有平等性与和谐性，而近现代仿西方的城市化，使得城市文化强势冲击着农村文化，加剧了两者间的分离与对立。因此，张学昌提出应基于文化间性视角，重塑城乡文化之间互动互鉴、互利共生的新型关系。③

潘飞（2013）在其博士论文《生生与共——城市生命的文化理解》一文中指出，尽管近代以来，乡村文化多贴上愚昧落后的标签，但在实质上"乡村之德"是城市生命在未来得以延续发展的基础。他认为乡村应在城市化的过程中保存好自身安身立命的文化之根，乡村文化与城市文化之间应是协调发展的共生关系。④

4. 城乡文化融合发展的意义研究

蒋建国（2011）认为加快城乡文化一体化发展是深入贯彻落实科学发展观的

① 马永强、王正茂：《农村文化建设的内涵和视域》，《新华文摘》，2009年第7期。
② 陈绍芳：《城市化进程中文化融合的哲学解读——基于主体间性理论的分析》，《社会科学家》，2010年第5期。
③ 张学昌：《城乡文化共生发展的内在逻辑与推进策略——基于文化间性的视角》，《新疆社会科学》，2019年第1期。
④ 潘飞：《生生与共——城市生命的文化理解》，北京：中央民族大学博士论文，2013年。

必然要求,是加快全面建设小康社会进程的必然要求,是推进社会主义新农村建设的必然要求,是保障人民基本文化权益的必然要求。①

李丽、郭占庆(2015)在《城乡统筹视阈中的城乡文化一体化发展研究——以山东省为例》一文中指出:城乡文化一体化发展是统筹城乡发展的重要内容,如果没有城乡文化一体化发展,城乡经济一体化发展也就很难推进。城乡文化一体化发展是促进城乡经济一体化发展的重要举措,同时也是解决城乡文化发展失衡的根本措施。此外,他们认为城乡文化一体化发展也是建设社会主义新农村的重要课题,只有推动城乡文化迅速融合,促进农村文化大发展,才能为建设文化强省提供重要支撑。②

刘中顼(2018)在《论城乡文化之互补在城乡融合发展中的作用》一文中指出:城乡两种文化中的现代与传统、物质与精神之间具有充分的互补性、互促性。一方面,城市文化是促进乡村城镇化的巨大推动力,其中城市文化中的建筑文化以其科学的规划性,成为传统乡村建筑文化迈上新台阶的改造力量;另一方面,乡村优秀的传统文化也是城市文化建设的良好补益。他认为传统乡村农耕文化中尊重自然、推崇人与自然和谐共处的天人合一思想,就是现代城市文化中应吸取的正确处理人与自然关系的科学思想。他强调中国先进的现代城市文化与乡村优秀传统文化之间的关系绝不是相互对立的,只要加以科学利用,取长补短,就能使城乡文化在乡村振兴、城乡融合发展中发挥出巨大的积极作用。③

5. 城乡文化发展面临的困境研究

滕翠华、许可(2016)在《供给侧改革视域下城乡文化一体化发展问题研究》一文中提出,我国城乡文化发展面临的问题主要集中在以下三方面:第一,城乡财政投入失衡,与城市相比,国家对农村文化投入的财政比例少之又少;第二,城乡文化供需结构失衡,在市场利益的驱动下,文化产品和服务与城乡居民的实际需求相脱轨;第三,城乡文化消费结构与水平差异显著,城市居民的消费支出明显高于农民,同时城乡之间的消费品位差距较大。④

万世骏、俞宁(2018)在《关于城乡文化协调发展问题的思考》一文中指出,改革开放以来,城乡经济发展水平的"参差不齐",不仅导致城乡二元结构的长期存

---

① 蒋建国:《加快城乡文化一体化发展》,《求是》,2011年第23期。
② 李丽、郭占庆:《城乡统筹视阈中的城乡文化一体化发展研究——以山东省为例》,《山东社会科学》,2015年第5期。
③ 刘中顼:《论城乡文化之互补在城乡融合发展中的作用》,《城市学刊》,2018年第5期。
④ 滕翠华、许可:《供给侧改革视域下城乡文化一体化发展问题研究》,《天津行政学院学报》,2016年第6期。

在，而且削弱了农村文化的价值自信，使得农村文化环境日益恶化。此外，他们认为农村文化载体的破坏、城乡文化结构的异化进一步加剧了城乡文化之间的矛盾与冲突。①

冯雨峰、黄扬飞（2006）在对浙江省文化设施调查研究掌握大量第一手资料的基础上，探讨了浙江省城乡文化设施建设布局的若干问题。他们在《省域城乡文化设施建设的调查与分析——以浙江省为例》中指出：浙江省各地尤其是城市与乡村之间在公共文化设施建设方面存在巨大差距，农村公共文化基础设施相对滞后。②

李全文、赵永明、张红（2017）在《城乡文化一体化发展：困境、成因与理路》一文中，从城乡居民文化消费差距呈扩大化趋势、文化基础设施反差显著、文化工作岗位及工作人员配置不均衡、文化教育软硬件配备不同步等四个方面分析了我国城乡文化一体化发展面临的现实困境。③

高善春（2010）在《城乡文化一体化建设的路径探析》一文中指出：目前城乡文化一体化建设面临的问题主要首先集中于一些地方政府重视城市文化建设而轻视农村文化建设，并且在农村建设规划中，当地政府也是重视经济建设而忽视文化建设，在指导思想上并没有形成科学正确的城乡文化协调发展的理念；其次，农村社会经济发展水平相对落后于城市，城乡文化一体化建设的物质基础有所欠缺；最后，城乡文化建设的互动机制缺乏，城乡文化一体化建设与发展的机制体制有待完善。④

李丽和郭占庆（2015）两位学者认为，首先，文化的发展需要一定的物质载体来加以支撑，但是我国长期存在的城乡二元结构严重制约了农村经济的发展，城乡居民的收入差距逐渐拉大，深刻影响着城乡居民的文化消费结构；其次，农村文化人才资源极其匮乏，农村文化工作队伍建设方面仍存在诸多问题；再次，城乡文化呈现相互割裂、互不协调的局面，农村文化中的优秀传统没有融入城市文化中，城市文化反哺农村的程度也有待提高；最后，农民对于建设新农村文化的参与度不高，农村文化形式单调。⑤

---

① 万世骏、俞宁：《关于城乡文化协调发展问题的思考》，《湖南人文科技学院学报》，2018 年第 4 期。

② 冯雨峰、黄扬飞：《省域城乡文化设施建设的调查与分析——以浙江省为例》，《城市规划》，2006 年第 12 期。

③ 李全文、赵永明、张红：《城乡文化一体化发展：困境、成因与理路》，《法制与社会》，2017 年第 5 期。

④ 高善春：《城乡文化一体化建设的路径探析》，《福建农林大学学报》，2010 年第 6 期。

⑤ 李丽、郭占庆：《城乡统筹视阈中的城乡文化一体化发展研究——以山东省为例》，《山东社会科学》，2015 年第 5 期。

　　郭良婧、张晓东(2016)两位学者在《农民工移民视角下城乡文化的现代性冲突与弥合》一文中分析了城乡文化冲突的现代性根源,指出城乡文化差异不是导致当代中国城乡文化冲突的主要原因,现代工业文明内部传统文化与现代文化两种文化的冲突才是导致城乡文化冲突格局的决定性因素。他们认为在现代城市文化形成过程中,以农业生产方式和文化观念为代表的农村文化逐渐退缩到被支配的边缘地位。[①]

　　沈妩(2013)在《马克思主义城乡融合思想及其对我国城乡文化一体化建设的启示》一文中指出:农产品购销制度、户籍制度、劳动就业制度等一系列城乡二元制度的建立,拉大了城乡差距,也拉大了城乡文化之间的距离;此外,目前城乡文化一体化建设还存在观念障碍,城市居民往往抱有一定的文化优越心理,而农民群体则存在一种自卑情结,在观念上对文化的重视程度就远低于市民阶层。[②]

　　6. 实现城乡文化发展的路径研究

　　蒋建国(2011)认为要加快实现城乡文化一体化,首先,必须坚持统筹兼顾,科学规划和建设农村公共文化服务设施网络;其次,努力做到资源共享,不断扩大农村基本公共文化服务覆盖面;再次,实行以城带乡,努力提高农村公共文化服务科学化水平;最后,加强投入保障,充分发挥公共财政对农村文化建设的支撑作用。[③]

　　李全文、赵永明、张红(2017)等学者在分析城乡文化一体化现实困境及其成因后,进一步提出实现城乡文化一体化发展的现实路径。第一,增强城乡文化一体化发展理念,制定科学的绩效体系;第二,大力发展特色化生态经济,完善财政资金调配机制;第三,整合城乡公共文化资源,破除城乡体制二元结构;第四,培养农村专业文化人才,加大城乡文化互动力度。[④]

　　高善春(2010)从城乡文化一体化建设存在的困境出发,指出城乡文化一体化建设必须坚持先进性、创新性、市场化和特色化的原则,据此,他在《城乡文化一体化建设的路径探析》一文中提出,推进城乡文化一体化建设,应从弘扬乡土特色文化、统筹城乡文化发展规划及文化设施建设、创新城乡公共文化服务机

　　① 　郭良婧、张晓东:《农民工移民视角下城乡文化的现代性冲突与弥合》,《甘肃社会科学》,2016 年第 1 期。
　　② 　沈妩:《马克思主义城乡融合思想及其对我国城乡文化一体化建设的启示》,《理论导刊》,2013 年第 7 期。
　　③ 　蒋建国:《加快城乡文化一体化发展》,《求是》,2011 年第 23 期。
　　④ 　李全文、赵永明、张红:《城乡文化一体化发展:困境、成因与理路》,《法制与社会》,2017 年第 5期。

制、促进城乡文化市场双向对接等四个方面入手。①

　　滕翠华(2014)在其文章《中国特色城乡文化一体化发展的理论基石》中提出,中国特色城乡文化一体化发展应以坚持加强和改善文化民生为理念,以社会主义核心价值观为导向,以建设社会主义新农村为平台,以农村和中西部基层地区为重点,统筹城乡发展,推动城乡文化一体化发展。②

　　李丽、郭占庆(2015)在《城乡统筹视阈中的城乡文化一体化发展研究——以山东省为例》一文中强调,推进城乡文化一体化发展,首先应树立城乡文化发展一盘棋的思想,必须建立健全城乡文化一体化建设的绩效评估机制,建立农村文化建设的目标责任制及其配套评价机制;其次,完善公共财政制度,确保政府对城乡文化建设,尤其是农村文化基础设施以及其他文化建设方面的财政投入,同时健全多方参与的多元投入机制,充分发挥市场的作用。③

　　郭爱玲(2014)强调推动农村历史文化传承在城乡一体化发展中的重要性,她指出城乡文化一体化发展不应是城市文化单向面地对农村文化的渗透与湮没,农村优秀文化资源的挖掘与开发及其历史传承应成为城乡文化协调发展的另一重要方面。④

　　徐学庆(2013)在《城乡文化一体化发展途径探析》一文中指出我国城乡二元结构是导致城乡文化差距日益扩大的制度根源,因此,第一要破除城乡二元体制,推进城乡文化由二元结构向一体化发展;第二,大力开展制度创新,建立城乡经济一体化新格局,缩小城乡经济差距;第三,拓宽投入渠道,建立农村文化多元投入机制,转变原有的“城市偏向型”财政投入结构为“城乡共进型”;第四,建立以城带乡联动机制,加大城市对农村文化的帮扶力度;第五,深入实施文化惠民工程,增加农村文化服务总量;第六,完善干部考核机制,把农村文化建设和帮扶农村文化建设作为政绩考核的重要内容。⑤

　　闫平(2014)在《城乡文化一体化发展的内涵、重点及对策》一文中强调,农村社区文化建设转型是城乡文化一体化发展的重点,为更好推进城乡文化一体化发展,一方面应建立健全以城带乡、城乡互动,统筹建立城乡一体的社区文化管理体系,另一方面按照新型社区文化建设的目标,各级政府应为农村社区文化转

　　① 高善春:《城乡文化一体化建设的路径探析》,《福建农林大学学报》,2010 年第 6 期。
　　② 滕翠华:《中国特色城乡文化一体化发展的理论基石》,《河北经贸大学学报》,2014 年第 6 期。
　　③ 李丽、郭占庆:《城乡统筹视阈中的城乡文化一体化发展研究——以山东省为例》,《山东社会科学》,2015 年第 5 期。
　　④ 郭爱玲:《在城乡一体化发展中推动农村历史文化传承》,《学术纵横》,2014 年第 3 期。
　　⑤ 徐学庆:《城乡文化一体化发展途径探析》,《中州学刊》,2013 年第 1 期。

型发展创造条件,引导农民广泛参与社区文化活动,创新农村文化市场管理和运行机制,加强农村社区的环境文化建设。[①]

上述研究成果在研究城乡文化一体化发展面临的现实困境时,对乡村文化面临的危机及重建的重要性、紧迫性作了深刻和透彻的分析,对深化研究城乡文化和谐共生关系,健全完善城乡文化一体化发展的体制机制有重要警示价值;对城乡关系以及城乡文化关系,作了全面系统的历史考察,并从中西比较的视角提出了中国城乡关系包括城乡文化关系的特殊性;对目前各地推动城乡文化和谐发展,特别是保护、传承、重建乡村文化,推动城市优质文化资源下乡下村等,作了归纳总结,一些典型经验具有重要借鉴意义。但是,总体上看,在处理城乡文化关系的理论指导上,还缺乏一个科学的理论分析框架,即如何从中国特色社会主义制度、生态文明、城乡共同体等更宽广的理论视域,形成一个城乡文化关系和生存样态的全新方式,从而有效摆脱工业文明与农业文明、城市与乡村二元对立的思维局限。这种城乡文化关系的全新生存发展方式,是中国特色社会主义制度优越性在文化上的重要体现,是建基于城乡居民共同利益和共同要求之上,是符合人类文明发展趋势,是源于中国城乡结构内在的互哺互育特性。它将成为我们理解今天新型城镇化、城乡一体化、乡村振兴战略的新的坐标系和理论范式。在研究方法的选择上,多为定性分析的相关方法,尤其侧重以逻辑思辨的方式开展研究,而缺乏对城乡文化关系的定量考察,尤其缺乏系统而全面的评价指标,并以指标为导引来推动和谐城乡文化关系建设。在乡村文化重建的对策分析上,还未能将其放到城乡一体化发展、实施乡村振兴战略背景下城乡文化多元共存、协调发展的分析框架之下;在城乡文化冲突及其对策研究上,主要从乡村文化或者农民对城市文化适应、融入的角度出发,未能从一个对等的、相互影响的角度进行有效阐释,缺少处理和发展二者关系的有现实经验和样本支撑的重要举措。

二、国外研究现状

通过查阅相关的外文文献发现,研究城乡文化主要起源于对"城市起源"的研究,由于国外尤其是西方发达资本主义国家城市化起步早、发展快,现阶段高度的城市化使得国外城乡差距较小。国外学者更多把着眼点放在文化产业发展及城市化中个体与群体的文化冲突等方面的相关研究。通过文献整理归纳发现,国外关于城乡文化发展的研究主要有以下几方面理论及观点:

---

① 闫平:《城乡文化一体化发展的内涵、重点及对策》,《山东社会科学》,2014年第11期。

1. 强调城乡文化相互影响

文化人类学家露丝·本尼迪克特(2009)认为文化模式是文化的存在方式。"不能把文化的这种模式构成当做无关紧要的细枝末节而忽视掉。像现代科学在众多领域中所强调的那样，整体并非仅是其所有的部分的总和，而是那些部分的独特的排列和内在关系，从而产生了一种新实体的结果。"①她承认诸多文化之间是存在差异的，文化具有区域性、地区性，同时，她也指出人们的文化行为具有整合性，文化在本质上是趋于整合的，"这种文化的整合一点也不神秘"②。"我一直说，人类的气质似乎在世界上相当稳定，而在每一个社会中，那种大体相似的配置似乎潜在地具有某种用途，而文化似乎是按照它自身的传统模式从那些东西里选择出来，而且似乎是要以一个模子把大多数个体铸出来。"

美国人类学家罗伯特·芮德菲尔德(2013)认为城乡文化处于共生状态。他在《农民社会与文化：人类学对文明的一种诠释》一书中提出"大传统"与"小传统"两个概念。在他看来，"乡村"中农民代表着小传统的存在，而乡村乡绅与具有城市气息的精英阶层则代表着大传统的存在。许多大传统脱胎于小传统且两种传统相互融合、共同生存。③ 因此在他看来，城市文化产生于乡村文化，长期以来两者都在相互影响，之后也会一直如此。

塞缪尔·亨廷顿(2017)研究指出："在 20 世纪，文明之间的关系从一个文明对所有其他文明单方向影响所支配的阶段，走向所有文明之间强烈的、持续的和多方向的相互作用的阶段。"尽管文明与文化是两个截然不同的概念，但是文明与文化之间存在不可分割的紧密联系，不同文化间也是日益相互作用、相互影响；"多元文化的世界是不可避免的，因为建立全球帝国是不可能的。维护美国和西方，就需要重建西方的认同；维护世界安全，则需要接受全球的多元文化性"④。"除了'避免原则'和'共同调解原则'外，在多文明的世界里维护和平还需要第三个原则，即'共同性原则'：各文明的人民应寻求和扩大与其他文明共有的价值观、制度和实践。"因此，世界人民对于不同文化的认同在国家博弈中的地位越来越重要。如何避免不同文化间的冲突，亨廷顿认为不同文化间的尊重和认同是不可缺少的。城乡文化存在显著差异的同时，其文化间的共性使得相互

---

① [美]露丝·本尼迪克特：《文化模式》，王炜等译，北京：社会科学文献出版社 2009 年版，第 32 页。
② [美]露丝·本尼迪克特：《文化模式》，王炜等译，北京：社会科学文献出版社 2009 年版，第 32 页。
③ [美]罗伯特·芮德菲尔德：《农民社会与文化：人类学对文明的一种诠释》，王莹译，北京：中国社会科学出版社 2013 年版，第 95 页。
④ [美]塞缪尔·亨廷顿：《文明的冲突与世界秩序的重建》，周琪等译，北京：新华出版社 2017 年版，第 293 页。

尊重与认同在两者的和谐发展中具有存在的可能性和必要性。

　　2. 强调文化多样性及其价值

　　美国学者本尼迪克特(2009)在《文化模式》一书中提出:"真正把人们维系在一起的是他们的文化,即他们所共同具有的观念和准则。"①因此,文化的特质是区分不同族群的标志,人类文化具有不同的文化模式,而之所以存在不同的文化模式就是因为人们的选择。"在文化生活中和在语言中一样,选择都是首要的必然现象。"②

　　约瑟夫·奈(2014)在其著作《软实力》中,将国家软实力的来源归结为三个方面:"文化、政治价值观、外交政策。"③他认为一个国家所拥有的文化、制度、价值观念是其软实力的一部分,对于自身的国际形象与国际地位有着重要影响。

　　美国著名学者塞缪尔·亨廷顿(2017)在其代表作《文明的冲突与世界秩序的重建》一书中指出:"对国家最重要的分类不再是冷战中的三个集团,而是世界上的七八个主要文明。""在这个新的世界里,最普遍、重要的和危险的冲突不是社会阶级之间、富人和穷人之间,或其他以经济来划分的集团之间的冲突,而是属于不同文化实体的人民之间的冲突。"④

　　日本学者平野健一郎(2011)的《国际文化论》一书尝试以文化的观点来看国际关系,他指出民族国家、民族文化以及族群性正在不断强化国际关系的文化性。"今天的世界已形成人人拥有不同的文化集团的话,那么在属于其集团的人们之间,就存在着以不同文化为原因而发生摩擦或纷争的危险。"他认为文化摩擦相比文明的冲突更为现实和合理,同时他认为应将处理文化摩擦作为处理国际关系的一个重要因素加以考虑。⑤

　　3. 强调文化在农村发展中的作用

　　澳大利亚的史蒂芬·缪勒教授(2001)指出,价值观和规范是控制和指导人类行为的强大力量。因此,文化作为特定群体或社会特有的基本价值体系,决定了某些人格特征的发展,同时具备某些特征的文化能够激励并指导人们开展经济活动。在史蒂芬·缪勒教授的研究中,他以昆士兰的乡村地区发展为例,着重强调文化在农村发展中的突出地位,并分析其原因,同时对农村文化的发展提出

---

　　①　[美]露丝·本尼迪克特:《文化模式》,王炜等译,北京:社会科学文献出版社2009年版,第11页。
　　②　[美]露丝·本尼迪克特:《文化模式》,王炜等译,北京:社会科学文献出版社2009年版,第15页。
　　③　[美]约瑟夫·奈:《软实力》,马娟娟译,北京:中信出版社2014年版,第15页。
　　④　[美]塞缪尔·亨廷顿:《文明的冲突与世界秩序的重建》,周琪等译,北京:新华出版社2017年版,第5-6页。
　　⑤　[日]平野健一郎:《国际文化论》,张启雄、冯青等译,北京:中国大百科全书出版社2011年版,第16-27页。

若干建议,指出应充分挖掘并利用农村在文化旅游、文化产业发展等方面的特有文化资源,依靠文化产业发展农村经济,从而缩小城乡差距。[1] 布伦达教授(2005)认为应该把整合文化作为一个地区经济再生的战略。[2]

约翰·麦卡锡(2006)以文化产业在英格兰的现实实践为例,指出与文化艺术相关的企业大量集聚、发展在推进该地区的经济多样化、塑造良好的自身形象以及增强社会凝聚力等方面都发挥了积极作用。因此,政府应制定实施相关政策,从而为文化产业提供稳定的政策环境保障。[3]

综上所述,国外学者的相关研究不在于探讨如何处理"城"与"乡"物理空间上所附着的文化差异,而是把研究的着眼点更多地放在不同群体文化间冲突与融合的问题;部分学者认为城市文化根植于乡村文化,城乡文化之间存在差异的同时也有共性,城乡文化之间存在长久的相互影响的关系;国外学者肯定了文化对于社会经济发展、国家整体实力提升等方面的意义与价值,突出强调发展文化产业有利于拉动农村经济发展。国外关于城乡文化关系、文化建设的研究已取得一定成就,但也存在缺陷与不足。国外学者的研究往往带有鲜明的意识形态特征,同时,由于所处阶级立场的不同,研究视野存在狭隘性。因此,在研究我国城乡一体化背景下城乡文化关系时,我们可以参考借鉴国外成熟的理论研究成果以及成功案例,但更重要的是从具体国情出发,立足本土实践加以扬弃、批判与创新。

---

① Stephen L Mueller, Anisya S Thomas. Culture and Entrepreneurial Potential: A Nine Country Study of Locus of Control and Innovativeness, Journal of BuMness Venturing, 2001(16): 51 - 75.

② Brenda S. A. Ycoh. The Global Cultural City? Spatial Imagineering and Politics in the(Multi) cultural Marketplaces of South-east Asia, Urban studies, 2005, 42(5): 945 - 958.

③ John M. The Application of Policy for Cultural Clustering: Current Practice in Scotland, European Planning Studies, 2006, 14(3): 397 - 408.

第二章　城乡文化和谐共生的理论基础

第一节　马克思主义城乡关系理论与城乡文化和谐共生

城乡关系的变化是人类社会进化、演变的体现。马克思恩格斯揭示了资本主义制度下隐藏着的十分尖锐的城市和乡村之间的对立矛盾,并逻辑地论证了未来社会主义和共产主义社会城乡融合的必然性和可能性。尤其是,马克思恩格斯探索和研究了城乡融合的历史发展条件和途径等,对今天我们构建城乡文化和谐共生的机制提供了重要的启示。

一、城乡融合的必要性和可能性

一方面,马克思恩格斯揭示了私有制和社会分工是城市和乡村分离的根本原因。"城乡之间的对立只有在私有制的范围内才能存在"[1],"某一民族内部的分工,首先引起工商业劳动和农业劳动的分离,从而也引起城乡的分离和城乡利益的对立"[2]。在这里,城乡的分离能够促进生产力的进步和城市的发展,但城乡的分离和矛盾的加剧,又必然会阻碍社会生产力发展。

另一方面,马克思恩格斯基于社会基本矛盾运动的一般规律的分析,指出私有制必然消亡,城乡关系势必会从对立走向融合,进入更高级别的城乡发展阶段。

二、城乡融合的基本前提

1. 物质前提

"城市与乡村的对立的消灭不仅是可能的,它已经成为工业生产本身的直接必需。"[3]即城乡矛盾的解决最终要站在生产力这个角度上面。生产力的进步和

---

① 马克思、恩格斯:《马克思恩格斯选集(第 1 卷)》,北京:人民出版社 2012 年版,第 184 页。
② 马克思、恩格斯:《马克思恩格斯选集(第 1 卷)》,北京:人民出版社 2012 年版,第 147 页。
③ 马克思、恩格斯:《马克思恩格斯文集(第 9 卷)》,北京:人民出版社 2009 年版,第 313 页。

发展会改变农业和工业之间相互隔绝的状态和局面，工业和农业相互贯通可以使城市和乡村之间的发展更为协调，更能积极推动城乡关系一体化的实现，从而为解决城乡之间的矛盾提供物质条件。

2. 社会政治前提

马克思恩格斯指出，城乡融合"不仅仅决定于生产力的发展，而且还决定于生产力是否归人民所有"①。这就提出了城乡融合的社会政治前提。社会政治前提是指社会生产关系的变革，"城乡之间的对立只有在私有制的范围内才能存在"②。所以，消灭了私有制，城乡对立的最根本的制度根源就能消失。在马克思看来，未来社会主义社会的生产资料是全体人民所有的，建立的政权体制是要以公有制为前提和基础的。"因为大工业和机器设备、交通工具、世界贸易发展的巨大规模使这一切越来越不可能为个别资本家所利用，因为日益加剧的世界市场危机在这方面提供了最有力的证明，因为现代生产方式和交换方式下的生产力和交换手段日益超出了个人交换和私有财产的范围。总之，因为工业、农业、交换的共同管理将成为工业、农业和交换本身的物质必然性的日子日益逼近，所以，私有财产一定要被废除。"③

3. 主体前提

"要把工业和农业生产提高到上面说过的水平，单靠机械和化学的辅助手段是不够的，还必须相应地发展使用这些手段的人的能力。"④"主体前提"根本指向是人的发展。在马克思主义理论体系框架中，人是从事社会生产的主要主体，同样，也是城乡关系中最重要的一个环节，人的巨大作用不容忽视。在马克思恩格斯看来，在工业革命之后，经济飞速发展，人们慢慢沦为机器的奴隶，工人创造的剩余价值越多，受到的剥削也就越发严重。因此，城乡之间对立的直接影响或后果便是人的片面和畸形发展。所以，保证人的自由而全面的发展是实现城乡融合的重要前提。资本主义的私有制导致城乡之间的差距过大，资产阶级和无产阶级的分化形成正是私有制发展的结果，而且伴随着私有制发展，无产阶级和资产阶级的矛盾不断加深与恶化，无产阶级在关注自身不利的处境之后，开始反抗资本主义私有制下的各种不合理的制度和体制。马克思恩格斯作为无产阶级的领军人物，已经清醒地指出："私有制只有在个人得到全面发展的条件下才能消灭，因为现存的交往形式和生产力是全面的，所以只有全面发展的个人才可能

---

① 马克思、恩格斯：《马克思恩格斯选集（第1卷）》，北京：人民出版社2012年版，第861页。
② 马克思、恩格斯：《马克思恩格斯选集（第1卷）》，北京：人民出版社2012年版，第184页。
③ 马克思、恩格斯：《马克思恩格斯选集（第1卷）》，北京：人民出版社2012年版，第291页。
④ 马克思、恩格斯：《马克思恩格斯选集（第1卷）》，北京：人民出版社2012年版，第307页。

占有它们,即才可能使它们变成自己的自由的生活活动。"①当无产阶级的人民清醒之后,他们便不断地反抗资产阶级的压迫和剥削,渴望自己建立一个人民当家做主的国家,无产阶级逐渐成为推翻资产阶级剥削统治的主力军。

三、城乡融合的实现途径

1. 废除私有制

"城乡之间的对立只有在私有制的范围内才能存在。城乡之间的对立是个人屈从于分工、屈从于他被迫从事的某种活动的最鲜明的反映,这种屈从把一部分人变为受局限的城市动物,把另一部分人变为受局限的乡村动物,并且每天都重新产生二者利益之间的对立。"②城乡之间的对立局面是有条件的,从本质上来讲,这种局面是生产力发展不足引起的。人类社会早期,人们改造大自然的能力还比较低下,当时的社会分工还没有分化,城市和乡村之间的界限并没有太明显的区别。随着社会生产力的进步和发展,社会开始出现第一次大的分工,在这个基础上,城市出现,城市和乡村之间的差距开始显现。"文明时代"(与原始公社的社会结构相对立)的显著特征之一,"是把城市和乡村的对立作为整个社会分工的基础固定下来"③。总而言之,人类社会分工的出现为城市和乡村之间的分离创造了条件,如果没有社会分工,就不会出现城市和乡村之间的分离甚至对立。随着生产力的快速发展,城乡之间的矛盾越来越突出,城乡之间的分化日趋严重,逐渐出现了城乡对立。在资本主义社会里,私有制的存在使得社会财富主要集中在少数人的手中,特别是在工业革命之后,资本主义生产方式代替了小农生产方式,整个社会开始卷入资本主义的市场化浪潮里,利润成为资本主义社会中唯一追求的目标,其生产方式的剥削与以前相比更加严重,手无寸铁的劳动者只能任凭资本家进行剥削和宰割。因此,要实现城乡的协调发展,必须根除资本主义私有制。

2. 充分发挥城市的中心作用

"现代的历史是乡村城市化,而不像在古代那样,是城市乡村化。"④城市是社会生产力高度发展的历史产物,城市在不同的历史发展阶段有不同的功能和作用。特别是在工业革命之后,城市与乡村开始日渐分离,逐步成为一个单独的经济体而存在,城市的发展推动了社会的进步。同时,城市的繁荣和进步也产生

---

①　马克思、恩格斯:《马克思恩格斯全集(第3卷)》,北京:人民出版社1960年版,第516页。
②　马克思、恩格斯:《马克思恩格斯选集(第1卷)》,北京:人民出版社2012年版,第184页。
③　马克思、恩格斯:《马克思恩格斯选集(第4卷)》,北京:人民出版社2012年版,第193页。
④　马克思、恩格斯:《马克思恩格斯选集(第2卷)》,北京:人民出版社2012年版,第733页。

扩散效应,城市中先进的生产和生活方式传播到相对落后的乡村,促进了乡村的现代化,城乡对立局面得到了一定程度的缓解。一方面,城市的高度发展带来了巨额财富。城市中便捷的交通、先进的生产方式等逐渐向落后的乡村传播,农业的生产、生活方式也在悄然发生着可喜的变化,小农生产方式渐渐退出了社会历史的舞台。另一方面,城市的发展不仅推动了生产力的进步和社会财富的积累,而且还加快了城市现代化的进程。同时,乡村也开始逐渐摆脱愚昧落后的状态。资本主义生产方式也开始慢慢替代乡村原始的小农生产方式,农村生产方式的革新和升级客观上促进了农村农业的进步和提高。同时,一些农民来到城市务工,由于资本家追求利润最大化的需要,提高相应的劳动者素质显得尤为重要,客观上改变了农民过去在农村的生活观念和意识。

3. 城乡的产业结合

"把农业和工业结合起来,促使城乡之间的对立逐步消失。"①马克思恩格斯认为,城乡融合是历史发展的必然趋势,他们不但指出了城乡关系的高度融合是未来社会发展的重要特征,而且还明确提出实现城乡融合的路径。一方面,他们积极肯定了城市大工业在推动社会经济发展中的巨大作用;另一方面,农村农业的发展相对落后也同样引起了他们的高度关注。因此,他们大胆地提出实现城市和乡村健康协调发展的路径之一,便是走工业和农业相结合的道路。马克思历来很重视农业的基础性地位,他明确提出打破"工业在城市、农业在农村"的布局,同时,工业的发展也与农村农业的发展密切相关。大工业的发展为社会发展进步带来了巨大的财富,但马克思恩格斯也同时指出了大工业的高度集中给城市的发展和繁荣带来了诸多不利条件,从长远的眼光来看,高度集中的工业反而会扩大城乡之间的经济差距。所以,马克思察觉到"大工业在全国的尽可能均衡的分布是消灭城市和乡村的分离的条件"②。大工业的平衡分布,不但可以减轻大城市承载力不足的困扰,而且还能带动地区经济的发展和人口的均衡分布。工业和农业的密切联系,为城乡之间建立了长久的联系。因此,走工农业一体化的发展道路是促进城乡健康发展的必要条件。

4. 提高人的素质,促进人的全面发展

"脑力劳动者和体力劳动者之间,使机械操作、半机械操作和必要的手工劳动适当地结合起来。"③城乡矛盾的对立,其重要的表现则是城乡居民的思想层

---

① 马克思、恩格斯:《马克思恩格斯文集(第2卷)》,北京:人民出版社2009年版,第53页。
② 马克思、恩格斯:《马克思恩格斯选集(第3卷)》,北京:人民出版社2012年版,第684页。
③ 《中共中央文件选集(1949年10月—1966年5月)》第28册,北京:人民出版社2013年版,第8页。

面上的差距。城乡居民精神层面上的协调发展不容忽视。为不让人的片面发展在城乡对立的环境下愈发严重,提高人的素质、促进人的全面发展是城乡协调发展的必由之路。社会分工的细化使得城乡居民开始羁绊在自己的工作和劳动之中,乡村中的土地把农民束缚了,城市中的工人被机器束缚了。整日的劳作也得不到应有的休息和发展机会,甚至连资产阶级的大资本家也被巨大的资本所束缚。马克思恩格斯作为科学的历史唯物主义者,始终将人的自由而又全面的发展作为人类社会的终极目标,城乡之间的经济差距可以有具体的指标来量化,但是人的素质的提高则是一个漫长的过程。总而言之,人的自由全面发展是城乡走向融合的重要实现目标之一,这个目标的成功与否关系着城乡关系协调发展的成败,所以缩小城乡之间的差距不仅要在经济上下功夫,还要在提高人的素质和促进人的全面发展上下功夫。

四、继承发展马克思恩格斯城乡关系理论

列宁认为,城乡关系发展的不同阶段,其在性质和程度上的表现是不同的。在这些阶段中,社会分工起到重要作用。在分析俄国资本主义发展的时候,列宁明确指出城乡矛盾在资本主义发展中进一步加剧和深化,城市进一步剥削乡村,导致城乡之间的对立成为不可避免的趋势。

在俄国完成社会主义革命后,列宁提出通过推动农村商品经济发展、农村人口城市化等方式,缩小城乡差别。此外,列宁也充分肯定了科技的作用,并主张通过工业化来改造农业,希望在高科技的基础上的生产能够消灭城乡之间的差距大现象,提高农村的文化水平,消除农村落后贫穷的状态。

在马克思主义中国化进程中,马克思主义城乡关系理论得到进一步的发展。毛泽东"工农并举,城乡兼顾"思想,邓小平"工业支援农业,城乡协调发展"思想,江泽民"从兼顾到统筹城乡经济社会发展"思想,胡锦涛"统筹城乡发展,实现城乡经济社会一体化"思想等,都是对马克思主义城乡关系理论创新发展的重要体现。中共十八大以来,以习近平同志为核心的党中央确立了全面建成小康社会的奋斗目标,提出并大力实施新型城镇化、统筹城乡发展和城乡发展一体化战略,提出了"创新、协调、绿色、开放、共享"新发展理念,中共十九大提出要大力实施乡村振兴战略,加快建立健全城乡融合发展体制机制和政策体系。目前我国城乡关系正在发生历史性根本变化,即总体上要实现城市与乡村、工业和农业在差异性基础上的协调均衡发展,城乡相互配合、相互支持,共同进步,共享发展成果。

五、马克思主义经典作家城乡关系理论的启示

马克思主义经典作家对于城乡关系与社会发展关系的重要观点，特别是关于城乡融合等重要思想，对于理解和把握当前我国城乡文化和谐共生的必然性，以及实现机制的构建路径，具有重要的理论借鉴意义。如：马克思主义城乡关系理论中关于城乡融合的规律探究，进一步明确了城乡文化和谐共生的合规律性和合目的性；城乡文化和谐共生，必须夯实生产力基础，推进城乡经济发展，加强城乡产业联合；城乡文化和谐共生，必须加强城乡文化产业的有效联合，互促互进；注重科技的力量，以科技创新来推进城乡文化和谐共生等。

第二节 文化自觉、文化自信理论与城乡文化和谐共生

一、文化自觉的内涵及意义

对文化自觉概念，费孝通先生较早提出并在不同场合进行了阐释。"文化自觉，意思是生活在既定文化中的人对其文化有自知之明，明白它的来历、形成的过程、所具有的特色和它发展的趋向。自知之明是为了加强对文化转型的自主能力，取得决定适应新环境、新时代文化选择的自主地位。"[1]"自觉是为了自主，取得一个文化自主权，能确定自己的文化方向。"[2]"同时，文化自觉指的又是生活在不同文化中的人，在对自身文化有自知之明的基础上，了解其他文化及其与自身文化的关系。"[3]综合上述阐释，文化自觉主要包含三层含义：第一，文化自觉是对不同文化发展规律的自觉认知，既体现在对自身文化发展的把握上，也体现在对他者文化发展的把握上。第二，文化自觉是对不同文化发展关系的自觉认知。在全球化时代，"过去那种地方的和民族的自给自足和闭关自守状态，被各民族的各方面的互相往来和各方面的互相依赖所代替了。物质的生产是如此，精神的生产也是如此。各民族的精神产品成了公共的财产。民族的片面性和局限性日益成为不可能，于是由许多种民族的和地方的文学形成了一种世界的文学"[4]。把握不同文化关系的正确价值取向就是"在这个正在形成中的多元文化的世界里确立自己的位置，然后经过自主的适应，和其他文化一起，取长补

① 费孝通：《中国文化的重建》，上海：华东师范大学出版社 2015 年版，第 35 页。
② 费孝通：《中国文化的重建》，上海：华东师范大学出版社 2015 年版，第 60 页。
③ 费孝通：《中国文化的重建》，上海：华东师范大学出版社 2015 年版，第 75 页。
④ 马克思、恩格斯：《马克思恩格斯文集》第二卷，北京：人民出版社 2009 年版，第 35 页。

短,共同建立一个有共同认可的基本秩序和一套各种文化都能和平共处、各抒所长、联手发展的共处守则"①。这个"共处守则"正如费孝通所说的:各美其美、美人之美、美美与共、天下大同。第三,文化自觉是对自身文化发展主体性的自觉认知。树立文化自觉的目的是获得文化发展自主权,避免文化入侵、文化殖民,既不闭关自守,也不盲目照搬,坚守本民族的文化立场,谋求本民族的文化发展权益,牢牢掌握文化发展的话语权、主导权与领导权。

实现城乡文化和谐共生,涉及城乡文化发展规律与发展方向,涉及城乡文化关系及中外文化关系,涉及中国特色社会主义城乡文化性质及其相互关系。因此,实现城乡文化和谐共生,其客观认知前提必然是坚持文化自觉。

1. 确立对城乡文化发展规律及其关系的自觉认识

传统中国城乡文化的发展具有同源性、一体性,二者根源于农耕文明且较少受到外来文化影响,呈现出很强的稳定性、连续性。近代中国以来,受列强入侵、开埠通商以及国内民族工业的影响,城市的发展具有了与以往不同的动力与环境,城乡呈现了不同的发展轨迹,城乡文化日益呈现多样性、异质性。城市文化的基础是现代工业经济,工业经济的发展是当代中国城市文化发展的根本动力;而乡村文化的基础则是有着几千年历史的农业经济,农业经济的发展是当代中国乡村文化发展的根本动力。新中国成立以后,城乡经济二元发展格局带来城乡文化二元发展格局。改革开放以后,随着城乡经济二元发展转变到城乡经济统筹发展,再转变到城乡经济一体化发展、城乡融合发展,城乡文化二元发展也逐步转变到城乡文化统筹发展,并进而转变到城乡文化一体、融合发展。目前城乡统一市场的形成,城乡发展要素的自由流动,现代传播手段的普及应用,所有这一切推动了城市文化与乡村文化的相互影响、相互渗透,形成了"你中有我、我中有你"的景象。因此,城乡文化的发展既不可能像传统中国城乡文化的完全同质化发展,也不可能形成城乡文化完全独立、互不关联的并行发展,应该也只能是相对独立的关联性融合发展。需要进一步把握的是,几千年来中国文化底色是乡土性,乡村文化是中华文化的坚实载体,农耕文化依然具有强大的文化基因与影响力,潜隐并深度地支配着当代中国人的思想与行为。同时,中国目前仍然有近5.8亿人生活在农村,承载着中华文化的乡土底蕴。西方发达国家城市化的历史也表明,以城市吞并农村这一文化圈地式的现代化发展路径是行不通的,是不可持续的。因此,当代中国城乡文化关系不是先进与落后的关系,不是替代与被替代的关系,不是改造与被改造的关系,而是不同文化形态、同等文化地位、

---

① 费孝通:《中国文化的重建》,上海:华东师范大学出版社 2015 年版,第 161 页。

共享文化发展权利之间的关系，是功能各异、优势互补的文化关系，是和而不同、和实生物、和谐共生的文化关系。

2. 正确把握当代中国城乡文化与中国特色社会主义文化的关系

中国特色社会主义文化是中国特色社会主义优越性在文化上的表现，内蕴着中国精神、中国价值与中国力量，是实现中国梦的精神指引，对具体的文化建设起到引领作用。当代中国城乡文化是以不同经济形态为基础、以不同物理空间为载体的文化形态，它与中国特色社会主义文化之间存在密切关系：一方面，二者是共性与个性的关系，中国特色社会主义文化构成当代中国城乡文化的本质，中国城乡文化则成为中国特色社会主义文化的具体存在样态。从精神文化层面来说，中国特色社会主义文化无法抽象地存在，必须依托一定的、具体的文化样态。中华优秀传统文化、革命文化和社会主义先进文化都必须通过形态各异、特色鲜明、地域差异的城乡文化来彰显。发展形式多样、多姿多彩的城乡文化是发展中国特色社会主义文化的重要路径。另一方面，中国特色社会主义文化引领城乡文化发展方向。这是中国特色社会主义制度优越性在文化形态上的表现，我们要建设的是具有中国特色的社会主义城乡文化，唯有坚持前者才能保证后者沿着正确的方向健康地发展。

3. 正确把握当代中国城乡文化与外来文化之间的关系

肇始于西方的工业革命，在推动现代化、经济全球化的过程中，也推动了文化交流、文化传播的全球化。长期以来，受西方经济强势的影响，文化流动、传播的全球化并不是双向的、多向的，而是单向的、一维的，表现为西方文化向全球的高势位渗透与覆盖。如何对待西方资本主义文化，如何化解中外文化冲突，成为近代以来中华民族面临的重要文化问题，也成为近代以来中国城乡文化发展中的重要问题。中国思想界在这一问题的思考中曾经形成了复古论、折中论与西化论等三种思想倾向，但无论哪一种思想都缺乏清醒的文化自觉。只是在中国共产党诞生后，运用马克思主义理论辩证看待中外文化关系，中华民族在文化精神上才从被动转为主动，正确解决了文化冲突问题。历史与现实表明，正确处理中华文化、中国城乡文化与外来文化的关系，必须坚持以马克思主义为指导思想，既要避免城乡文化封闭僵化，又要避免文化入侵。吸收外来但忘记本来，外来文化就会演变成文化殖民；吸收外来不忘本来，外来文化就会具有民族文化的形式并与本土文化融为一体。清醒把握中国城乡文化与外来文化交流、碰撞、交融的过程，就是形成民族性的中国城乡文化发展的过程。

4. 坚持城乡文化发展的主体性

城乡文化发展的主体性，是指城乡文化主体主动参与文化创造、文化发展，主导外来文化要素的吸收吸纳,主动选择文化发展路径,把握城乡文化发展方向。归结起来,就是完全拥有推动城乡文化发展、使之满足自身美好生活需要的文化领导权。城乡文化发展的主体性,首先体现为城乡文化发展的自主权。自主权是主体性的核心。在处理中外文化关系中,不以别人的意志为准则,不以别人的审美为标准,不以别人的好恶为裁判,而是深知自己的文化特色、文化特质、文化价值、文化旨趣,因而面对他者文化,能够从容对话,交流互鉴,美美与共。只有确立文化主体性才能有效抵御外来文化霸权,对文化渗透保持警惕。其次体现为城乡文化发展的能动性。城乡文化主体不仅能根据现实需要满足自己的精神文化生活,而且能够根据自己的发展需要能动性地形成具有现实超越性的精神文化价值目标;不仅能够依靠现有的条件发展城乡文化,而且可以能动地创造条件发展城乡文化。城乡文化主体的能动性过程,也是城乡文化主体本质力量的生成累积过程,是主体自身改造、促进本质力量丰富与发展的过程,这一过程正是通过城乡文化的多样性发展体现出来的。

二、文化自信的内涵及意义

文化自信是城乡文化和谐共生的主观认同基础。文化自信不同于文化自觉。文化自觉是对自己文化"是什么"和"应当是什么"的理性认知,属于主体的理性意识;文化自信是对自己文化"应当何为"的情感认同和实现其价值的坚定信念,表现为主体的积极健康的心理状态和精神状态。同时,它们存在着密切联系。一方面,文化自觉奠定了文化自信的理性基础,缺乏文化理性,文化自信容易受非理性的情感支配,难以稳定坚持、独立自守,文化自信也容易演变成文化自大或文化自卑。正是在这个意义上,文化自觉构成文化自信不可或缺的要素和前提条件。另一方面,文化自信是文化自觉的底气和目标追求。"文化自信既可以说是文化自觉的底气,也可以说是文化自觉的自信呈现。"[①]没有文化自觉的主体是无根的主体,是被他者文化统摄实质、是被异己主体主宰的主体;文化自信是文化自觉的内在精神动力和行为目的,没有文化自信,主体难以产生文化自觉的需要与动力。可以说,文化自信是理论形态的文化自觉转化为现实形态文化自觉的中介和桥梁。

1. 文化自信是城乡文化繁荣发展的活水源头

城乡文化不能够繁荣发展,城乡文化和谐共生注定是低水平的不可持续的

---

① 张继焦:《从"文化自觉"到"文化自信":中国文化思想的历史性转向》,《思想战线》,2017年第6期。

和谐共生。城乡文化繁荣发展的动力除植根于经济繁荣发展之外，文化主体创造活力的迸发也是必备因素。文化自信催生了主体的自豪感、认同感和使命感，使主体有责任、有义务、有使命推动文化的发展繁荣，比如孔子整理六经、唐宋援佛入儒推动儒学创新发展等等，背后都存在着坚定的文化自信。从实践来看，凡是文化繁荣的城乡，均饱含着文化主体对自身文化的强烈情感认同以及创新发展的热情和激情；凡是文化凋敝的城乡，无不体现了文化主体对自身文化的冷漠、摧毁与拒斥。总之，文化自信左右着主体的文化偏好、文化选择与文化实践。

2. 文化自信是城乡文化健康发展的坚实基础

改革开放以来，伴随着城乡经济社会的深度变革与快速发展，城乡文化获得了空前的繁荣发展，与此同时，也暴露出不容忽视的问题，如城乡文化虚无化。城市化进程中，拆旧城造新城，破坏历史文化遗产的现象并不鲜见。随意割断历史文脉，人为消除记忆空间，导致"城愁"无处寻觅，精神家园无处存放，造就无根的城市文化。一些乡村则鄙视乡村文化，照搬城市文化，导致乡村文化城市化，城乡文化同质化。又如城乡文化世俗化，表现为以自私自利为主的个人主义，以符号占有为主的消费主义，以工具理性为主的道德虚无主义，以感官满足为主的享乐主义。再如城乡文化西方化。一些城市道路、广场、小区喜欢以西方文化符号命名。一些建筑喜欢模仿、复制西方建筑样态，甚至盲目推崇西方设计师建筑设计式样，以此吸引眼球，标榜现代。这些问题的产生，从根本上说源于文化自信的缺失，实质是对中国城乡文化生命力与功能价值的认同危机。缺乏文化自信，也就缺失了对先进文化、民族文化与地域文化的尊重、信仰与坚守，正如有学者指出的："实际上，追求形式上的独特和怪异，还有一种心理就是怕别人说我们不够现代化，然而这恰恰反映出对我国建筑文化缺乏应有的自信。"[1]

3. 文化自信为城乡文化和谐共生提供了共同的精神文化纽带

城乡文化和谐共生不仅体现为城乡文化动态的共生过程，而且体现为静态的共生统一体。这个统一体就是现代城乡文化共同体。现代城乡文化共同体的形成，不仅需要以城乡利益共同体为经济基础，而且需要以共同的精神文化纽带为情感及居民交往基础，共同的精神文化纽带可以消除城乡主体因身份、地位、职业、距离造成的差异，维系城乡居民之间的交往交际。在当代中国，建构共同的精神文化纽带离不开对中华优秀传统文化的自信与认同。中华优秀传统文化是中国人文化认同和价值认同的最大公约数。此种共同的精神文化纽带，从中华民族层面看，通过儒家主流文化理念以及以春节、元宵节、清明节、端午节、七

---

① 单霁翔：《从功能城市走向文化城市》，天津：天津大学出版社 2013 年版，第 227 页。

夕节、中秋节等传统节日为载体的传统文化表现出来;从城乡层面看,通过地域文化、地域精神表现出来。近些年来,中国传统节日的吸引力、影响力和感召力有所衰减,而西方节日借助现代传媒和市场力量则越发兴起,这正是文化自信缺失的表现,是对传统节日、民俗文化资源价值挖掘不够、利用不足、活化不力,难以适应转型期中国城乡居民的文化需要、心理需要、交往需要。

第三节　文化认同理论与城乡文化和谐共生

一、文化认同的内涵及特征

一般来说,认同就是对共同或相同的东西进行确认。认同不仅意味着认可、承认,还表示接受、赞同。认同不等于趋同或同化(同质化),而是强调确认相同的过程,即寻找不同事物之间的内在一致性。它最早是一个哲学范畴,意指"同一性",从心理学上看,它主要指人们心理上产生归属感。认同的类型很多,但文化认同是最具基础、最深层、最具稳定性的认同。王立洲认为:"文化认同是人们对某种文化在观念上和心理上持认可和接受的态度,它可以使人们形成共同的理想、信念、价值观,从而在价值取向、思维模式、行为模式等方面达成一致,形成一股强大的凝聚力和向心力。"[①]

综合学术界已有研究成果,一般认为,文化认同具有多维性特征,如文化认同的主题是自我身份以及身份正当性的确认,文化认同具有社会性,文化认同是双向或双重性的过程,文化认同具有选择性、多重性甚至是混杂性,文化认同的过程由浅入深、由表及里、逐步发展,文化认同主要是对社会属性和文化属性的确认,文化认同本质上是一个从理念到心理的选择过程。

二、文化认同的历史考察

文化认同是人类社会的一种普遍现象。最初涵义上的文化认同是与其他认同类型混沌一体,加之在一个封闭且很少变化的环境中,极少发生文化冲突,其重要性并不突出,文化认同也就不成为"问题"。文化认同作为当今社会的一个突出问题,则是西方现代性引发的结果。随着资本主义生产方式从资本主义国家输出,全球市场趋于统一,政治、经济、文化交往不断密切,世界进入了全球化时代。现代性对传统的否定,造成了文化的断裂,使固有的文化认同失去了最重

---

① 王立洲:《当代中国人的文化认同危机及其重建》,《求实》,2011 年第 4 期。

要的载体；现代性带来了西方工业化国家的文化霸权和强势文化扩张，被殖民国家文化的正当性、合理性被质疑和否定，其文化发展的主体性也日益丢失，从而产生文化身份焦虑；现代性强调文化的物化和技术化，造成文化内在的精神价值的丢失，导致文化认同的现实危机。

改革开放以来，中国经济社会发生了急剧转型，东西方文化相互影响、相互激荡，出现了本土与外来、传统与现代、个人与社会、信仰与现实等诸多矛盾，特别是西方外来文化对本土传统文化的渗透和冲突，现代市场经济文化对传统农耕文化的背离和否定，直接导致源于传统文化和革命文化的文化价值认同遭遇多元文化价值的挑战，这种挑战一定程度上带来文化认同的危机，使得人们丧失对中华优秀文化、对中华民族和国家、对社会主义核心价值观的认同，以及建构其上的身份的确定感、群体的荣誉感、精神的归属感等精神问题，还产生诸如道德滑坡、精神沙化、拜金主义、享乐主义等社会问题。与西方国家相比较，我国学术理论界对文化认同问题的研究，偏重于研究文化的价值认同问题，偏重于研究群体，研究群体的自我身份认同、群体心理、集体记忆、集体焦虑问题；偏重于研究城乡文化、不同地域文化、民族文化、农民工的文化认同问题。

而在当代西方国家特别是美国，文化认同问题依然突出。面对持续不断大量移民的涌入，西方社会出现了新加入个体和少数族裔与原有城市社群之间的文化冲突问题。这种冲突一开始表现为种族歧视，在经历长期的反种族歧视和种族隔离制度之后，文化开始代替种族被用来广泛解释人类的差异性。"异乡人不会接受本地文化，因为这些文化决不会首先尝试着去修正自身的某些规矩；也许正是这些规矩，对本地人的安全和自信有着至关重要的意义。本地文化将异乡人定义为异端分子——'既非朋友亦非仇敌'——并打入另册……他的进入预示了对他所进入的文化的侵犯。仅仅因为他的进入这一动作（无论是真实的抑或仅仅是打算的），曾是安全寓所的本地人的生活世界变成了一个不安全的、问题重重的竞技场。同样，异乡人的善意也变得有害于己；他的同化努力使他更为疏远，使其局外性比任何时候都要更加昭然，平添了有关它所内涵的威胁的证据。"①基于此，历届美国政府试图以美国主流文化价值标准为"熔炉"，同化来自不同种族、不同肤色移民及其后代的思想文化价值观，实现所谓"合众为一"。20世纪 60 年代嬉皮士运动之前，美国政府推行移民混居政策，希望移民后裔通过混居能够被美国人的习俗、规矩和法律同化，这在一定程度上促进了民族融合和文化认同。20 世纪 60 年代嬉皮士运动之后，多元文化主义成为"政治正确"。

---

① ［英］齐格蒙特·鲍曼：《现代性与矛盾性》，邵迎生译，北京：商务印书馆 2013 年版，第 78 页。

随着美国移民人口和速度的增长,越来越多的亚裔和拉丁裔形成了自己的聚集地,甚至出现了移民群体超过当地人口的情况,多元文化主义促使不同文化可以平等并存于社会中,少数族裔不再刻意融入主流社会也能获得社会尊重,获得同样的权利,这就造成了国家主流文化认同的削弱和动摇。加之西方普选制度、福利政策和白人与有色人种结构的变化等因素影响,社会歧视受到限制,少数族裔(移民群体)融入主流社会的意愿、动力都发生了极大的改变,对主流社会价值观的认同度明显降低,而保持自身文化的独特性的意愿明显提升。

三、基于文化认同理论,推进城乡文化和谐共生

1. 中国城乡文化关系问题,其本质内涵是城乡居民的文化认同问题

随着改革开放 40 年的经济社会发展,特别是城镇化浪潮强烈推进,中国社会日益分化成城市社会和乡村社会,城市社会与乡村社会表现出巨大的差异性,在政治、经济、文化等各方面存在诸多不协调、不平衡现象。中国城乡关系既表现为弱势、边缘但人数众多、规模巨大的农民工群体如何融入城市社会并成为市民的问题,又表现为作为中华传统文化母体和根基的乡村文化对城市文化具有极大的反哺价值,乡村文化必须得到保护、传承和创新,以城乡文化认同促进城市中外来人口、市民和乡民的社会融合。

2. 农民工集体身份焦虑构成城乡文化认同的巨大挑战

中国城镇化进程一直存在“户籍城镇化”和“人口城镇化”的矛盾与纠纷,大量进城农民工和外来移民因为不能在城镇落户而不能享受与当地居民一样的社会福利,他们不能完全从农村和农民中退出,也不能完全融入城市,其新市民身份得不到确认。所谓“经济上接纳,社会上拒绝”正是这种“半城镇化”的写照。文化认同是一种对自我身份的认同,寻找个体和群体的定位是人们的本能性反应。农民工群体不能实现城市新市民身份,不能确认他们与城市居民内在的一致性,农民工群体就不可能认同城市文化,进而真正融入城市文化。实现农民工群体新市民身份,必须以“利益共生”化解城乡居民的对立和冲突,使城乡居民在共同利益基础上形成文化认同。

3. 切实增强城乡居民心理归属感

文化的认同主要是内部选择,而非外力强加。增强城乡居民心理归属感,就要加强社区建设、邻里建设、乡愁文化建设,创造城乡共有的特色价值观和文化品牌。它们既扎根于城乡居民共同的生产生活,也扎根于共同的历史文化,代表了城乡的“地方性知识”。

4. 扩大城乡居民跨文化交往

文化认同源于文化交往和沟通。加深对不同文化的语言习惯、思维方式、价值标准、风土人情等文化知识的了解，才能有效、顺利实现跨文化交往。而城市文化优越感，对乡下人的心理排斥，以及城乡居民固有的思维模式、价值偏见等，则是影响城乡居民跨文化交往的重要因素。伴随着城镇化进程，农村居民大规模流动和城市空间大幅度扩张，城乡经济联系越来越密切，为城乡居民交往创造了良好条件，但历史形成的城乡二元结构、文化差异、空间距离、心理隔阂等因素，仍然限制城乡居民的交往活动。据有关课题调查，城市人与农村人交往的主要障碍排前三位的分别为观念、经济地位、文化；城乡交流中农村需要的主要是科技下乡、平等互尊、户籍解禁。① 促进城乡居民交往互动，关键是要把城乡融合水平作为新型城镇化的评价指标，构筑交往载体、搭建交流平台，增进城乡居民之间的互动包容、接纳欣赏。在政府层面，多搭建以城带乡的公共文化服务平台，如浙江省美丽乡村建设和文化礼堂工程；在市场层面，大力发展农村现代物流，开辟城乡交往市场；在舆论宣传层面，加大城乡一体化信息网络建设，多创作生产有利于城乡居民交际交流的媒介产品；在社会层面，以社区为平台，以增进外来人口归属感为目标，积极推进跨文化交际。

第四节　文化多样性理论与城乡文化和谐共生

一、文化多样性的内涵及意义

文化多样性这一概念是随着"差异权"的提出从 20 世纪 70 年代开始进入政治领域的。② 2001 年联合国教科文组织发表《世界文化多样性宣言》，指出文化多样性的具体表现"是构成人类的各群体和各社会的特性所具有的独特性和多样化"③。2005 年 10 月，联合国教科文组织通过了《文化多样性公约》，指出文化多样性是指各群体和社会借以表现其文化的多种不同的形式。我国学者认为："联合国教科文组织对文化多样性的定义偏重于文化表达形式的多样性，而美澳学者对文化多样性的关注则偏重社会内部源于文化差异而产生的群体多样性。事实上，文化多样性应该包括以上两种多样性，而且这两个方面相互依存密切联

---

① 王喜平：《社会转型时期城乡居民的交往状况》，《哲学堂（第三辑）》。
② ［法］P. M. 得法尔热灵隐：《国际社会与文化多样化》，《国外社会科学》，2004 年第 1 期。
③ 《世界文化多样性宣言》，2001 - 11 - 02，http://wenku. baidu. com/view/478a1e6fb84ae45c3b358c9b. html。

系。""因为文化的民族或族群特性,文化多样性问题从本质上就是不同文化群体的关系问题。"①

　　文化多样性的形成,主要源于人们在不同区域自然、经济、社会环境和不同生产方式上的差异性,而不同文化之间的交往又促进了文化的自我更新,丰富了文化的多样性,并为新文化样态的产生提供了土壤。在当代,信息网络化为文化多样性的形成提供了有力的科技支撑,现代科学技术改变着文化的内涵、外在结构和表现形式,构成文化多样性发展的强大动力。

二、文化多样性理论的历史考察

　　1. 中华文化提倡和而不同

　　中华文化自古就有"和实生物,同则不继"的思想文化传统,意思是指不同因素和谐融合才能产生、发展万物。公元前 700 多年的西周末年,太史伯阳父首先提出了"和实生物,同则不继"这一重要思想。他指出:"和"是万物构成的规律,是事物多样性的统一。"先王以土与金、木、水、火杂,以成百物",使相异的事物协调并进,达到"和"的境地,从而"年丰物富"。而"同"是无差别的单一事物的叠加,"若以同裨同,尽乃弃矣"。②

　　2. 西方文化多元主义与普世文明

　　文化多元主义是西方国家国内政治生活中的一种文化主张、政治理念。在美国,很长时期内"文化"常与种族并置,或者被用来解释种族差异。第二次世界大战期间,出现了人类历史上最大规模的种族清洗,文化概念成为美国有识之士反对种族主义的利器。普世文明是西方国家在国际政治生活中的一种文化主张、政治理念,弗朗西斯·福山论证说:普世文明就是"西方自由民主制的普及"。③ 亨廷顿认为:"普世文明的概念是西方文明的独特产物。普世主义是西方对付非西方社会的意识形态。"④可见,普世文明的本质就是文化的一元主义。世界文化的同质化发展,其结果就是西方文明。

---

　　① 杨洪贵:《文化多样性的内涵初探》,《新疆社会科学》,2009 年第 3 期。
　　② 乐黛云:《文明因交流互鉴而多彩》,《人民日报》,2016 年 7 月 18 日。
　　③ 〔美〕塞缪尔·亨廷顿:《文明的冲突与世界秩序的重建》,周琪等译,北京:新华出版社 2002 年版,第 9 页。
　　④ 〔美〕塞缪尔·亨廷顿:《文明的冲突与世界秩序的重建》,周琪等译,北京:新华出版社 2002 年版,第 45 页。

三、文化多样性理论的现实启迪

1. 文化多样性奠定城乡文化和谐共生的社会基础

文化多样性理论内蕴着包容、开放的价值观，倡导不同文化之间相互适应、融合，通过学习吸收异质文化优秀成分实现自身的创新和变革。因此，在处理文化关系问题上，文化多样性理论倡导包容性发展理念，尊重城乡文化差异和价值分歧，赋予处于弱势地位的文化以发展机会。文化多样性理论启迪我们：必须在统筹兼顾中寻求城乡文化利益的平衡点，找到最大公约数。在处理城乡文化一系列矛盾问题上，如传统文化与现代文化、工业文化与农业文化、城市内户籍市民与非户籍农民工、农村中的大农业与小农户、政府主导的新农村建设与乡村自发的文化传统、市场杠杆与农民主体作用、"撤点并校"与乡村教育、村落保护与生活宜居等，应坚持共建共享，把各方面的利益诉求、发展愿景最大程度包容进来。要创新城乡制度，不断改革完善政府公共文化服务体系、公共文化政策和公共管理规范，加强乡村文化保护规划和立法，努力创造一个有利于城乡文化共同繁荣发展的体制机制，以制度化融合渠道实现包容性发展。

2. 增强文化的一致性，以一致性引领和发展多样性

文化是多样性与一致性的统一，两者相互联系、相互作用，既对立又统一。文化多样性理论强调不同文化应保持自身文化的品质和特性，反对文化同质化、单一性发展，但坚持不同文化应适应时代发展，不断变革创新，优胜劣汰，共同追求进步。文化多样性理论启迪我们：正确处理一致性与多样性的关系，是实现城乡文化和谐共生的关键。这就要求在多样性中寻求和形成一致性，在一致性基础上增进和扩大多样性，归结起来，就是和而不同、求同存异。具体到城乡文化关系问题上，无论求同还是化异，不能搞"清一色"，做到增进一致而不强求一律，包容多样而不失去主导。中共十八大提出城乡发展一体化目标，其本意是要把城乡作为一个整体进行统筹谋划，实现城乡功能互补、制度统一、权利平等的发展过程。但在东部沿海一些发达地区，城乡一体化演变成了以城市为主体的一种同质化发展，城市的标准和偏好成为改造乡村的尺度，城里人和乡下人从衣食住行，到兴趣、口味、爱好等表现为惊人的一致，城市社会和乡村社会也显示出极大的相似性和一致性。而这一现象还被作为"经验"在许多欠发达地区被效仿和复制。在某种意义上说，同质化是现代化的普遍特征，也构成现代化的驱动力，但它与文化发展的丰富性、多样性和独特性形成尖锐冲突，并从根本上动摇了城乡文化认同的社会基础。如何避免城镇化中出现的城乡同质化发展的社会危机？必须正确处理文化的多样性与一致性关系，以多样性丰富、强化、提高一致

性,以一致性引领、推动、发展多样性。

3. 以社会主义核心价值观为基础实现城乡文化的一体多样

中国城乡文化都面临现代性、全球化挑战,城乡文化关系既不是城市文化的一元化,也不是城乡文化的多元化,而是建立在社会主义核心价值观基础上的一体多样化。文化的一元化,就是城市文化对乡村文化的吸纳和同化,体现出城市文化的强势性、现代性和中心地位。文化的多元化,就是城乡文化各自保持自己的文化特性、自主发展,强调乡村文化的独立性、主体性。但实际上,我国城镇化发展的历史表明,受市场经济、改革开放和全球化的深刻影响,城乡文化都面临着传统与现代、本土与外来、东方与西方的矛盾与碰撞,面临着与世界文明发展的先进理念接轨的问题。"多"与"变"是我国文化发展的主流。城乡文化的和谐共生,绝不限于它们彼此之间的沟通、认可和接受,还包括它们对各种外来文化、民族文化、市场文化的求同和存异,城乡文化自身都迫切需要变革、创新和发展。我们需要重构城乡文化的一致性,这种文化的一致性是文化所包含的思想共识、价值原则和政治方向的集中体现,是信仰信心信念的高度凝结。这种文化的一致性应具有传承性,能够传承作为城乡居民共同体的中华民族传统道德精华;具有时代性,能够反映改革开放、市场经济、全球化、现代化等时代进步的新要求;具有人民性,能够体现中国特色社会主义文化性质,代表当代中国人民的道德利益和道德需求。由上述三重本质属性所决定,这个文化的一致性就集中体现为社会主义核心价值观。只有社会主义核心价值观才能反映城乡居民最广泛的共同的思想价值追求。城乡文化要把社会主义核心价值观作为共同的核心价值认同,并以此为依托摆脱二元逻辑的局限,超越彼此的对立和差异,又开放性地吸纳各种外来的先进文化,形成城乡文化发展的一致性与多样化。

4. 以美丽中国建设为统领推进城乡文化生态建设

文化多样性的形成,与不同地域空间多样性的自然生态条件和经济社会条件密切相关,差异化的自然环境和经济社会实践,是造成文化多样性的源头。尊重包容文化多样性,就要尊重包容文化差异性,特别是要切实保护乡村文化赖以生存和发展的物质载体:乡村生态系统。"乡村生态系统应当是一个完整的复合系统,它以村落地域为空间载体,将村落的自然环境、经济环境和社会环境通过物质循环、能量流动和信息传递等机制,综合作用于农民的生产和生活。因此,乡村生态系统的结构相应包含三个子系统——自然生态系统、经济生态系统和社会生态系统。"①乡村生态系统体现的是人与自然、人与人的和谐关系,体现的

① 朱启臻:《从生态文明视角看乡村价值》,《光明日报》,2016年7月23日。

是重视自然、生态价值与意义的一种人类文明和社会文明。2013年中央城镇工作会议提出，新型城镇化应体现"尊重自然、顺应自然、天人合一"的理念，"让城市融入大自然，让居民望得见山、看得见水、记得住乡愁"。对于保护和发展文化多样性而言，建设美丽中国具体要把握以下重要原则：一是尊重自然、顺应自然、保护自然，把保护和发展文化生态放在突出位置，并有机地融入城乡各项事业的发展中。没有生态之美，就没有城乡文化之美。二是坚持在发展中保护、在保护中发展的基本要求，探索一条城镇化推进与传统文化的传承、创新和发展"双赢"的道路。三是坚持把制度创新作为推进文化多样性发展的基本动力，改革现有城乡文化发展的体制机制，为文化多样性发展提供可靠保障。

　　5. 以文化立法方式保护和促进文化多样性发展

　　文化多样性理论反对文化歧视、文化侵蚀和文化灭绝政策。从国际上看，最早是国际人权条约明确承认和保护文化权，把文化权作为人权的重要内容，借以促进文化多样性发展。1966年联合国《经济、社会及文化权利国际公约》、1972年联合国教科文组织《保护世界文化和自然遗产公约》、1989年联合国教科文组织《保护传统文化和民俗的建议》、2003年联合国教科文组织通过的《保护非物质文化遗产国际公约》等文件，都对文化权所涉及的内容及保护义务作出明确规定。以立法形式保护和促进文化多样性发展已成为国际社会的共识和普遍行动。1948年意大利把文化和自然遗产保护写入宪法，又多次对具体规定进行修改完善，形成了一整套完备的文化遗产保护法律体系。意大利、瑞士、奥地利三国在城镇化过程中，普遍制定了文化保护规划。意大利对城乡文化遗产进行整体策划，无论在威尼斯、佛罗伦萨，还是在罗马，到处是成片保护完整的古建筑群。文化多样性理论启迪我们，要加强立法实践来促进城乡文化和谐发展，文化立法保护至少涉及三个层面：第一，维护现有城乡文化样态，确保乡村文化既有的文化成果；第二，为乡村文化发展提供支持，特别是保护乡民、农村转移人口的文化权益；第三，保护农村居民的文化自主权，支持农村居民在社会变革过程中自由选择文化生活方式。

第五节　共生理论与城乡文化和谐共生

一、共生及共生理论

　　共生概念的涵义，邱耕田认为主要包括三个方面："其一，两个或两个以上具有差异性的事物在特定时空中的共同存在即共在或共存；其二，两个或两个以上共同存在的事物间具有相互依存、相互需求、相互满足的共利关系,即共存的事物间有共同的利益;其三,共存的事物间存在着差异和竞争,但这种竞争只能是一种合作性、和谐性竞争,而且只能在这种竞争中走向共进、共荣,绝非你死我活或两败俱伤。"①共生理论就是基于共生这些基本含义,对人与自然、人与人、人与社会之间相互依存、互利共荣、协同发展的生存状态和发展方式的一种观念反映。根据袁纯清《共生理论及其对小型经济的应用研究(上)》②,共生理论主要包含共生的基本要素、基本原理、基本方法等。

二、共生理论的历史考察

共生(symbiosis)就其最初的涵义而言,它只是生物学专用术语,1879 年由德国生物学家德巴利(Henrich Anton de Bary)提出,用以描述不同生物密切地生活在一起。在现代生物学中,共生是指两种不同生物之间所形成的既生存竞争又协同共生的紧密互利关系。20 世纪中叶以后,对共生的认识已不局限于生物界,逐步延伸到经济社会领域和人文领域。在社会领域,人类社会本身就是一个巨大的共生体,"人与人、人与社会、人与物之间存在着共存、共利、共进、共荣的统一关系或共生性关系。这实则表明,共生也是人的基本的生存和发展方式,而国家、社会、集团(如单位等)、家庭等其实是人的共生性的基本表现形式或组织形式。'社会共生'的客观基础是社会的系统性存在"③。

三、基于共生理论,推进城乡文化和谐共生

共生理论是我们认识城乡文化关系的新的世界观和方法论,它超越了传统的二元分立的思维方式,启示我们要用相互依存、协作共赢的整体性视角来认识和把握城乡文化关系,用相互竞争又互利互荣的既对立又统一的辩证视角来挖掘城乡文化关系的丰富内涵和发展要求。

(1)城乡文化关系首先表现为一种共存关系,共存是城乡文化和谐共生的客观基础和首要条件,其鲜明特征就是文化的多样性。所谓共存或共在,是从空间结构角度对城乡文化内在联系(共生性)的反映和把握,它要求无论是城市文化还是乡村文化,不管其成分优劣、品位高低,都应像大自然中的生命体一样,具有天然的生存权,遵循的是物竞天择、适者生存的自然进化规律,而不能人为地

---

① 邱耕田:《从自我中心主义走向共生主义》,《新华文摘》,2016 年第 4 期。
② 袁纯清:《共生理论及其对小型经济的应用研究》,《改革》,1998 年第 2 期。
③ 邱耕田:《从自我中心主义走向共生主义》,《新华文摘》,2016 年第 4 期。

扼杀它的生存权利。

（2）城乡文化关系也表现为互利互惠关系，城乡文化通过协同作用实现共同发展，并促进共同利益扩大化。共利是共生体之间最实质性的关系，也是维系共生关系的最重要纽带。共生体要实现和谐，只有利益和谐了，共生体才能和谐相处。互利则共生，互损则俱灭。它启迪我们在处理现实中的城乡文化矛盾冲突时，应坚持共建共享原则，多从互补、共赢的视角，而不是从唯一、单一的视角来认识和把握城乡文化关系，并通过发挥城乡文化协同互助作用，不断实现城乡文化共同利益的扩大化。

（3）城乡文化关系又表现为合作性竞争关系，城乡互助、以城带乡、融合发展是城乡文化关系的发展主旋律。合作性竞争有利于优化共生系统中的互动效率，有利于改善共生系统的资源约束条件。它启迪我们在处理现实中的城乡文化关系问题时，坚持合作治理，以合作治理的理念和体系来把握和处理城乡文化的矛盾冲突，围绕城乡文化合作治理的重点领域，加强合作机制、合作载体建设。

第三章 构建现代城乡文化共同体

城乡经济社会的二元结构,必然造成城乡文化的二元结构,这是发展中国家的重要结构特征和普遍现象。构建新型城乡文化关系,既需要厘清我国城乡文化关系的演变特征,从中把握具有符合国际经验的一般特征,又要重点寻找基于特定国情和历史文化传统而形成的我国城乡文化关系的本土化特征,这关系到分析中国城乡文化关系的理论选择,以及实现中国城乡文化关系未来目标的公共政策选择。

第一节 共同体的概述

"共同体"(community)一词,其拉丁文(communis)的本义是伙伴关系(fellowship)。从历史的发展来看,共同体有狭义与广义之分。狭义的共同体,就是社会学家理解的"社区""社群"。广义的共同体,是指社会生活中基于共同特征(这些特征包括种族、观念、地位、遭遇、任务、身份、地域、职业等)而组成的各种层次的团体、组织,如家庭、氏族、部落、民族、国家、阶级、政党、宗教等。滕尼斯将共同体区分为血缘共同体、地域共同体和精神共同体三大类。[①] 中国有"大同"理想社会的文化传统,这个大同社会实际上就是一个共同体。如费孝通所说:"各美其美,美人之美,美美与共,天下大同。"

尽管在不同的领域、不同的历史时期,不同的学者对于共同体的认识有很大的差异,但一般认为,共同体具有以下内涵:

第一,共同体是一个群体概念,具有"同质"的特征。在共同体中,人们做同样的事情,服从群体的习惯;"一切共同体都有着统一性的追求"。"统一性的概念包含双重内容:其一是同质性;其二是同一性。同质性指的是实质性方面的统一性,而同一性所要求实现的则是形式方面的统一性。""共同体生活历来都是把谋求统一性作为社会整合的目标的。"[②]

---

① 王泽应:《命运共同体的伦理精义和价值特质论》,《新华文摘》,2017 年第 1 期。

② 张康之、张乾友:《共同体的进化》,北京:中国社会科学出版社 2012 年版,第 10、11、12 页。

第二，共同体成员具有统一精神。"它有着滕尼斯所说的精神共同体的特质，精神的共同体可以被理解为心灵的生活的相互联系和真正的人的和最高形式的共同体。""因为有着价值共识，所以彼此或多方之间能够本着求同存异、包容互谅、沟通对话、平等交往的原则化解矛盾，创设和谐发展的格局和愿景。"①

第三，共同体通常是"利益共同体"，具有共利性。由于"共利"的形式和渠道很多，利益共同体不再限于社区的层面，政治共同体、经济共同体、文化共同体、科学共同体、学习共同体、职业共同体等大量涌现，利益共同体的建设也进入各种层次和类型的团体、组织乃至民族、国家的视野。在古代，柏拉图就认为，由正义之人组成的"利益共同体"的使命是服从于共同体的利益。在近代，马克思从历史唯物主义出发，提出了关于"利益共同体"的基本观点。马克思认为："利益"是共同体的核心内容，而经济利益是形成"利益共同体"的根本动力。

第四，共同体内部成员之间存在互动、协作关系，具有既竞争又合作的特征。在共同体内，因为有了共通性，所以才共存；因为每个成员个体的差异或异质性，所以为了共同体的存在，就要求同存异，既竞争又合作。

第二节　现代城乡文化共同体的生成条件

确立现代城乡文化共同体，主要是基于对中国城乡文化关系演变不同于其他国家而呈现出来的异质性和本土化特征的一种理论选择。

一、悠久的历史传统

主要从三个方面来把握：

1. 中国古代城乡文化同属于农业文明，具有同源性、同质性

"在前现代社会中，城市与乡村在一定程度上是同质的，都属于乡土社会，二者之间是一种和谐共生的有机关系。"②费孝通曾用"乡土中国"来描述中国传统社会，他认为中国传统社会具有"乡土性"，主要表现如：高度依赖土地的农业社会，相对孤立封闭的村落社会，互相熟悉又信任的熟人社会，重制度轻契约的礼俗社会。张孝德提出，农业文明是中国传统文化的基础和源泉，"负载着中国五千年文明的生产方式是农耕经济，而农耕经济的载体不在城市在乡村。所以，以乡村为载体成长起来的中华文明之根也不在城市，在乡村"。"从这个角度看，中

---

① 王泽应：《命运共同体的伦理精义和价值特质论》，《新华文摘》，2017 年第 1 期。
② 季中扬、李静：《论城乡文化共同体的可能性及其建构路径》，《新华文摘》，2015 年第 4 期。

华文明是属于乡村社会主导的文明。"①

2. 中国古代城乡文化在中央集权制约下相互渗透交融,具有一体性

城乡文化是在文明进程中由城市、乡村的居民在长期生产生活实践中创造出来的,同时又是在中华民族和国家形成的过程中创造出来的。城乡文化关系必然反映古代中国的民族、区域关系的性质,并受其制约。中国是一个地域广阔、人口众多、民族多元、宗教发达的国家。古代中国虽历经战乱、分裂、衰微、被侵,但统一、和谐、和平发展是主流,各民族、区域和不同生活体虽然形成并发展了各具特点的文化诉求,但"多元化的文化在中央集权的制约下又表现出一体化的特征"②。强大的封建王朝用行政力量和国家意志将不同文化有机统一起来,相互吸收和混融,奠定中华民族多元一体基本格局的基础并不断予以巩固。所谓"汉化",实际就是中华文化多元一体化。

3. 中国古代城乡文化,究其经济基础,都源于以土地为基础的农业生产方式,具有互利性、互补性

在中华文明发展的几千年漫长历史中,城乡之间通过地缘亲缘和贸易的纽带,形成了小农经济与手工业相结合的相互哺育的经济社会联系,这种经济社会联系是构成城乡文化共同体的动力。城乡文化的差异主要是由农业生产的不同分工及其产生的不同生活交往方式而造成的。只是 1840 年鸦片战争以后,随着工业化、市场化、城市化的兴起,社会化大生产方式逐步确立,传统的乡村小农经济与城市手工业相结合的生产模式普遍破产,城市以工业为主体,农村以农业为主体,形成了城乡二元经济社会结构,以及源于农业文明的乡村文化与源于工业文明的城市文化、外来文化的差异和碰撞。

二、深刻的现实动因

主要表现在以下四个方面:

1. 坚定文化自信,发展社会主义先进文化的重要体现

中国特色社会主义文化以中华优秀传统文化、革命文化、社会主义先进文化为基本内容,中华优秀传统文化是革命文化与社会主义先进文化之源,革命文化是中华优秀传统文化的继承与发展,社会主义先进文化则是对中华优秀传统文化与革命文化的继承与发展,三种文化在时间上继起、在空间中并存,共同构成

---

① 张孝德:《"记得住乡愁"与有根中国梦的城镇化》,国家行政学院、公共经济研究会中国乡村文明研究中心编:《第二届中国乡村文明发展论坛集辑》,第 40 页。

② 张强:《区域文化研究的若干理论问题》,《江海学刊》,2016 年第 5 期。

中国特色社会主义文化。当代中国城乡文化是以不同经济形态为基础、以不同物理空间为载体的文化形态。当代中国城乡文化与中国特色社会主义文化之间存在密切关系：一方面，中国城乡文化是中国特色社会主义文化的载体。从精神文化层面来说，中国特色社会主义文化无法抽象存在，必须依托一定的载体，当代中国城乡文化则是中国特色社会主义文化的重要载体。中华优秀传统文化也好，革命文化也好，社会主义先进文化也好，都是通过形态各异、特色鲜明、地域差异的城乡文化彰显出来的。另一方面，中国特色社会主义文化引领城乡文化发展方向。城乡文化发展，既可以是资本主义的城乡文化发展，也可以是社会主义的城乡文化发展。在当代中国，城乡文化的正确发展方向无疑是社会主义文化。当代中国城乡文化和谐共生无疑是以社会主义先进文化为主导的一元多样的文化发展格局与发展状态。社会主义先进文化规约着城乡文化的价值取向与价值标准，贯穿于城乡文化发展的全过程、各方面，并形成社会主义先进文化主导下的城乡文化共同体。

中共十八大以来，以习近平同志为核心的新一届中央领导集体高度重视文化自信，中共十九大报告指出："文化是一个国家、一个民族的灵魂。文化兴国运兴，文化强民族强。没有高度的文化自信，没有文化的繁荣兴盛，就没有中华民族伟大复兴。"发展中国特色社会主义文化，就要正确处理城乡文化关系，突出城乡文化发展的主体性，把握城乡文化发展的正确方向和主导权。

2. 实施城乡发展一体化和乡村振兴战略的必然要求

"面对城乡差距与隔阂以及由此带来的社会文化危机，中央政府提出了城乡统筹、协调发展的新思路，具体包括相互关联的两大战略，一是新型城市化战略，二是新农村建设战略，由此建构新型的城乡一体化。"①从江苏苏南区域实践情况看，普遍将城乡文化一体化纳入城乡发展一体化战略，作为重要内涵、目标任务来规划和落实。城乡文化一体化绝不是一样化、同质化，而是把城乡文化事业作为一个整体来统一规划，协调推进，均衡发展；尊重并保持城乡文化各自风格和禀赋，促进城乡文化要素合理流动，相互借鉴，共同提高；保证城乡居民基本享有同等文化权益，尤其是农村居民对文化生活的需求能够得到充分满足，享有同城里人一样的基本公共文化产品、文化服务。从苏南区域推进城乡文化一体化的效果看，政府、市场和社会对农村文化事业的物质投入极大地增加，城乡文化事业、居民文化民生日益扩大的差距被有效控制并不断缩小，广大农村居民基本享受同城里人一样的基本文化服务和文化权益，在昆山、张家港、常熟等地方，城

---

① 季中扬、李静：《论城乡文化共同体的可能性及其建构路径》，《新华文摘》，2015年第4期。

市与乡村都是宜居之所,城里人与乡下人都是市民。

3. 乡村文化对城市文化的反哺价值日益显现

中国城乡文化关系问题的特殊性,既表现为弱势、边缘但人数众多、规模巨大的农民工群体如何融入城市社会并成为市民的问题,又表现为作为中华传统文化母体和根基的乡村文化对城市文化具有极大的反哺价值,乡村文化必须得到保护、传承和创新,以城乡文化认同促进城市中外来人口、市民和乡民的社会融合。城乡文化认同既表现为城市文化向农村、农民工强势渗透的单向过程,也表现为乡村文化对城市的反哺互补的双向互动过程。大量农民工进城改变了城市人口结构。农民工的城市融入,不是少数人(移民、农民工等)被多数人(本地市民)吸纳,像深圳、广州、苏州等沿海发达城市,外来人口超过了本地人口,出现了移民城市,实际是多数的外来人口与少数本地人口融合的问题。而且,未来20年,农民市民化的数量相当巨大,有近4亿农民需要转化为市民。进城农民在习得、内化城市先进文化的同时,也积极、能动地改造、创造城市文化,不断拓展他们在城市生存的文化空间。零点研究咨询集团进行的一项居民生活调查结果显示,中国居民普遍具有对传统文化流失的危机感,北京、上海等8城市61.7%的城市居民认为我们正在失去传统文化。[①] 而目前我国一些城市正在蓬勃兴起的都市农业运动,代表了一种都市文明与乡村文明交融、工业文化与农业文化和谐共处的现代城市文明方向,从一个侧面印证了乡村文化对城市文化的反哺价值。乡村文化不是落后文化的代名词,人类任何时候都不能缺少农业文明。"基于农业文明所形成的和谐、系统、生态等文化理念,可以为现代文明所吸纳,以补现代工业文明之偏至。历史已经证明,现代文明与传统文明之间并非是一种取代与被取代的简单关系,文明形态的更替是一个吸纳、再生的过程。"[②]同时,还应看到,进城农民工群体由于数量庞大,其内部差异性也非常大。他们对城市文化的融入又表现为一种混杂性文化认同,即许多农民既对城市文化表示认同,又对乡村文化表示认同;既愿意留在城市享受城市生活,又不愿意放弃农村户籍并向往乡村田园生活。即使是留在城市成为市民的农民,也与农村保持着各种紧密的联系和交往。这种混杂性文化认同客观上为构建城乡文化共同体提供了多样性文化资源,奠定了更为广大的群众基础。

4. 现代性、全球化挑战要求重构城乡文化关系

我国城镇化发展的历史表明,受市场经济、改革开放和全球化的深刻影响,

---

① 张鸿雁:《核心价值文化认同的建构与文化治理》,《南京社会科学》,2015 年第 1 期。

② 季中扬、李静:《论城乡文化共同体的可能性及其建构路径》,《新华文摘》,2015 年第 4 期。

城乡文化都面临着传统与现代、本土与外来、东方与西方的矛盾与碰撞，面临着与世界文明发展的先进理念接轨的问题。"多"与"变"是我国文化发展的主流。城乡文化关系，绝不限于它们彼此之间的沟通、认可和接受，还包括它们对各种外来文化、民族文化、市场文化的求同和存异，城乡文化自身都迫切需要变革、创新和发展。这就是习近平总书记提出的"双创"重大命题，即："努力实现传统文化的创造性转化、创新性发展，使之与现实文化相融相通，共同服务以文化人的时代任务。"①我们需要重构城乡文化共同体，这种新的（或现代）城乡文化共同体应具有传承性，能够传承中华民族优秀传统文化和道德精华；具有时代性，能够反映改革开放、市场经济、全球化、现代化等时代进步的新要求；具有人民性，能够体现中国特色社会主义文化性质，代表当代中国人民的文化利益和文化需求；具有包容性，是多元性与差异性的统一体；具有多层次的互动性，各种文化元素相互联系、相互作用，构成一种有机联系，从中生发勃勃生机和强大生命力。也就是说，要实现我国城乡文化的传统共同体向现代共同体的转换。

第三节　现代城乡文化共同体的概念与内涵

现代城乡文化共同体是指在城乡之间，基于文化发展的整体性、传承性和文化环境影响的关联性，以城乡居民的共同文化利益和集体文化认同为联结纽带，以推动城乡文化发展一体化为目标，城乡共同治理文化事务，城乡居民共享文化发展利益的有机联合体。

现代城乡文化共同体是"文化"与"共同体"的紧密融合，共同体的建立基于共同的文化，中国城乡历史形成的广泛的经济社会文化联系，是构建现代城乡文化共同体的重要基础和文化支撑，而"现代"则相对于"传统"而言。从空间看，现代城乡文化共同体蕴含两个层面：区域层面的现代城乡文化共同体与国家层面的现代城乡文化共同体。区域层面的现代城乡文化共同体以地域文化为支撑，是形成国家层面现代城乡文化共同体的必经阶段、必要环节；国家层面的现代城乡文化共同体以民族文化为支撑，是所有区域层面现代城乡文化共同体的最终发展结晶。从本质特征看，现代城乡文化共同体，首先是以社会主义核心价值观为灵魂、为主导、为统摄，体现社会主义先进文化发展方向的文化形态；其次，彰显了现代性，体现了现代工业文明、生态文明的要求，体现了人类文明的时代发

---

① 习近平：《在纪念孔子诞辰 2565 周年国际学术研讨会暨国际儒学联合会第五届会员大会开幕式上的讲话》，2014 年 9 月 24 日。

展潮流,体现了中国特色社会主义现代化的特色,体现了现代中国人的文化需要和精神诉求;再次,它是城乡文化相互依存、相互渗透、相互转化、共同发展,不断创造出新内容新形式的城乡文化共同体,"它不仅吸纳、融合了城市与乡村两种文化形态的要素,而且吸纳、包容着不同的地域文化与民族文化"①,是高于城乡文化具体形态的文化有机整体。现代城乡文化共同体提供了形成共同价值认同的环境、条件和土壤,通过建构现代城乡文化共同体,城乡的"我们—他们"关系则变成"我们"关系,塑造出共同的文化身份、文化归属与文化认同。

现代城乡文化共同体是城乡多元文化的合作共同体。城乡居民共同价值认同不是静态的而是动态的,不是抽象的而是具体的,是伴随着城乡文化共同体发展而发展的,是在城乡文化持续合作共赢的过程中形成的。共同体内,因为有共同的联结纽带,所以才共存;因为城乡文化有各自的独特禀赋,甚至是异质性,所以才有多样性:这就决定了现代城乡文化共同体必须具有包容精神,在尊重异质的基础上,求同存异,既竞争又合作,形成文化对立统一体。城乡文化合作共赢突出表现在城乡文化协同治理上。城乡文化协同治理是一种整体治理观,即城乡文化是一个有机整体,必须统筹规划,协调发展,反对城市中心主义,反对政府单方面的强势作用,主张政府、企业、社会组织等多元主体的互动协作,共同发挥作用;强调来自城乡社会和广大民众的广泛动员和积极的文化参与;注重不同意见、观点和方案的倾听、平衡和吸纳。马克思主义始终认为,"意识在任何时候都只能是被意识到了的存在,而人们的存在就是他们的现实生活过程"。② 城乡文化的持续合作发展构成了城乡居民的现实文化生活,产生了客观存在的文化事实,城乡居民在现实的文化生活中体验到文化共同体的存在,容易形成共同的文化认同与价值认同。

依据以上定义,现代城乡文化共同体的内涵和特点主要是:

第一,现代城乡文化共同体的形成以城乡之间共同的文化利益和共同的信仰、价值追求为联结纽带。这一联结纽带是客观存在的,是城乡居民广泛认同和默认一致的。城乡居民由于共同的文化利益、面临的共同的文化问题、具有共同的文化发展需要,主动参与文化生产、生活和治理活动,产生共同的利益、共同的价值追求,乃至共同的命运感、归属感,它们构成了城乡居民的心理和文化维系力。

第二,城乡发展一体化是现代城乡文化共同体的推进机制。这一机制是城

---

① 季中扬、李静:《论城乡文化共同体的可能性及其建构路径》,《学海》,2014 年第 6 期。
② 马克思、恩格斯:《德意志意识形态(节选本)》,北京:人民出版社 2003 年版,第 16 页。

乡政府主体和城乡居民的合作机制，将多主体、多层次、多目标、多抓手有机地融入一个统一的治理框架中。与推进这一机制相联系，确立并实施一系列涉及城乡文化发展整体利益，重点是以城带乡、城乡互动的战略理念、方针和有效抓手。

第三，现代城乡文化共同体是在城乡特定的空间范围中，具有天然的地缘关联，因此它首先是一种地缘共同体。历史文化联系、文化传统、文化环境的整体性、城乡之间存在的广泛经济社会联系、特定地理空间的自然人文条件和自然资源等等，都是构建共同体的重要推动因素，共同体内部人与人之间也带有地缘色彩。但现代城乡文化共同体又具有脱域性，它不限于某个特定的地域空间，而可泛指抽象意义上的城乡，如同泛指国家之间，地域性的具体联系被剥离，理性控制下的利益和价值追求被作为联系的核心元素，现代城乡共同体实际上成为利益共同体和精神共同体。正如吉登斯所说："现代性的脱域机制已经逐步地将人们的社会关系从他们所处的特殊的地域情境中提取出来了。"①

第四，对传统城乡文化共同体的传承和创新。历史形成的城乡经济社会文化联系，是构建现代城乡文化共同体的重要基础和宝贵滋养。传统文化特别是优秀传统文化、农业文明成果，是构建现代城乡文化共同体的重要内涵和支撑。但是，现代城乡文化共同体的本质内涵，应体现现代性，体现工业文明、生态文明的要求，体现社会主义核心价值观。现代城乡文化共同体是在传承、吸纳传统城乡文化共同体有益养分的基础上，适应时代要求重构、再生的一种文化共同体。

第五，城乡多元文化的合作共同体。在共同体内，因为有了共同的联结纽带，所以才共存；因为城乡文化有各自独特禀赋，甚至是异质性，所以才有多样性。这就决定了共同体必须具有包容性，在尊重异质的基础上，求同存异，既有竞争又有合作。

第六，在文化治理上体现出一种整体治理观，即：城乡文化作为一个有机整体，文化事业产业、文化多元主体、文化制度政策、文化环境等各方面各领域，都要必须统筹规划、互动协调、均衡发展。

第七，现代城乡文化共同体在载体结构上主要包含观念、符码与形象、情感与记忆三个相互联系、相互作用的层面。在观念层面，"首要是坚持现代性取向"；在符码与形象层面，应开发"城市的农业功能"，"建立多功能的城市农业系统"，"通过保护非物质文化遗产、开发都市传统民间艺术"，"在城市文化空间中有规划地设置一种融合都市文化与传统文化的符号体系"；在情感与记忆层面，

---

① ［英］安东尼·吉登斯：《现代性的后果》，田禾译，南京：译林出版社2000年版，第1－26页。

通过文化记忆、乡土记忆、乡愁来"建构当代城乡文化共同体的情感基础"。[①] 情感共鸣是现代城乡文化共同体成员之间必然产生和彰显的伦理情怀,共同的情感追求和情感爱好,构成了现代城乡文化共同体的伦理基础。

第八,中华民族共同体的重要组成部分。在中华民族几千年发展的历史长河中,我国各民族、各区域人民历史地形成了命运共同体。"中华民族共同体意识指的是一种关于认同中华民族为统一的命运共同体的自觉自知性","中华民族共有精神家园是中华民族共同体意识的灵魂和核心"。[②] 这种民族共同体意识和共有精神家园,也是联结城乡居民共同精神价值的纽带,普遍地存在于城乡广大居民中。中华民族共同体是跨空间、跨层次性地囊括社会生活领域的,体现着总体性;城乡文化共同体是特定地域空间、特定生活领域(文化)人们的生活共同体,既反映了中华民族共同体的普遍性特征,又从文化、城乡空间层面展示了它的特殊性、差异性和鲜明个性。

第四节　现代城乡文化共同体建设的路径选择

一、以包容性发展来扩大城乡文化认同

同质化是现代化的普遍特征,也构成了现代化的驱动力,但它与文化发展的丰富性、多样性和独特性形成尖锐冲突,并从根本上动摇了城乡文化认同的社会基础。我国实施城乡发展一体化战略,其本意是要把城乡作为一个整体进行统筹谋划,实现城乡功能互补、制度统一、权利平等的发展过程,但现实生活中,城乡一体化却演变成了以城市为主体的一种同质化发展。如何避免城镇化中出现城市中心主义和城乡文化同质化发展的社会危机? 应确立包容性发展理念,把它作为推进城乡发展一体化的重要指导思想,作为构建城乡文化共同体的重要实践路径。实现包容性发展,要坚持机会均等原则,尊重城乡文化之间的差异性与价值分歧,容忍并接受城乡文化间的异质要素,赋予处于弱势地位的乡村文化以充分的发展机会,使之与城市文化及其他文化共生共存、取长补短,努力克服"强者愈强、弱者愈弱"的马太效应。坚持成果共建共享,在处理城乡文化一系列矛盾问题上,应在统筹兼顾中寻求各方利益的平衡点,找到最大公约数,把各方面的利益诉求、发展愿景最大程度包容进来。创新城乡制度,不断改革完善政府

---

① 季中扬、李静:《论城乡文化共同体的可能性及其建构路径》,《新华文摘》,2015 年第 4 期。
② 潘斐:《深化中华民族共同体意识研究》,《中国社会科学报》,2019 年 9 月 28 日。

公共文化服务体系、公共文化政策和公共管理规范，加强乡村文化保护规划和立法，努力创造一个有利于城乡文化共同繁荣发展的体制机制，以制度化融合渠道实现包容性发展。

二、以践行社会主义核心价值观来推进主体价值建设

价值认同是文化共同体存在和发展的核心纽带。现代城乡文化共同体是社会主义先进文化占主导的一体多样化的文化共同体。社会主义核心价值观作为社会主义先进文化的思想灵魂和实践准则，必然成为现代城乡文化共同体的最大价值认同，成为构建现代城乡文化共同体的主体价值。促进社会主义核心价值观从知识的"认知体系"，转变为情感的"认同体系"，除了加强宣传教育外，必须直面发展中的问题，以"利益共生"化解城乡文化的对立和冲突，使城乡居民在共同利益基础上形成共通的价值观。一要大力推进农业转移人口"市民身份化"进程。身份问题是城市中外来人口非常关心的现实问题，身份确认能使他们获得心理安全感，实现个性稳定和心理健康。目前我国农业转移人口难以获得城市市民身份，出现了比较严重的"半城镇化"现象，除了财政困难、城市生活成本高等客观因素，其根本原因还在于现有城乡经济社会制度的不公平性，户籍制度限制了人口合理流动，农民土地权益得不到实现，教育不公、就业不公、收入分配不公、社会保障待遇不公等等。自由、平等、公正、法治是社会主义核心价值观社会层面的价值要求。"要把社会主义核心价值观的要求转化为具有刚性约束力的法律规定，用法律来推动核心价值观建设。"[1]应以城市外来人口有更多获得感为标准，深化城乡制度改革，加大制度创新，发展城市经济，促进农业转移人口市民化。二要缩小城乡文化差距，实现城乡公共文化服务均等化。要把"城乡之间、不同区域之间、不同人群之间文化权利均等的考量全面纳入公共文化服务体系建设基本政策框架"[2]。三要创造城乡共有的特色价值观和文化品牌。这种特色价值观和文化品牌既扎根于城乡共同的历史文化，代表了城乡的"地方性知识"，又能体现社会主义核心价值观的基本要求，具有普适性。改革开放以来，我国各地提炼并打造出来的城市精神、区域文化和特色文化品牌，打破了城乡二元分化格局，构成城乡居民共同的精神追求，应充分发挥它们在推进城乡文化认同中的介质与纽带作用。

---

[1] 《习近平关于全面深化改革论述摘编》，北京：中央文献出版社 2014 年版，第 90 页。
[2] 周笑梅：《以社会主义核心价值观引领公共文化服务体系建设》，《光明日报》，2015 年 7 月 26 日。

三、以优秀文化传统来增强城乡居民的历史文化认同和情感维系

中华民族的文化传统既是城乡居民"集体记忆"的延续,更是集体身份的认同。史学家钱穆曾深刻指出:"若全部传统文化被推翻,一般人对其国家以往传统之一种共尊共信之心也没有了。"①基于文化传统的历史文化认同,可以使城乡居民超越地域、阶层、职业、空间的界限而牢固地凝聚在一起。从各地群众性文化活动来看,关键是要使"传统"活化起来,能够融入现代城市和乡村生活,成为城乡居民生活的重要滋养。如深入挖掘和阐发传统文化的时代价值,形成新的价值文化;大力宣传"和"文化、"孝"文化、家风文化、天人合一的"生态"文化等,使之成为城乡文明风尚;以保护利用物质和非物质文化遗产、民间文化资源发展文化产业等形式,创造城乡居民文化生活的共同体;以各种传统技艺、民俗活动、节庆礼仪、民间工艺等为载体,营造浓郁的文化环境和生活样态。浙江省湖州市南浔区是"马家浜文化""良渚文化""马桥文化"的重要发源地,汇聚了丝绸文化、蚕桑文化、渔文化、船拳文化、剪纸文化等地域文化资源。南浔区因地制宜,在一些乡风醇厚、文脉绵长的村庄试点建设民间文化馆,如洋南村的湖丝馆、七星桥村的农耕文化展馆、竹墩村的名人馆、千金村的塔地遗址文化馆、石淙村的蚕花馆等,共有30多个。文化馆以地域文化唤醒水乡记忆,激发民间文化生命力,构成村民的精神家园。江苏南京、苏州、常州等城市,积极探索让传统文化植根于现代城市生长中,文化遗址公园、历史文化街区、各种江南水乡民居、徽派建筑、吴文化符号等遍布城市各个角落,使城市成为现代与传统的高度统一体,让城市居民在现代生活中感受传统文化的魅力。

四、以活跃城乡居民交往来增进城乡文化共同体的凝聚力和归属感

伴随着城镇化进程、农村居民大规模流动和城市空间大幅度扩张,城乡经济联系越来越密切,为城乡居民交往创造了良好条件,但历史形成的城乡二元结构、文化差异、空间距离、心理隔阂等因素,仍然限制城乡居民的交往活动。据有关课题调查,城市人与农村人交往的主要障碍排前三位的分别为观念、经济地位、文化;城乡交流中农村需要的主要是科技下乡、平等互尊、户籍解禁。② 促进城乡居民交往互动,关键是要把城乡融合水平作为新型城镇化的衡量指标,构筑交往载体、搭建交流平台,增进城乡居民之间的互动包容、接纳欣赏。在政府层

---

① 钱穆:《中国历代政治得失》,上海:三联书店2001年版,第152页。
② 王喜平:《社会转型时期城乡居民的交往状况》,《哲学堂(第三辑)》,2006年。

面，多搭建以城带乡的公共文化服务平台，如浙江省美丽乡村建设和文化礼堂工程；在市场层面，大力发展农村现代物流、乡村旅游，开辟城乡交往市场；在舆论宣传层面，加大城乡一体化信息网络建设，多创作生产有利于城乡居民交际交流的媒介产品；在社会层面，以社区为平台，以提高外来人口归属感为目标，积极推进跨文化交际。

五、以推动乡村文化繁荣兴盛来消除城乡文化的不协调不平衡

中共十九大报告指出我国社会主要矛盾已经发生重大变化，人民群众日益增长的美好生活需要和不平衡不充分的发展之间的矛盾，构成当代中国社会发展的主要矛盾。当前我国城乡文化发展的巨大差距就是这种不平衡不充分的重要体现。长期以来，城乡二元结构不仅造成了城乡经济、社会保障、居民收入、公共基础设施、教育发展机会等领域的巨大差距，也造成了公共文化服务、文化设施和社会福利等文化领域的巨大差距。实施乡村振兴战略，应把繁荣兴盛乡村文化作为重要内容和重要支撑，并与乡村经济发展、社区公共服务体系建设、生态环境改善等结合起来实施。繁荣兴盛乡村文化是一项系统工程，涉及农村文化产业发展、文化事业发展、公共文化服务体系建设、提升农民现代文明素质、乡村历史文化遗产保护和生态改善、乡村规划设计及田园景观建设、乡村传统文化传承创新、农村文化人才队伍建设、乡村文化治理等多领域多层次。要坚持城乡统筹、以城带乡、城乡一体化发展，同时更应重视乡村文化发展的内在自主性，重视农民作为乡村文化建设的主体力量，重视乡村文化的独特风格和差异性，强调各种外部力量、外部资源、外部政策，必须通过乡村、农民的自主利用而转化为内生力量，乡村文化的繁荣兴盛才能获得持续不断的动力源泉，乡村文化也才能在传统与现代、城与乡的交汇交融中生发出更先进的文化形态。要重塑乡村社会规范。伦理、道德、村规民约、风俗习惯都是乡村文化的重要组成部分，即乡村文化的软实力。目前乡村仪式文化缺场，乡风民俗衰落是乡村文化建设的一大短板。应结合社会主义核心价值观教育实践和农村群众性精神文明创建活动，下大力气推进农村思想文化道德建设，推进农民文明素质的提升。

第四章 城乡文化发展现状的实然分析

新中国成立以来,中国城乡文化关系的历史演变,同中国城乡经济关系的演变紧紧联结在一起,呈现出同步、共频、相互作用的特征。城乡经济关系是基础,决定了城乡文化关系的性质和发展方向;城乡文化关系又反作用于城乡经济关系。改革开放 40 年,中国经济领域发生的工业化、现代化、市场化、国际化等巨大变革和调整,深深影响并决定了城乡关系包括经济关系、社会关系、文化关系等在内的变迁、变革、变化。

第一节 新中国成立以来城乡文化关系的逻辑演进

发达国家的发展历史表明,城乡文化关系是工业化、城市化进程中必然产生、必须解决的重要问题。该问题解决得好坏直接关涉到一个国家的整体现代化能否顺利实现。新中国成立后,工业化进程随之启动,伴随着工业化而来的城市化改变了农村命运以及城乡文化关系格局。从历史来看,如何实现中国的工业化,具备什么样的工业化条件,走什么样的工业化道路,决定了城乡关系以及城乡文化关系的定位及其发展走向。我们依据中国的工业化道路选择及其实践发展逻辑,可以把城乡关系以及城乡文化关系的历史大致划分为四个阶段、四种状态。

一、以发展工业和城市工作为重点主导的城乡文化发展阶段

近代以来,帝国主义的侵略,半封建半殖民地社会的形成,军阀之间的混战与割据,国民党的腐败统治,这一切造成了新中国成立初期城市化水平低、城乡关系扭曲、城乡文化割裂、城乡人民文化水平极端低下的局面。仅就城市化而言,1950 年,城镇人口才有 5 765 万人,占全国人口的比重仅为 10.64%,城市化水平非常低,因此,迫切需要实施工业化,通过工业化推动城市化,改变低层次的城乡关系。[①] 新中国成立之初,国家对城乡发展关系非常重视,辩证对待。一方面具有城乡一体的发展理念,另一方面没有视城乡关系为绝对平等的关系,而是

---

① 国家统计局编:《中国统计年鉴》,北京:中国统计出版社 1993 年版。

工业化、城市化主导下的城乡发展关系，此种城乡关系认识也决定了城乡文化关系是工业化、城市化主导下的城乡文化发展关系。为此，国家主要采取了三方面举措推动城乡文化共同发展。一是面向城乡人民开展文化教育，提高文化水平。据统计，1949 年中国 5.4 亿人口中文盲占 80%，达 4.32 亿之多。国家迅速恢复文化教育事业，用种种方法满足城乡人民的学习要求，包括在城乡开展马克思主义思想教育运动，破除封建主义、帝国主义与国民党反动思想的影响；开展丰富多彩的文化活动；通过举办夜校、冬学、识字班等开展大规模的扫盲活动。二是通过城乡商品交换加强城乡文化联系。国营的商业机构一方面把农产品、土产品收购上来，另一方面把城市工业品销往农村，通过城乡商品的平等交易，消除城市对农村的超经济剥削，改变城乡的对立，代之以城乡间的相互依存，城乡的相互依存、利益共生促进了城乡文化的互动与交流。三是通过生产关系勾连、贯通城乡，实现城乡一体。围绕实现社会主义工业化，1953 年以后的城乡经济关系被定位为"工业满足农民在生产和生活上的需要，农业满足工业发展对粮食、原料、资金积累和市场的需要"①，城乡生产的密切关联推动了城乡人民的双向流动。1950—1952 年国民经济恢复时期，农村人口迁入城市较多。该时期，城镇人口比重由 10.64% 上升到 12.46%，城镇人口增加了 1 398 万人，由 5 765 万人增加到 7 163 万人。但是，也要看到，这一时期城乡文化交流内容还是非常简单，文化交流的覆盖面非常有限，互动性很低，以自然自发的文化交流互动为主。

二、城乡文化二元发展阶段

随着社会主义工业化战略的实施，农村人多地少、分散经营、效率低下、商品粮销售过少的局面与城市居民以及工业化对粮食、原料作物需求增加之间的矛盾迅速凸显。为解决这一问题，保障工业化的顺利进行，1953 年，国家实行了牺牲农民利益的粮食统购统销政策，城乡二元商品价格取代了曾经的城乡商品平等交易，城乡工农业产品价格"剪刀差"逐步形成。同时，国家形成了"管控型"社会管理格局，实行政府全能的社会管理，实行以"单位"为基础的从业人员管理，实行以"街居"为基础的城市社会人员管理，"实行以单位制度、户籍制度、职业身份制度和档案制度为基础的社会流动管理"。② 政府直接管理经济和社会事务，造成了社会严重缺乏活力、流动性和创造性。经济社会是文化发展的基础，农业

---

① 曹平揆：《我国过渡时期的城乡经济联系》，上海：上海人民出版社 1957 年版，第 1 页。
② 窦玉沛：《从社会管理到社会治理：理论和实践的重大创新》，《新华文摘》，2014 年第 14 期。

的巨大付出严重影响了农村文化的发展。同时,重工业优先发展战略中断了曾经的城乡之间的生产联系,因重工业属于资金密集型产业,所需劳动力相对不多,因此限制农村人口自由流动便成为必然选择。1956年底,中共中央、国务院发出《关于防止农村人口盲目外流的指示》,1958年1月,全国人民代表大会常务委员会正式通过《中华人民共和国户口登记条例》,以法律的形式对农村人口的自由流动进行限制。一直到改革开放前,农业人口向制造业及相关部门的转移都是相当缓慢的,绝大多数劳动力滞留在农业领域,农村被排除在工业化进程之外。1952年我国非农业人口比重为14.4%,到1978年仅提高到15.8%。[1] 1952—1978年,中国社会总产值中农业所占份额由45.4%下降到20.4%,同期农业劳动力占社会总劳动力的份额仅从83.5%下降到73.8%,平均每年仅下降约0.47%。[2] 工农业商品价格差的形成、工农业生产关系的断裂、城乡人民之间双向流动的中断最终形成了城乡文化二元发展格局。文化需求是文化发展的重要动力,文化发展受制于文化需求,文化需求则受制于收入与文化消费的多少。收入低、收入大部分用于满足生存需要,则文化消费自然低,直接影响到文化发展。

　　改革始于农村,农村改革取得了巨大的成功,农业发展成就瞩目。以经济建设为中心,中共十四大确立社会主义市场经济体制的改革目标,农村工业经济特别是乡镇企业异军突起,所有这些极大地推动了经济社会转型,推动了城乡文化关系的变革。改革开放初期,农村文化建设有了一定发展,但受“以经济建设为中心”的消极影响,文化工作特别是农村文化工作,没有摆上应有位置,出现不少困难和问题,如据统计,截至1998年广播电视村村通工程刚实施时,我国仍有70多万个行政村中的1.48亿人听不到广播,看不到电视。从1997年开始,中央宣传部、国家科委、农业部、文化部等10部委联合开展文化科技卫生“三下乡”活动,在一定程度上缓解了农村文化贫乏的局面,丰富了农村文化生活,但难以根本改变乡村文化落后的局面。1998年11月,文化部印发了《关于进一步加强农村文化建设的意见的通知》,对农村文化发展所涉及的设施、投入、服务、队伍、市场、文艺创作、管理等方面建设提出了具体要求,增强了农村文化发展的活力与动力,一定程度上缩小了城乡文化发展差距。但截至2003年,全国县级图书馆从业人员25 370中,具有高级职称618人,仅占图书馆总人数的2.4%;中级

---

① “社会发展综合研究”课题组:《我国转型时期社会发展状况的综合分析(摘要)》,《社会学研究》,1991年第4期。

② 韩俊:《中国城乡关系演变60年的回顾与展望》,《改革》,2009年第11期。

职称 6 050 人，占总人数的 23.8%，乡村文化发展能力仍然较低。

西方国家工业化历史表明，农业劳动力流动在城乡文化关系转变中具有重要意义，流动促进了农业与工业、农村与城市、农村文化与城市文化的联系与交流。改革开放以来，农村劳动力流动的制度障碍逐步消除，1985 年 7 月，《公安部关于城镇暂住人口管理的暂行规定》出台，试图以居民身份证制度取代户籍制度，90 年代后期户籍制度发生实质性松动，1997 年《国务院批转公安部小城镇户籍管理制度改革试点方案和关于完善农村户籍管理制度意见的通知》以及 1998 年《国务院批转公安部关于解决当前户口管理工作中几个突出问题意见的通知》等文件的出台，促进了农村劳动力的流动，[1]农民工产生并且数量不断增加，流动范围日益扩大。20 世纪 80 年代，农民工流动主要体现为"离土不离乡"，以本地乡镇企业就业为主。90 年代以后主要体现为"离土又离乡"，以跨地区就业为主。据统计，"从 1978 年到 2012 年，我国城镇人口从 1.7 亿增加到 7.1 亿，城镇化率从 17.9% 上升到 52.6%，基本达到世界平均水平"[2]。农民工无论是流向本地企业还是流向城市，都对城乡文化关系产生了重要影响。实践表明，农民工流动促进了农民现代性的生成，工业文明、城市文明对农民产生了潜移默化的积极影响。但由于城乡二元结构的存在，农民工市民化面临着重重障碍，产生了社会融入的困境。社会融入是指"在个体层面个人的社会身份认同感和归属感，在宏观层面体现出社会各个群体的融合程度"[3]，表现为"经济层面、社会层面和心理层面"[4]。为在城市更好地生存和发展，不得不依靠传统的地缘、血缘、亲缘关系在城市中形成了如北京的"浙江村"、南京的"河南村"等聚居区，形成了"市民与农民工"的城市"新二元结构"。"新二元结构"的存在，增加了农民工城市文化适应的困难，阻滞了农民工城市社会支持网络的构建。城乡二元结构不仅造成了户籍制度等客观的阻滞因素，而且造成了文化偏见等主观的阻滞因素。农民工城市认同感和归属感的缺乏尤其是新生代农民工乡村与城市双重认同的缺失催生了城乡文化的"双重脱嵌"，[5]导致农民工往往沦为城市的边缘人，影响了城乡文化的交流互动与交融。

---

① 田丰：《逆成长：农民工社会经济地位的十年变化（2006—2015）》，《社会学研究》，2017 年第 3 期。

② 中共中央文献研究室：《十八大以来重要文献选编（上）》，北京：中央文献出版社 2014 年版，第 589 页。

③ 崔岩：《流动人口心理层面的社会融入和身份认同问题研究》，《社会学研究》，2012 年第 5 期。

④ 朱力：《论农民工阶层的城市适应》，《江海学刊》，2002 年第 6 期。

⑤ 黄斌欢：《双重脱嵌与新生代农民工的阶级形成》，《社会学研究》，2014 年第 2 期。

三、城乡文化逐步协调发展阶段

进入新世纪新阶段,为缩小城乡文化发展差距,促进城乡文化健康、协调发展,2002 年 1 月,文化部、国家计委、财政部出台了《关于进一步加强基层文化建设的指导意见》,文化部发布了《关于进一步活跃基层群众文化生活的通知》,提出要认真实施"全国文化信息资源共享工程",深入开展文化下乡活动,积极推动文艺院团深入基层演出,积极争取解决农村电影放映经费问题,等等。为保障农民工文化权益,2004 年 12 月,文化部发出《关于高度重视农民工文化生活,切实保障农民工文化权益的通知》,强调要"高度重视农民工文化生活,切实保障农民工文化权益"。为进一步加强农村文化建设,解决农村文化落后等问题,2005 年 11 月,中央专门出台了《关于进一步加强农村文化建设的意见》,专题部署农村文化建设,弥补城乡文化差距。2007 年 8 月,中共中央办公厅、国务院办公厅出台《关于加强公共文化服务体系建设的若干意见》,围绕推动城乡文化协调均衡发展,逐步实现城乡、区域公共文化服务均等化等重点工作,作出部署。据统计,2003 年至 2012 年,总量上,中央财政"三农"投入从 2 144 亿元增加至 12 286.6 亿元,累计投入超 6 万亿元。[①]

1. 城乡文化事业费尤其是农村文化事业费投入逐步增加

如下表所示,21 世纪以来,农村文化事业费投入逐年增加,在增长速度上,农村总体快于城市;在所占比重上,2010 年首次突破 30%。同时,也要看到,农村文化事业费投入依然不足,总体占比仍然较低。

表 1　2000—2010 年文化事业费城乡投入情况

		2000 年	2005 年	2006 年	2007 年	2008 年	2009 年	2010 年
总量/亿元	农村投入	16.87	35.70	—	—	—	—	116.41
	城市投入	46.33	98.12	—	—	—	—	206.65
增长速度/%	农村投入	—	—	24.9	25.9	18.6	29.2	—
	城市投入	—	—	15.6	25.9	27.0	13.7	—
比重/%	农村投入	26.7	26.7	28.2	28.2	26.8	29.4	36.0
	城市投入	73.3	73.3	71.8	71.8	73.2	70.6	64.0

资料来源:中华人民共和国文化部

---

① 农业部农村社会事业发展中心:《中国农村社会事业发展报告(2003—2013)》,北京:中国言实出版社 2014 年版,第 3 页。

2. 农村公共文化事业实现长足发展

其一,城乡广播电视事业发展。根据有关统计,"2004—2005 年国家广电总局先后完成全国 50 户以上已通电自然村的'村村通'建设,解决了 10 万个 50 户以上自然村约 3 000 万农村群众听广播、看电视难的问题"①。2006 年起,国家开始实施 20 户以上自然村广播电视"村村通"工程,基本满足了农村居民的文化需求。(见表 2)

表 2   2006—2010 年全国广播电视事业发展情况

指标	2006 年	2007 年	2008 年	2009 年	2010 年
广播					
广播节目综合人口覆盖率/%	95.04	95.43	95.96	96.31	96.78
♯农村	94.11	94.12	94.74	95.10	95.64
电视					
电视节目综合人口覆盖率/%	96.23	96.58	96.95	97.23	97.62
♯农村	95.56	95.60	96.06	91.9	96.78
有线广播电视用户数/万户	13 995	15 325	16 398	17 523	18 872
♯农村	5 490	6 180	6 568	6 853	7 293
有线广播电视入户率/%	37.02	39.90	41.63	43.99	46.40
♯农村	22.86	25.57	26.81	27.77	29.35

资料来源:2007—2011 中国统计年鉴

其二,组织实施农村电影放映工程。1998 年,文化部、国家广播电影电视总局提出了农村电影放映"2131"目标,即在 21 世纪初,在广大农村实现一村一月放映一场电影的目标。在国家计委的大力支持下,2000 年 12 月,国家计委、广播电影电视总局、文化部联合发出《关于进一步实施农村电影放映"2131 工程"的通知》,要求各级政府"成立'2131 工程'领导小组,由专门人员具体负责这项工作,要采取政府扶持和市场相结合的办法,解决农村电影放映问题"。"十五"期间,中央设立专项资金,每年拿出 2 300 万元,共计 1.15 亿元资助全国 600 个低收入县建立了 12 000 个左右电影放映队。同一时期,国家还向 22 个省区资助电影放映机 7 547 台、流动电影放映机 651 辆、发电机 2 169 台、电影拷贝

① 农业部农村社会事业发展中心:《中国农村社会事业发展报告(2003—2013)》,北京:中国言实出版社 2014 年版,第 80 页。

23 289 个,组建电影放映队 7 000 个。[①] 2007 年,国务院办公厅下发《关于做好农村电影工作意见的通知》,强调要继续实施"2131 工程",不断扩大农村电影覆盖面。"十一五"时期,经过各有关方面努力,"农村电影放映工程确定的'一村一月放映一场电影'的公益服务目标基本实现"。[②]

其三,乡镇综合文化站建设快速推进。乡镇文化站是开展乡村文化活动,满足农民精神文化需求,推动乡村文化发展的重要力量和阵地。截至 2005 年,全国尚有 26 712 个乡镇没有文化站设施或站舍面积在 50 平方米以下。2005 年,国家发改委、文化部制定出台了《"十一五"全国乡镇综合文化站建设规划》,根据《规划》的总体安排,从 2007 年到 2010 年,中央财政共投入资金 39.48 亿元,新建和改扩建 2.67 万个规模不低于 300 平方米的乡镇综合文化站,基本实现乡乡有综合文化站的建设目标。

2009 年 9 月 8 日,文化部颁布了《乡镇综合文化站管理办法》,对乡镇综合文化站的科学化、法制化管理作出诸多规定。2010 年,中央有关部门联合下发《关于加强地方县级和城乡基层宣传文化队伍建设的若干意见》,规定"每个乡镇综合文化站(中心)至少应有 1 至 2 个编制,比较大的乡镇可适当增加编制"。2011 年以后,我国乡镇综合文化站进入良性发展轨道,在数量、使用面积、人员配备等多方面取得进展。

其四,基本实现文化信息资源共享工程"村村通"目标。文化信息资源共享工程,是公共文化服务体系的基础工程和重要平台。2002 年起,文化部、财政部共同组织实施全国文化信息资源共享这一国家重大文化惠民工程。这一工程围绕数字资源建设的中心环节,重点突出基层服务网点建设,运用信息传播多种方式,以共建共享为基本途径,力争到 2010 年,"基本形成资源丰富、技术先进、服务便捷、覆盖城乡的数字文化服务体系,在全国范围内实现中华优秀文化资源的共享"。[③] 全国文化信息资源共享工程广泛整合各种优秀数字资源,依托基层各种载体,为"基层送知识、送欢乐,截至 2010 年底累计服务群众近 10 亿人次"[④]。

其五,实施农家书屋工程。农家书屋是农村文化建设的重要阵地,是满足农民精神文化需求的重要载体。2007 年,国家新闻出版总署等八部委印发了《"农

① 农业部农村社会事业发展中心:《中国农村社会事业发展报告(2003—2013)》,北京:中国言实出版社 2014 年版,第 8 页。
② 殷亮:《党的十六大以来我国公共文化服务体系建设综述》,新华网,2011 年 9 月 24 日,http://gb.cri.cn/27824/2011/09/24/2225s3383436.htm。
③ 李长春:《文化强国之路》,北京:人民出版社 2013 年版,第 506 页。
④ 殷亮:《党的十六大以来我国公共文化服务体系建设综述》,新华网,2011 年 9 月 24 日,http://gb.cri.cn/27824/2011/09/24/2225s3383436.htm。

家书屋"工程实施意见》。2008 年,国家新闻出版总署制定了《农家书屋工程建设管理暂行办法》。农家书屋工程 2005 年试点,2007 年全面推开,"截至 2012 年底,中央和地方财政共计投入资金 120 多亿元,其中,中央财政下拨资金 58. 56 亿元,地方财政投入资金 61. 68 亿元"①。

3. 加强农村文化供给,丰富农村文化生活

21 世纪以来,城乡基层演出摆上了艺术表演团体特别是县(区)级艺术院团的重要位置,县(区)级艺术院团不断加大赴农村演出的比重,满足了广大农民精神文化的需要,丰富了农民的精神世界,提升了农民的精神力量。据统计,2010 年,文艺院团赴农村演出共 84. 67 万场次,农村观众 5. 64 亿人次,占当年全部演出场次的 61. 8%。下表为 2007—2010 年全国艺术院团赴农村演出场次及其农村比重。

表 3　2007—2010 年全国艺术表演团体赴农村演出场次与比重

	2007 年	2008 年	2009 年	2010 年
场次	55. 12 万	52. 15 万	74. 1 万	84. 7 万
农村比重/%	51. 1	47. 2	61. 6	61. 8

资料来源:文化部 2011 年文化发展统计分析报告

2010 年,乡镇文化站共组织文艺活动 30. 5 万次,举办训练班 15. 3 万次,举办展览 7. 6 万个,分别占到群众文化总量的 52. 9%、42. 6%和 65. 0%。

4. 保护传统名镇名村,传承农村优秀传统文化

我国传统名镇名村是中国传统文化之根,是承载和体现中华文明的重要载体。城市化的快速进程,不仅意味着相当数量的农民成为市民,而且意味着相当数量的农村被城市所代替,传统村落呈加速消亡态势。"据国家统计数据显示,2000 年中国有 360 万个自然村,到 2010 年,自然村减少到 270 万个,10 年里有 90 万个村子消失,平均每天有将近 250 个自然村落消失。"②因此,推动城乡文化协调发展,必须以足够数量的乡村存在与持续发展为基础。2003 年,建设部会同国家文物局共同评选中国历史文化名镇名村,努力保存文物特别丰富且具有重要历史价值或纪念意义的、能较完整地反映一些历史时期传统风貌和地方民族特色的镇和村。2003 年以来,我国共审批了 350 个中国历史文化名镇名村,

---

① 《农家书屋工程简介》,中国农家书屋,http://www.zgnjsw.gov.cn/booksnetworks/contents/403/250517.html。

② 张孝德:《生态文明视野下中国乡村文明发展命运反思》,《行政管理改革》,2013 年第 3 期。

其中 181 个名镇,169 个名村,分布范围覆盖全国,保护了一批优秀的历史文化遗产。[①]

总之,21 世纪以来的 10 年,经过各级党委政府的努力,城乡文化差距有所缩小,但城乡文化差距依然较明显。

四、城乡文化一体化发展阶段

2011 年,中共十七届六中全会首次提出城乡文化一体化发展理念,把城乡文化作为一个不可分割的整体看待,对城乡文化发展提出了新任务新要求。2015 年,中央《关于加快构建现代公共文化服务体系的意见》《国家基本公共文化服务指导标准》等重要文件相继出台,提出到 2020 年,基本建成覆盖城乡、便捷高效、保基本、促公平的现代公共文化服务体系,为城乡公共文化服务标准化、均等化提供了可操作性目标。2015 年国务院办公厅《关于推进基层综合性文化服务中心建设的指导意见》,要求到 2020 年,全国范围内的乡镇(街道)和村(社区)建成各方面均达标的基层综合性文化服务中心。2016 年 12 月,《中华人民共和国公共文化服务保障法》正式颁布。2017 年,中共十九大提出实施乡村振兴战略,确立农业农村优先发展方针,把产业兴旺、生态宜居、乡风文明、治理有效、生活富裕作为乡村建设的总要求,"建立健全城乡融合发展的体制机制和政策体系,加快推进农业农村现代化"[②]。报告一方面指明了城乡文化融合发展的方向,另一方面提出要坚持农业农村优先发展,加快推进农业农村现代化,表明了城乡发展并重的理念,为城乡文化融合发展提供了正确的指导思想,也将为城乡文化融合发展奠定坚实的经济社会基础。

1. 城乡文化事业费投入趋于平衡

与 2010 年农村文化事业费 116.41 亿元相比,2011 年农业文化事业费达到 187.12 亿元,增加了近 71 亿元,首次实现农村投入占比超过 40%,达到 47.7%,实现了与城市投入占比的相对平衡。自 2011 年起,每年农村文化事业费投入占比均维持在 49% 左右,在资金的投入上,城乡文化建设获得了平等对待,基本实现了"平分秋色",并从 2016 年开始农村文化事业费投入占比超过 50%。(见表 4)

---

① 农业部农村社会事业发展中心:《中国农村社会事业发展报告(2003—2013)》,北京:中国言实出版社 2014 年版,第 81 页。
② 习近平:《决胜全面建成小康社会　夺取新时代中国特色社会主义伟大胜利》,北京:人民出版社 2017 年版,第 32 页。

表 4　全国文化事业费按城乡和区域分布情况

		1995 年	2000 年	2005 年	2010 年	2015 年	2017 年	2018 年
总量/亿元	全国	**33.39**	**63.16**	**133.82**	**323.06**	**682.97**	**855.80**	**928.33**
	♯县以上	24.44	46.33	98.12	206.65	352.84	398.35	424.96
	县及县以下	8.95	16.87	35.70	116.41	330.13	457.45	503.37
	♯东部地区	13.43	28.85	64.37	143.35	287.87	381.71	416.24
	中部地区	9.54	15.05	30.58	78.65	164.27	213.30	232.71
	西部地区	8.30	13.70	27.56	85.78	193.87	230.70	242.93
所占比重/%	全国	**100.0**	**100.0**	**100.0**	**100.0**	**100.0**	**100.0**	**100.0**
	♯县以上	73.2	73.4	73.3	64.0	51.7	46.5	45.8
	县及县以下	26.8	26.7	26.7	36.0	48.3	53.5	54.2
	♯东部地区	40.2	45.7	48.1	44.4	42.1	44.6	44.8
	中部地区	28.6	23.9	22.9	24.3	24.1	24.9	25.1
	西部地区	24.9	21.7	20.6	26.6	28.4	27.0	26.2

资料来源：中华人民共和国文化和旅游部 2018 年文化和旅游发展统计公报

2. 初步实现城乡公共文化服务均等化发展

第一，初步形成覆盖城乡的公共文化设施网络。这是城乡文化一体化发展的基础（基本）建设。截至 2014 年底，基本实现"县县有图书馆文化馆、乡乡有综合文化站"的建设目标。① 截至 2016 年底，全国共建成县市级文化馆 2 933 个，乡镇（街道）文化站 41 175 个，并从 2016 年开始，文化部启动乡镇综合文化站服务效能抽查工作，每省（区、市）随机抽取 2 个乡镇进行抽查，督促地方党委政府落实责任，提升基层公共文化服务效能。② 在村一级，深入推进基层综合性文化服务中心建设。"2015 年，文化部与中宣部等部委共同实施贫困地区百县万村综合性文化服务中心建设项目，累计投入近 30 亿元，帮助 1.1 万个贫困村完善设施设备，建设文体广场。"③

第二，深入实施文化惠民工程，有效提升农村居民文化生活水平。国家坚持

---

① 《国务院关于公共文化服务体系建设工作情况的报告》，中国人大网，2015 年 4 月 23 日，http://npc.people.com.cn/n/2015/0423/c14576-26894444.html。

② 《文化部对十二届全国人大五次会议第 9332 号建议的答复》。

③ 《让民众享受更多更优公共文化》，中华人民共和国文化和旅游部，2017 年 10 月 13 日，http://www.mcprc.gov.cn/preview/special/8323/8326/201710/t20171013_693120.html。

把文化惠民工程作为促进公共文化服务均等化的重要抓手,以基层为重点扎实推进。"截至 2014 年底,广播电视节目综合人口覆盖率分别达到 97.99% 和 98.6%。"①(见表 5)

表 5　2011—2015 年全国广播电视事业发展情况

指标	2011 年	2012 年	2013 年	2014 年	2015 年
广播					
广播节目综合人口覆盖率/%	97.06	97.51	97.79	97.99	98.17
♯农村	96.09	96.60	97.00	97.29	97.53
电视					
电视节目综合人口覆盖率/%	97.82	98.20	98.42	98.60	98.77
♯农村	97.10	97.55	97.86	98.11	98.32
有线广播电视用户数/万户	20 264	21 509	22 894	23 458	23 567
♯农村	8 123	8 432	8 911	7 986	8 250
有线广播电视入户率/%	49.43	51.50	54.14	54.82	54.63
♯农村	32.38	33.49	35.29	31.55	33.49

资料来源:2011—2016 中国统计年鉴

第三,加大农村文化供给,缩小城乡文化差距。全国艺术表演团体积极响应国家号召,努力开拓农村市场,让广大农民共享艺术发展成果,农村场次及其受益人数不断攀高,进一步满足了农民的精神文化生活需要。(见表 6)

表 6　2011—2018 年全国艺术表演团体演出情况

指标	2011 年	2012 年	2013 年	2014 年	2015 年	2016 年	2018 年
总演出/万场	154.72	135.02	165.11	173.91	210.78	230.60	312.46
农村演出/万场	100.67	81.2	105.08	114.04	139.08	151.60	178.82
总演出场次占比/%	65.7	61.1	63.6	65.6	66.0	65.7	57.2
农村观众/万人次	43 924	52 102.43	52 973	55 863	58 500	62 100	77 900

资料来源:2012 年中国统计年鉴、中华人民共和国文化部 2012—2016 文化发展统计公报、中华人民共和国文化和旅游部 2018 年文化和旅游发展统计公报

---

①　《国务院关于公共文化服务体系建设工作情况的报告》,中国人大网,2015 年 4 月 23 日,http://www.npc.gov.cn/zgrdw/npc/cwhhy/12jcwh/2015 - 04/23/content_1934246.htm。

　　2016年以来，中宣部、文化部、财政部联合开展贫困地区送戏下乡和戏曲进乡村活动，积极推动县级图书馆、文化馆的优质资源下乡。目前，南京、苏州、佛山、嘉兴等地初步建成了功能完善、运行有效的总分馆体系，将县一级的优质公共文化服务资源输送到农村，促进了城乡文化资源共享。公共数字文化建设成效显著，全国初步构建了国家、省、市、县、乡、村六级数字文化服务网络。十八大以来，各地创新思路，创新方式，坚持政府主导，财政买单，为百姓提供菜单式服务，开展了独具特色、丰富多样的文化惠民活动，如福建闽侯县建立"队伍节目库"，设立"周末农家戏台"点单台，提高了文化供给的丰富性、针对性、有效性。

　　3. 保护农民工文化权益，提高农民工城市文化适应能力

　　中共十七届六中全会以来，国家将农民工（城市新市民）文化适应能力建设纳入现代公共文化服务体系建设总体布局统筹推进，起草并推动出台了文化部、人力资源和社会保障部、中华全国总工会《关于进一步加强农民工文化工作的意见》，文化部、国务院农民工工作领导小组办公室、全国总工会《关于进一步做好为农民工文化服务工作的意见》等一系列政策文件，将保障农民工文化权益作为统筹推进公共文化服务均衡发展的重要内容，着眼于促进农民工平等享受城镇基本公共文化服务、丰富农民工精神文化生活、提高农民工科学文化素质和现代城市文明素质，促进农民工适应并融入城市社会，主要举措包括：开展示范性文化活动，丰富农民工精神文化生活；加强公共文化服务和产品供给，满足农民工精神文化需求；开展文化志愿服务，创新农民工文化参与形式等。"人的社会性还体现在他们参与社会组织的程度。在流入地社会，是否参与当地组织以及对这些组织的认同，是衡量农村流动人口对流入地社会社区认同的一个重要指标。"[①]实践中，南京等一些城市的社区积极促进农民工加入形式多样的群众文艺团队，在满足精神文化需求的同时，积极构建农民工社会支持网络，搭建城市社区融入平台；利用开展"我们的节日"活动之机，推动农民工与社区群众一起开展丰富多彩的文化活动，创造交流互动的机会，建构文化共同体，提高农民工的城市认同感，提高城市市民的接纳度；搭建农民工文艺才能展演舞台，提高农民工的自信心和自豪感，增强融入城市的主动性、积极性和创造性。农民工群体也自发成立了维护农民工文化权益、满足农民工精神文化需求的公益机构，如长沙的"工之友"、西安的"工友之家"、厦门的"国仁工友之家"、天津的"国仁工友之家"等等。这些公益机构为农民工提供文化娱乐活动，提供自我展示的舞台，培养了农民工自尊、自信、自强的健康心态，使他们重新认识了自我，建构了新的身

份认同,增强了城市社会的适应性与归属感。

4. 加强农村文化队伍建设,提高城乡文化一体化发展能力

2010 年以来,文化部统筹各方资源,完善工作机制,通过举办示范性培训、公共文化巡回演讲及远程培训等方式,带动各地积极开展面向基层专兼职文化队伍和包括农村艺人在内的业余文化骨干的培训工作,确保了公共文化服务各层次、各领域培训工作全覆盖。"十二五"期间,文化部大力开展基层文化队伍培训,对 24.27 万县乡专职文化队伍和 366.85 万左右的业余文化队伍(包括业余文艺骨干、村/社区文化活动室工作人员等)进行了系统培训。组织实施"三区"人才支持计划,2013 年至 2020 年,每年向贫困地区、边疆民族地区和革命老区(简称"三区")县以下文化单位输送 1.9 万名优秀文化工作者驻地工作或提供服务,每年从县以下文化单位选送 1 500 名文化人员进行重点扶持培养。组织实施"中西部农村文化志愿服务行动计划"项目,从 2016 年起,为中西部 22 个省(区、市)和新疆生产建设兵团 1 200 个村每村配备 1 名文化志愿者,协助开展农村文化建设。[①] 建立农村文化精准扶贫工作长效机制。"十三五"期间,文化部结合全国基层文化队伍培训工作,制定和实施《"十三五"期间全国基层文化队伍培训工作规划》,坚持"分级负责、分类实施"原则,通过示范性培训班、公共文化服务巡回演讲、公共文化空中大课堂、网络书香讲坛、数字学习港等多种培训手段和方式,加大基层文化人才特别是乡土文化能人的培训力度,引导各地加强农村人才队伍建设,注重培育来自基层、扎根基层的文化骨干和文化工作者。各地也非常重视支持组建群众文艺团队、文化大院、文艺俱乐部,组建文化志愿者队伍,加大文艺辅导力度,提高城乡尤其是农村群众文艺素质与水平,增强了农村文化发展的内生动力。

5. 开展传统村落与传统文化保护工作,实现城乡文化和谐发展

2012 年,中央有关部门开展全国传统村落摸底调查,成立专门组织机构,制定评价认定指标。截至 2016 年底,先后公布了 4 批中国传统村落名录,涵盖 31 个省(区、市)的 4 153 个村落。近年来,国家注重加强对优秀乡土文化的挖掘和保护,充分发挥优秀传统文化对农村文化的涵养作用,命名了 442 个县(县级市、区)、乡镇(街道)为 2014—2016 年度"中国民间文化艺术之乡",175 个乡镇入选 2018—2020 年度"中国民间文化艺术之乡"名单,广泛开展以繁荣民间文化艺术为主题的传播交流、普及推广活动。积极实施地方戏曲振兴工程,同时,国家实

---

① 《文化部关于对十二届全国人大五次会议第 7446 号建议的答复》,http://zwgk. mcprc. gov. cn/auto255/201711/t20171106_693566. html.

施非物质文化遗产传承人研修培训计划，以提升民间艺人的艺术修养和传承能力。传统村落与传统文化保护工作维护了乡村文化发展的空间，保护了乡村文化发展生态，推动了乡村优秀传统文化的传承与发展，促进了城乡文化的和谐发展。

6. 推动美丽乡村建设，促进城乡文化和谐共生

城乡文化和谐共生，既指相对独立的城、乡文化之间的和谐共生，也指城市内农民工成功的文化适应，还指农民就地市民化中的城乡文化和谐共生。美丽乡村建设是当代中国农民就地市民化的重要载体。2013年，国家住房和城乡建设部发出关于开展美丽宜居小镇、美丽宜居村庄示范工作的通知，对美丽乡村建设明确提出一系列要求。美丽乡村建设的过程是城乡文化和谐共生的过程，美丽乡村保留了乡村的生态景观、村落格局、传统建筑，同时又具备了现代城市功能品质，实现了传统与现代、农村与城市文化的有机结合；美丽乡村建设催生的特色农业、休闲农业、乡村旅游、特色田园乡村及其田园综合体促进了城乡互动与文化交流，既让市民体验到了乡村文化之美，也推动了农民生产方式、生活方式、价值观念的现代转化，使之转变为新型职业农民；美丽乡村建设吸引了广大的农民工返乡、市民下乡发展，把城市文化理念与价值观念带入了农村，促进了城乡文化的交流交锋与交融，同时使乡村拥有了发展骨干，有效化解了"空心村""无主体社会"的困境，激发了乡村文化的创造活力，促进了乡村文化的繁荣发展，促进了现代城乡文化共同体的形成。

第二节　城乡文化和谐共生实证分析——以苏州为例

江苏苏州是我国改革开放以来经济社会最为发达地区之一，城市化率达到70％以上，城乡一体化发展程度较高。多年来，苏州坚持城乡一体化发展战略，以城带乡、以乡促城，城乡统筹，有效维护城乡文化平衡，促进现代都市文化与乡村传统文化的交互整合，进而保障乡镇可持续发展和农民的文化权益。以苏州为研究样本，有利于发挥样本经验的导向和示范作用，有利于更好地发现和解决苏南城乡文化和谐发展中存在的问题，更好地促进苏南城乡文化协调发展。

一、苏州城乡文化和谐共生实践

苏州是我国改革开放先行区和现代化建设的示范区。2013年4月，经国务院同意，国家发改委下发《苏南现代化建设示范区规划》（简称《规划》），提出苏南要"立足为全国现代化建设提供示范"，"在城乡现代化方面，完善统筹城乡发展

的体制机制,促进城乡合理分工,优化城乡资源配置,实现城乡发展一体化,为全国城乡协调发展提供示范"。① 按照《规划》的部署和要求,苏州以创新发展为根本动力,以先进制造业和现代服务业为经济主体,以城乡发展一体化为重点领域,以人民生活富足和谐为目标,积极推进苏南高水平全面小康和现代化建设。在城乡现代化建设方面,"坚持城镇化和新农村建设双轮驱动,充分发挥城乡规划的统筹协调作用,按照国际化方向发展现代城市,根据地域特色打造现代乡村,形成体制接轨、发展互动、服务共享的城乡发展一体格局,促进城乡共同繁荣"②。主要实践经验是:

1. 推进城乡发展一体化

苏州市是国家发改委最早确立的城乡发展一体化综合试验区,苏州城乡一体化发展经验在苏南区域得到推广运用。苏南区域逐步建立健全"城乡规划、产业发展、基础设施、公共服务、社会管理一体化的城乡统筹机制","以县域空间为整体统筹城乡规划编制,优化城市建成区与乡村居民点布局,提高新农村规划建设水平"。③

2. 推进农业转移人口市民化

苏州深入推进户籍管理制度改革,"落实放宽中小城市和小城镇落户条件的政策,引导非农产业和农村人口有序向中小城市和建制镇转移",鼓励农民由个体进城务工向家庭式迁居城镇转变。"加强农民工技能培训,完善农民工随迁子女平等接受义务教育的保障机制,促进农民工与城镇居民享受均等化的公共卫生服务"④,健全并不断完善农业转移人口社会保障体系。经过努力,苏州从户籍、就业、住房和子女教育、公共服务等外来人口基本生活保障需要着手,进一步推进了外来人口市民化进程。

3. 推进城乡基本公共服务均等化

建立城乡统筹的人力资源市场,实施城乡统筹就业规划,完善覆盖城乡、直达到村的公共就业服务网络,为就业困难群体免费提供了相关就业服务,保证其平等就业。社区卫生服务中心、乡镇卫生院、村卫生室得到合理布局与建设,城乡医疗资源得到进一步优化配置,形成"15分钟健康服务圈"。保障性安居工程不断建设,多渠道、多形式满足了群众基本住房需求。对城乡特殊困难群体,逐步形成发展类型多样和适度普惠的城乡福利,提高基本保险统筹层次,建立"15

---

① 国家发展和改革委员会:《国家发展改革委关于印发苏南现代化建设示范区规划的通知》,第6页。
② 国家发展和改革委员会:《国家发展改革委关于印发苏南现代化建设示范区规划的通知》,第14页。
③ 国家发展和改革委员会:《国家发展改革委关于印发苏南现代化建设示范区规划的通知》,第18页。
④ 国家发展和改革委员会:《国家发展改革委关于印发苏南现代化建设示范区规划的通知》,第19页。

分钟就业社保服务圈"。教育政策逐步完善,优质教育资源得到均衡发展,家庭经济困难学生资助政策体系逐步完善,保证了教育资源的均等化。基层文化馆(站)服务效能得到有力提升,开展了公共文化阵地标准化建设,乡镇(街道)综合文化站(文化中心)全部达到国家东部地区标准。公共文化数字化建设全面推进,数字电视、网络覆盖区域由平原地区向山区、湖区、滩涂、海域等边远地区拓展。广泛开展城乡"结对子、种文化"活动,加大对农村民间文化艺术的扶持力度,增加对农村困难、特殊群体的文化扶贫。

4. 传承创新优秀传统文化

在城镇化进程中,苏州注重探索如何推动地方文化创造性传承、创新性发展,主要做法包括:加强传统历史文化遗产和文物保护,加强非物质文化遗产保护传承与开发利用,加强社会主义核心价值观教育,广泛宣传推广"团结拼搏、负重奋进、自加压力、敢于争先"的"张家港精神",以及它所代表的区域特色文化和地方知识。

5. 提升公共文化服务水平

苏州各区县普遍把文化惠民、文化民生纳入全面小康和现代化建设的内涵和目标,采取一系列重要举措推进城乡公共文化服务网络建设。各地还努力创新公共文化服务的内容、形式和手段,重点推进城乡数字公共文化服务体系建设。

6. 发展城乡文化旅游

苏州历史文化遗存和文物、古典园林、江南水乡古镇等独特历史文化资源,构成苏州发展文化旅游的宝贵资源,成为联结城乡居民情感的重要纽带。苏州具有水乡特色,小桥流水,地域历史文化特色明显,据此重点发展江南水乡特色文化旅游业;环太湖,自然条件优越,历史文化特色和民俗风情突出,据此重点打造特色旅游村庄;地处丘陵地区,生态环境良好,自然风景优美,据此重点构建了富有江南特色的生态旅游品牌,促进苏南城市与乡村文化的交流与融合。乡村旅游的发展,一方面带动农民致富,活跃了城乡居民的交流交往,缩小了城乡居民的心理界限;另一方面也传承弘扬了传统文化,推动了传统文化的生活化。

7. 建设江南特色乡村

按照中央和省美丽乡村建设要求,苏州各地普遍开展了村庄整治和农村环境连片整治,加强传统村落保护发展,全面推进节能减排,加强资源节约和管理,加大水、大气、土壤治理力度,优化生态空间布局和生态修复,维护生物多样性,健全环境保护制度,"提升农村社会公共服务水平","打造出一批现代社区型、生态自然型、古村保护型等模式多样、特色各异的新型乡村"。

二、城乡文化和谐共生的评价指标体系

本书第一、二、三章关于城乡文化关系理论的探讨是指标体系建立的科学依据,为指标选取和确定提供了理论基础和重要指导思想,苏州城乡文化发展的实践体系及现实状况为指标体系建立提供了工作经验及实际生活基础。下文从基本思路、指标的选取原则、指标体系的建构与修正、指标体系的确定、指标权重的确定、指标计算方法等 6 个方面来渐次构建出城乡文化和谐共生的评价指标体系,对苏州城乡文化和谐共生进行综合评价。

1. 基本思路

课题组综合选用多轮德尔菲法、主成分分析法、层次分析法等定性、定量相结合的方法,构建城乡文化和谐共生的指标体系。具体流程如下:

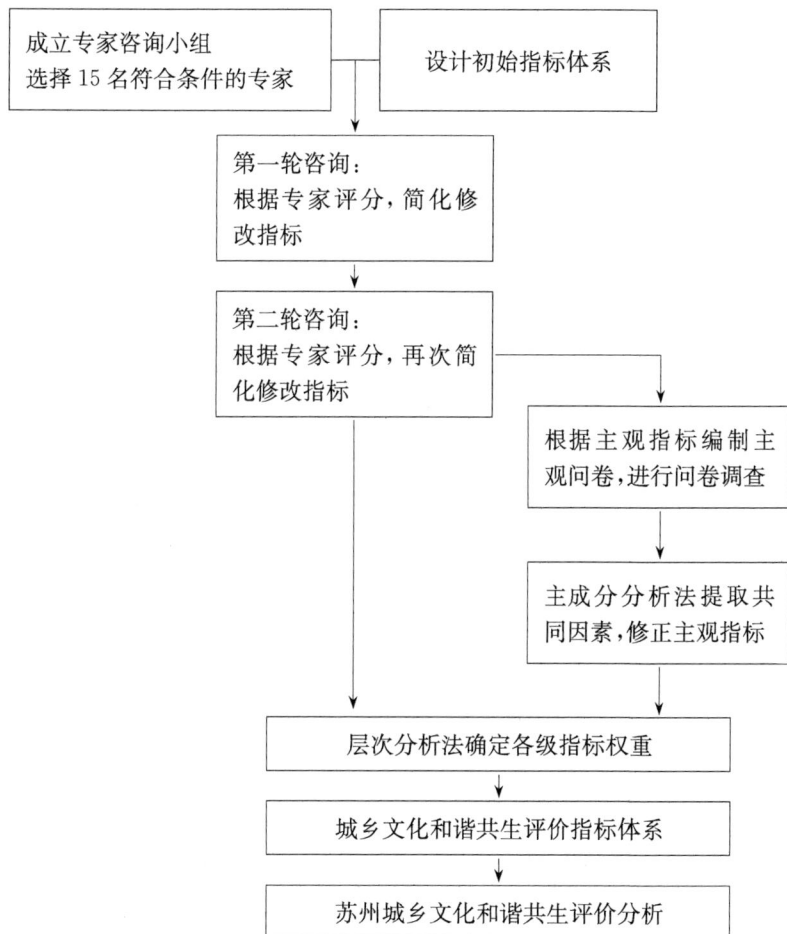

图 1 城乡文化和谐共生指标体系构建流程

2. 指标的选取原则

代表性。选取的指标能够客观反映城乡文化关系发展的基本特征，或者，每个指标能从某一特定角度反映城乡文化关系发展的程度。[①] 特别是用尽量少的关键指标反映城乡文化关系的典型特征，指标内涵界定明确，无歧义，统计上不存在共生性关系，指向性和独立性较强。

可度量性。选取的指标监测方法切实可行，便于操作，可采集、可量化、可测度，并有较为丰富的历史统计数据资料为支撑。数据主要来源于政府及有关权威机构公布的统计资料，"在缺乏统计数据的情况下使用调查数据，个别情况辅之以专家评估"[②]。

可比性。从城乡文化发展的实际情况出发，选取的指标尽可能突出城乡文化发展转型时期的特点，使指标设置既符合城乡文化发展的可代表性和通用性[③]，又要体现城乡文化发展转型是一个世界性和历史性的动态发展过程，使指标具有国际的可比性、与全国的可比性、与其他省份的可比性，同时注重与历史和未来的纵向可比性。

导向性。选取的指标既要从城乡文化关系发展的现实状况出发，考虑数据资料的可获得性，又要从城乡文化关系的发展趋势出发，考虑指标的先进性，力求使每个设置指标都能反映城乡文化发展的本质特征、时代特征和未来取向。

系统性。选取的指标要体现整个指标体系的完整性和指标之间的协调性，既可从不同侧面反映各项工作实际，又能体现指标的内在联系。不仅在大类设置上系统、科学，而且在大类内部各指标应相协调、相衔接。

实践性。选取的指标主要依据江苏苏南区域的实践经验，通过对苏州市、昆山市、张家港市等地实地调研，以苏南区域实践经验为支撑，总结提炼苏南区域推进城乡文化和谐发展的典型经验，进一步思考实践问题，对发展趋势做出前瞻性预测。

3. 指标体系的建构与修正

基于以上原则和城乡文化和谐发展相关文献、苏南城乡文化和谐发展实践，提取关键指标，将城乡文化和谐发展分为城乡一体化、城乡均等化、外来人口市民化和城乡文化发展4个一级测量指标，每个一级指标下又分别设二级指标和三级指标。其中"城乡一体化"和"城乡均等化"为客观性指标，而"外来人口市民化"和"城乡文化发展"为主观性指标。

①　杨钧：《河南省城乡一体化评价指标体系及量化分析》，《河南农业大学学报》，2014年第3期。
②　倪苹：《城镇化质量评价指标体系的构建与实证分析》，杭州：浙江工商大学硕士论文，2013年。
③　陈鸿彬：《农村城镇化质量评价指标体系的构建》，《经济经纬》，2003年第5期。

课题组选定 15 位咨询专家[①]，对初步提取的指标开展专家咨询，专家咨询共进行两轮。将第一轮专家咨询表通过电子邮件方式分别发送给遴选专家，根据专家对所列指标体系意见，对指标体系中各指标进行重要性和可行性分析，从而对指标进行进一步筛选、更正，形成第二轮专家咨询表，再次进行问卷咨询。经过两轮咨询，当专家意见基本趋于一致时，形成城乡文化和谐共生指标体系。

主观指标以普通居民为调查对象，以城乡居民对城乡文化和谐共生状况的判断及认识为依据。由于主观指标主观性较大，在接受专家咨询后，需要对主观指标体系进一步细化测量。课题组以专家咨询结果确定的指标体系为基础，编制主观调查问卷具体内容，并抽选 5 名权威系数较高的专家对问题描述进行把关。问卷分为"外来人口市民化"和"城乡文化发展"两部分。采用李克特量表形式，问卷每一陈述有"非常同意""同意""一般""不同意""非常不同意"5 种回答，分别记为 5、4、3、2、1，反映调查对象对量表的态度强弱。

课题组对来自村镇社区普通居民(150 人)、从事基层社区工作的党员干部(100 人)、基层文化服务志愿者(50 人)、城市企业中的农村外来务工人员(200 人)进行了问卷调查。通过对问卷信度、效度检验及主成分分析，提取主要影响因子，将主观指标再次修正，使调查问卷结果能够真正反映各项指标含义，实现测量效果。

4. 指标体系的确定

经过德尔菲专家咨询法和对主观问卷的主成分分析等多轮修正，最终形成城乡文化和谐共生评价指标体系，该指标包含 4 个一级指标，15 个二级指标，32 个三级指标，对各级指标进行重新排序，其具体测算方法和含义如下(见表 7)。

第一，客观指标。城乡一体化是城乡文化和谐共生的现实基础。统筹城乡经济发展，增加城乡居民收入，统筹城乡公共服务，促进教育资源和医疗资源公平配置，实现城乡劳动就业服务共享，建立城乡统一的城乡社会保障体系，是城乡一体化的核心。因此，城乡一体化指标筛选 B_1 经济发展、B_2 基础教育、B_3 医疗卫生、B_4 城乡就业和 B_5 社会保障 5 个二级指标，全面反映城乡经济社会发展情况。经济发展由 C_1 城乡人均可支配收入比、C_2 城乡人均消费比构成，是测量居民收入情况和生活质量的重要基础；基础教育选取了 C_3 城乡基础教育生均教育事业费投入比、C_4 城乡基础教育每百名学生教师配备比，来评价城乡一体化

① 15 名专家包括来自南京大学、苏州大学、江苏省委党校、南京市委党校、苏州市委党校等高校和科研机构对城乡一体化发展、城乡公共服务均等化具有深入研究的教授 8 名；来自江苏省社科联、苏州市社科联、苏州市委研究室等参与苏南地区城乡文化和谐发展实践的实务部门工作人员 5 名；来自江苏省经济信息中心、苏州市统计局对经济统计指标内涵熟悉的专业人员 2 名。

过程中的基础教育一体化情况[①]；医疗卫生选取了 C_5 城乡人均医疗保健支出比、C_6 城乡每千人拥有医生数比来评价城乡一体化过程中的医疗资源一体化情况；城乡就业则选取了 C_7 城乡人力资源社会保障基层公共服务平台建设覆盖率比、C_8 城乡科教文卫从业人员比重比来评价城乡一体化发展中就业结构和就业服务水平；最后，社会保障选取了 C_9 城乡最低生活保障人均支出比和 C_{10} 城乡基本养老保险覆盖率比来作为评价城乡一体化过程中的社会保障一体化情况。[②]

城乡均等化是城乡文化和谐共生的重要保障。全面推进城市公共交通、供气供水、垃圾及污水处理、宽带网、文化设施等基础设施向农村延伸，是城乡公共服务均等化的主要内容，为城乡文化和谐共生提供发展空间。研究选取 B_6 信息服务、B_7 生活环境、B_8 社会管理和 B_9 文化共享 4 个二级指标，测量城乡公共服务均等化水平。信息服务二级指标下遴选了 C_{11} 城乡每百户接入互联网的移动电话拥有量比、C_{12} 城乡每百户接入互联网的电脑拥有量比、C_{13} 城乡每百户接入有线电视的电视拥有量比 3 个三级检测指标，反映城乡信息化服务发展水平；生活环境二级指标下则遴选了 C_{14} 城乡统筹区域供水覆盖率比、C_{15} 城乡生活污水处理率比 2 个三级指标，反映城乡生态环境一体化发展水平；社会管理二级指标下遴选 C_{16} 城乡财政支出中公共安全支出比重比、C_{17} 城乡每千人社区工作者配备比 2 个三级指标，反映城乡基层社会治理一体化程度；最后，文化共享二级指标下遴选了 C_{18} 城乡财政支出中文化支出比重比、C_{19} 城乡基层综合性文化服务中心覆盖率比 2 个三级指标，反映城乡文化均等化服务发展水平。

第二，主观指标。外来人口市民化和城乡文化发展两个指标属于主观性指标。为获得全面具体的数据，本部分采用李克特量表设计了问卷，旨在获得城乡居民对城乡文化和谐共生的主观评价，从居民角度审视城乡文化和谐建设现状。主观指标由 A_3 外来人口市民化、A_4 城乡文化发展 2 个一级指标、6 个二级指标和若干三级指标构成。其中，一级指标外来人口市民化由 B_{10} 人居环境融入、B_{11} 社会发展融入和 B_{12} 心理认同融入 3 个二级指标构成，一级指标城乡文化发展由 B_{13} 政府、B_{14} 团体和 B_{15} 个人 3 个二级指标构成。[③]

---

① 周江燕、白永秀：《中国城乡发展一体化水平的时序变化与地区差异分析》，《中国工业经济》，2014 年第 2 期。

② 完世伟：《城乡一体化评价指标体系的构建及应用——以河南省为例构建及应用》，《经济经纬》，2008 年第 4 期。

③ 杨菊华：《流动人口在流入地社会融入的指标体系——基于社会融入理论的进一步研究》，《人口与经济》，2010 年第 2 期。

外来人口市民化是城乡文化和谐共生的心理基础。外来人口市民化既包括客观环境的融入,也包括主观心理的融入,既包括身份融入,也包括文化融入。"人居环境融入"旨在了解外来人口在城市化过程中,住房需求与住房安全是否与城市人一样得到基本保障,了解外来人口同城市居民之间的互动与往来,子女教育等基本生活权益能够得到保障,是外来人口融入城市最基础的指标。该项指标包含3个指标。"社会发展融入"反映外来人口利用城市资源进行自我发展的情况,包含 C_{23} 公共基础设施使用、C_{24} 社会落户政策落实2个指标。"心理认同融入"是指外来人口主动接受城市生活,自我认同城市居民身份,主要涉及外来务工人员的 C_{25} 依赖感、C_{26} 融入感和 C_{27} 归属感3个三级指标。这三个指标通过一系列细化的问卷回答,了解外来人口是否有定居打算,遇到问题是否向城里人求助,在心理上是否认同城市居民的身份,以期把握外来人口对城市的心理融入状况。

城乡文化发展是城乡文化和谐共生的直接反映,用来测量城乡文化和谐共生的现状与可持续性。指标设计了 C_{28} 政府支持力度、C_{29} 政府保护力度、C_{30} 团体投入支持力度、C_{31} 个人文化参与和 C_{32} 个人文化保护意识等三级指标,从城乡居民视角分别调查政府、团体和个人参与城乡文化建设状况,以此考察城乡文化和谐共生的情况及实际效果。

表7　城乡文化和谐共生评价指标体系

一级指标	二级指标	三级指标	指标含义或算法[1]	属性
A_1 城乡一体化	B_1 经济发展	C_1 城乡人均可支配收入比	农村人均可支配收入/城市人均可支配收入	客观
		C_2 城乡人均消费比	农村人均消费/城市人均消费	
	B_2 基础教育	C_3 城乡基础教育[2](高中＋初中＋小学＋幼儿园)生均教育事业费投入比	农村基础教育生均教育事业费/城市基础教育生均教育事业费	客观
		C_4 城乡基础教育每百名学生教师配备比	农村基础教育每百名学生教师配备数量/城市基础教育每百名学生教师配备数量	

———————

① 基础指标根据其作用力方向可分为正指标、逆指标和适度指标。其中,正指标是指指标值与城乡文化和谐发展指数值正相关,该项指标越高,城乡文化和谐发展水平越高。为方便统计,本研究对可得数据统一选择正向计算,采用正指标。

② 基础教育范围采用《江苏教育年鉴》统计标准,包括幼儿园、小学、初中、高中。

（续表）

一级指标	二级指标	三级指标	指标含义或算法	属性
	B_3医疗卫生	C_5城乡人均医疗保健支出比	农村人均医疗保健支出/城市人均医疗保健支出	客观
		C_6城乡每千人拥有医生数比	农村千人拥有医生数/城市千人拥有医生数	
	B_4城乡就业	C_7城乡人力资源社会保障基层公共服务平台建设覆盖率比	农村人力资源社会保障基层公共服务平台建设覆盖率/城市人力资源社会保障基层公共服务平台建设覆盖率	客观
		C_8城乡科教文卫从业人员比重比	农村科教文卫从业人员占从业人员比重/城市科教文卫从业人员占从业人员比重	
	B_5社会保障	C_9城乡最低生活保障人均支出比	（农村最低生活保障支出/农村最低生活保障人数）/（城市最低生活保障支出/城市最低生活保障人数）	客观
		C_{10}城乡基本养老保险覆盖率比	（农村基本养老保险参保人数/农村常住人口数）/（城市基本养老保险参保人数/城市常住人口数）	
A_2城乡均等化	B_6信息服务	C_{11}城乡每百户接入互联网的移动电话拥有量比	农村每百户接入互联网的移动电话拥有量/城市每百户接入互联网的移动电话拥有量	客观
		C_{12}城乡每百户接入互联网的电脑拥有量比	农村每百户接入互联网的电脑拥有量/城市每百户接入互联网的电脑拥有量	
		C_{13}城乡每百户接入有线电视的电视拥有量比	农村每百户接入有线电视的电视拥有量/城市每百户接入有线电视的电视拥有量	
	B_7生活环境	C_{14}城乡统筹区域供水覆盖率化	城乡统筹区域联网供水乡镇个数/乡镇总个数	客观
		C_{15}城乡生活污水处理率比	农村生活污水处理率/城市生活污水处理率	
	B_8社会管理	C_{16}城乡财政支出中公共安全支出比重比	（农村公共安全支出/农村财政总支出）/（城市公共安全支出/城市财政总支出）	客观
		C_{17}城乡每千人社区工作者配备比	农村每千人社区工作者配备人数/城市每千人社区工作者配备人数	

（续表）

一级指标	二级指标	三级指标	指标含义或算法	属性
	B$_9$ 文化共享	C$_{18}$城乡财政支出中文化支出比重比	（农村文化支出/农村财政总支出）/（城市文化支出/城市财政总支出）	客观
		C$_{19}$城乡基层综合文化服务中心覆盖率比	村（居）综合文化服务中心覆盖率/镇（街道、区）综合文化服务中心覆盖率	
A$_3$ 外来人口市民化	B$_{10}$ 人居环境融入	C$_{20}$住房条件	住房设施齐备度、卫生安全等	主观
		C$_{21}$邻里关系	与城市居民互动情况	
		C$_{22}$生活权益	子女教育等基本权利保障	
	B$_{11}$ 社会发展融入	C$_{23}$公共基础设施使用	人文设施、交通设施等使用情况	主观
		C$_{24}$社会落户政策落实	农民落户条件放宽、落实情况	
	B$_{12}$ 心理认同融入	C$_{25}$依赖感	是否有定居打算	主观
		C$_{26}$融入感	遇到问题是否向城里人求助	
		C$_{27}$归属感	是否认同自己城市居民身份	
A$_4$ 城乡文化发展	B$_{13}$政府	C$_{28}$政府支持力度	政府对传统文化、乡村文化的支持力度及效果	主观
		C$_{29}$政府保护力度	政府对传统文化、乡村文化的保护力度及效果	
	B$_{14}$团体	C$_{30}$团体投入支持力度	单位对员工文化生活的支持投入程度	主观
	B$_{15}$个人	C$_{31}$个人文化参与	个人参与文化频率、投入程度	主观
		C$_{32}$个人保护意识	个人及朋友家人对文化的保护与传承意识	

注：上述客观指标主要从政府统计年鉴、政府统计局、财政局、社保局、教育局等官方统计网站获取相关数据，而主观性指标主要来源于课题组的实地问卷调查获取的相关数据整理而成。

5. 指标权重的确定

合理地确定主、客观指标中各问题、各级指标权重，是量化评价的关键。由于本研究获取历史数据较为困难，且缺少足够大的样本；同时，为了能够全面反映问题，评价体系指标数量和层次设计较为丰富，本研究在德尔菲法的基础上采取层次分析法确定每一层次全部指标的相对重要性权重，进而建立评估模型。

在德尔菲法确定的指标体系基础上，建立城乡文化和谐共生评价指标体系递阶层次结构，确定下一级指标对上一级指标的判断矩阵，通过专家对评价体系的各个指标权重进行两两比较，得到意见趋于一致的比较判断矩阵。运用软件yaahp10.0构造城乡文化和谐共生AHP判断矩阵，经过层次排序及一致性检验等步骤，最终确定城乡文化和谐共生指标权重(见表8)。

表 8　城乡文化和谐共生评价指标权重[①]

一级指标	权重	二级指标	权重	三级指标	权重	组合权重
A_1城乡一体化	0.246 3	B_1经济发展	0.254 6	C_1城乡人均可支配收入比	0.500 0	0.031 4
				C_2城乡人均消费比	0.500 0	0.031 4
		B_2基础教育	0.288 1	C_3城乡基础教育(高中＋初中＋小学＋幼儿园)生均教育事业费投入比	0.666 6	0.047 3
				C_4城乡基础教育每百名学生教师配备比	0.333 4	0.023 7
		B_3医疗卫生	0.144 0	C_5城乡人均医疗保健支出比	0.333 4	0.011 8
				C_6城乡每千人拥有医生数比	0.666 6	0.023 6
		B_5城乡就业	0.144 0	C_7城乡人力资源社会保障基层公共服务平台建设覆盖率比	0.500 0	0.017 7
				C_8城乡科教文卫从业人员比重比	0.500 0	0.017 7
		B_5社会保障	0.169 3	C_9城乡最低生活保障人均支出比	0.500 0	0.020 8
				C_{10}城乡基本养老保险覆盖率比	0.500 0	0.020 8

[①]　由于保留4位有效数字，同一维度内权重和略大于1。为了方便计算，由课题组成员进行微调，保证同一维度权重和等于1。组合权重为三级指标相对于整体目标的权重。

一级指标	权重	二级指标	权重	三级指标	权重	组合权重
A_2 城乡均等化	0.289 4	B_6 信息服务	0.254 0	C_{11} 城乡每百户接入互联网的移动电话拥有量比	0.400 0	0.029 4
				C_{12} 城乡每百户接入互联网的电脑拥有量比	0.400 0	0.029 4
				C_{13} 城乡每百户接入有线电视的电视拥有量比	0.200 0	0.014 7
		B_7 生活环境	0.201 3	C_{14} 城乡统筹区域供水覆盖率比	0.500 0	0.029 1
				C_{15} 城乡生活污水处理率比	0.500 0	0.029 1
		B_8 社会管理	0.210 7	C_{16} 城乡财政支出中公共安全支出比重比	0.666 6	0.040 6
				C_{17} 城乡每千人社区工作者配备比	0.333 4	0.020 3
		B_9 文化共享	0.334 0	C_{18} 城乡财政支出中文化支出比重比	0.666 6	0.064 4
				C_{19} 城乡基层综合文化服务中心覆盖率比	0.333 4	0.032 2
A_3 外来人口市民化	0.204 9	B_{10} 人居环境融入	0.412 6	C_{20} 住房条件	0.412 6	0.034 9
				C_{21} 邻里关系	0.259 9	0.022 0
				C_{22} 生活权益	0.327 5	0.027 7
		B_{11} 社会发展融入	0.259 9	C_{23} 公共基础设施使用	0.500 0	0.026 6
				C_{24} 社会落户政策落实	0.500 0	0.026 6
		B_{12} 心理认同融入	0.3275	C_{25} 依赖感	0.400 0	0.026 8
				C_{26} 融入感	0.200 0	0.013 4
				C_{27} 归属感	0.400 0	0.026 8
A_4 城乡文化发展	0.259 4	B_{13} 政府	0.400 0	C_{28} 政府支持力度	0.500 0	0.051 9
				C_{29} 政府保护力度	0.500 0	0.051 9
		B_{14} 团体	0.200 0	C_{30} 团体投入支持力度	1.000 0	0.051 9
		B_{15} 个人	0.400 0	C_{31} 个人文化参与	0.500 0	0.051 9
				C_{32} 个人保护意识	0.500 0	0.051 9

6. 指标计算方法

城乡文化和谐共生评价指标体系最终形成的评价结果是一个综合指数。在上述指标体系的基础上,通过对指标数据计算和转换后得到苏南区域的样本城市——苏州市城乡文化和谐共生评价指标进行量化的结果。其步骤主要包括以下内容:

第一,单项指标评价模型。主客观指标部分均采用正向指标来衡量,对部分指标已经进行了同向化处理,由于指标体系中各定量指标的计量单位和含义不同,各指标间不具有可比性,不能直接用于分析,需要进行处理。客观指标采用农村城市相关指标数据比值,大部分指标数值在[0,1];超过 1 的比值,则表明该项指标城乡完全一体化,取值为 1;主观指标的得分,根据李克特量表赋值,求得受访者平均得分,采用极值法对各指标数据进行无量纲化处理,使其指数分布在 0 和 1 之间,具体如下:

$$X_i = \frac{x_i - x_{\min}}{x_{\max} - x_{\min}} \qquad (1)$$

其中,X_i,x_i,$x_{\max}$,$x_{\min}$这四个值分别表示某变量无量纲化后的值、变量原始值和同类变量中最大值与最小值。

第二,综合指标评价模型。本研究采用加权求和模型来评价综合性指标,即根据单个指标的权重系数,对单个指标的指数逐级加权求和,最终得出各地区城乡文化和谐共生的综合得分。

$$S = \sum_{j=1}^{m} w_{ij} x_{ij} \quad (i = 1, 2, 3) \qquad (2)$$

其中,S 为综合指标评分值,w_{ij} 是指第 i 层级第 j 指标的相对权重,x_{ij} 为第 i 层级第 j 个指标评分值,对这些指标评分进行无量纲化和加权等处理后综合集成的指数,就是被评估对象的城乡文化和谐共生发展指数。

三、苏州城乡文化和谐共生关系的社会调查及评价结果分析

1. 数据来源

基于城乡文化和谐共生评估指标体系,对苏州城乡文化一体化发展现状进行评价,找出苏州城乡文化发展过程中的成效及问题,为科学制定和谐共生的城乡文化发展战略提供依据。客观指标数据[①]以最新官方统计资料为准;城乡人均可支配收入、人均消费、各类财政支出等数据来自苏州市 2017 年统计年鉴;教

———————

① 部分数据在资料来源中并不直接可得,而是以统计年鉴为基础经过简单计算得出,如最低社会保障人均支出等指标。

育领域相关数据来自 2017 江苏教育年鉴；文化发展数据来自 2017 年江苏文化年鉴和《2017 年度苏州市情市力》；就业和社会保障相关信息数据来自苏州市人力资源和社会保障事业发展统计公报；医疗卫生相关数据来自 2017 年度江苏计生卫生统计年鉴。由于各地统计口径存在差别，同一地域统计资料也存在动态变化，在制定客观指标体系时，并不能确保每项数据都直接可得。为使数据不影响评估过程，针对极少的城乡数据缺失的指标，以苏州市区和常熟市相关指标替换城乡指标[①]。

　　主观指标数据来自苏州市的主观问卷调查，经过信度和效度检验，问卷数据具有可信性。村镇社区普通居民（150 份）、城市企业中的农村外来务工人员（200 份）由课题组成员发放。基层社区工作的党员干部（100 份）、基层文化服务志愿者（50 份）委托苏州市委党校、苏州市社科联发放。研究共发放问卷 500份，回收 500 份，对回答问题缺失量过大或答案明显重复的问卷进行人工筛除，有效问卷 452 份，有效率 90.4%。所获得的数据采用 spss24.0 统计软件进行统计，有关调查对象的基本情况如下：

表 9　样本分配表（N＝452）

基本资料		人数	百分比/%
性别	男	290	64.1
	女	162	35.9
年龄	18 岁以下	9	2.0
	18—29 岁	199	44.0
	30—40 岁	161	35.6
	40 岁以上	83	18.4
政治面貌	党员	183	40.5
	团员	98	21.6
	群众	170	37.6
	其他党派人士	1	0.3
户口	城镇	232	51.3
	农村	220	48.7

---

　　① 城乡基础教育生均教育事业费在公开统计资料中只区分地区，不区分城乡，用其他指标替代会降低对综合指标的解释力度，苏州市区与常熟发展差异接近苏州城乡发展差异，以两者数据替换城乡数据。

（续表）

基本资料		人数	百分比/%
文化程度	初中及以下	73	16.2
	高中	88	19.4
	大学	253	56.0
	研究生及以上	38	8.4

在性别方面，男性占 64.1%，女性占 35.9%；在年龄方面，以中青年为主，40岁以下占 81.6%；在政治面貌方面，由于有目标对象，党员和群众比例约各占一半；在户籍方面，城镇户口和农村户口居民保持平衡，以减轻户籍对主观指标得分的影响；在文化程度方面，大学及以上学历样本约占 2/3，受试者有较好的受教育程度，能够较好理解问卷内容。

根据评价模型，对苏州市城乡文化和谐共生发展关系进行计算，得到如下结果（见表10、表11），客观指标得分 0.445 8，主观指标得分 0.288 1，总得分为0.733 9。该指标与苏州城镇化水平基本一致，说明所建构的评价模型较为合理。

表 10　客观指标指数

三级指标	三级指标指数	二级指标指数	一级指标指数	客观指标合成指数
C1	0.510 0	0.544 0	0.816 2	0.445 8
C2	0.578 0			
C3	0.979 0	0.978 6		
C4	0.978 0			
C5	0.846 0	0.948 6		
C6	1.000 0			
C7	1.000 0	0.739 1		
C8	0.478 1			
C9	0.805 0	0.902 5	0.845 5	
C10	1.000 0			
C11	0.934 4	0.886 6		
C12	0.782 2			
C13	1.000 0	0.893 9		
C14	1.000 0			

（续表）

三级指标	三级指标指数	二级指标指数	一级指标指数	客观指标合成指数
C15	0.787 8			
C16	1.000 0	0.999 9		
C17	1.000 0			
C18	0.531 6			
C19	1.000 0	0.687 7		

表 11　主观指标指数

三级指标	平均值	归一化数值①	二级指标指数	一级指标指数	主观指标合成指数
C20	3.190 0	0.547 0	0.580 9		
C21	3.403 0	0.603 0			
C22	3.423 0	0.606 0		0.593 8	
C23	3.771 0	0.693 0	0.660 5		
C24	3.513 0	0.628 0			
C25	3.503 0	0.626 0			0.288 1
C26	3.263 0	0.566 0	0.557 2		
C27	3.135 0	0.534 0			
C28	3.356 0	0.589 0	0.640 5		
C29	3.770 0	0.692 0		0.636 4	
C30	3.497 0	0.624 0	0.624 0		
C31	3.417 0	0.604 0	0.638 5		
C32	3.691 0	0.673 0			

2. 苏州城乡文化和谐共生发展评价及特点分析

通过对苏州城乡文化和谐发展水平综合评价,可以得知:外来人口市民化、城乡文化发展等主观指标相较于城乡经济一体化等客观指标评分较低,一方面是数据归一化处理产生的误差,另一方面也反映了普通城乡居民对苏州市城乡文化一体化发展感知度较弱。尤其是心理融入和自我身份认同方面,与苏州市

---

①　由于主观指标体系是用李克特量表赋值,赋值区间为[1,5],不能直接进行加和,需要进行归一化处理,归一化的数值为主观指标得分。

城乡文化一体化发展水平并不匹配。

在公共文化服务均等化方面,苏州把文化惠民、文化民生纳入全面小康和现代化建设的内涵和目标,采取一系列重要举措推进城乡公共文化服务网络建设。积极打造城乡"10分钟文化圈",推动公共文化设施合理布局。开展了公共文化阵地标准化建设,乡镇(街道)综合文化站(文化中心)全部达到国家东部地区标准。各地还努力创新公共文化服务的内容、形式和手段,重点推进城乡数字公共文化服务体系建设。正因为如此,苏州城乡公共文化服务均等化指标表现良好,城乡比值接近1。当然,城乡科教文卫社会服务就业人员比重比差异较大,比值仅为0.478 1,反映农村社会均等化服务从业人员比重低,人才短缺严重,服务水平差异较大,这是城乡公共服务均等化建设的盲点,需要优化创新管理体制机制,强化乡村公共服务人才建设,促进城乡人才流动,保证服务质量,推进城乡公共服务均等化从"全覆盖"到"全享受"。

在城乡文化互动方面,苏州市以彰显名城苏州特色和展现现代文明为出发点,统筹城乡文化发展。苏州市政府积极谋划发展城乡特色传统文化,加强传统历史文化遗产和文物保护,加强非物质文化遗产保护传承与开发利用,加强社会主义核心价值观教育,广泛宣传推广地域精神,以及它所代表的区域特色文化和地方知识,既向社会提供了丰富的文化产品和精神食粮,也让市民接受传统优秀精神文化熏陶,积极主动参与到地方优秀传统文化的保护与传承活动中来。苏州还大力发展城乡文化旅游。苏州历史文化遗存和文物、苏州古典园林、江南水乡古镇等独特历史文化资源,构成苏州发展文化旅游的宝贵资源,成为联结城乡居民情感的重要纽带。不过,由于大部分受调查居民在中小企业工作,无力无暇组织文化活动,团体文化支持投入力度评分较低。相较于丰富多样的文化设施和产品供给,农村户籍调查对象参与文化活动意愿较低,反映城乡文化发展存在政府唱"独角戏"现象,公共文化设施利用效率不高。推动城乡文化发展,需要促进城乡文化融合互动,既要传承农村传统文化,也要主动适应城乡一体化要求,丰富文化表现形式,使城乡传统优秀文化进企业、进社区、进村落。

在文化认同方面,苏州在推进农民市民化进程中,基本建立了城乡统一规划、公共服务、生态环境建设等城乡一体化发展的长效机制。苏州外来人口各项福利制度得到充分保障,人居环境和社会发展两项指标评分较高,但心理认同融入评分较低,说明外来人口并不十分认同自我城市居民身份。外来人口市民化不仅是让外来人口落脚落户,更需要整合城乡资源,搭建城乡沟通互动桥梁,创造精神融合空间。

第三节　现阶段城乡文化不协调、不和谐的突出问题

一、城乡先进文化的主导性、统摄性有待进一步彰显

伴随着城乡经济社会的深度变革与快速发展,城乡文化获得了繁荣发展,与此同时,也暴露出不容忽视的问题。一是城乡文化虚无化。城市化进程中,拆旧造新城,破坏历史文化遗产的现象并不鲜见。随意割断历史文脉,人为消除记忆空间,导致"城愁"无处寻觅,精神家园无处存放,造就了无根的城市文化。一些乡村则鄙视乡村文化,照搬城市文化,导致乡村文化城市化、城乡文化同质化。二是城乡文化世俗化,表现为以自私自利为主的个人主义、以符号占有为主的消费主义、以工具理性为主的道德虚无主义、以感官满足为主的享乐主义。三是城乡文化低俗化,城乡一些地区不同程度地存在黄、赌、毒现象,存在封建迷信现象以及铺张浪费现象。四是城市文化西方化。一些城市道路、广场、小区喜欢以西方文化符号命名。一些建筑喜欢模仿、复制西方建筑样态,甚至盲目推崇西方设计师建筑设计式样,以此吸引眼球,标榜现代。五是乡村文化边缘化。与乡村文化相比,城市文化具有天然的优越性,更适应现代工业社会的需要。在城市文化的强烈冲击下,农民普遍缺失了安身立命的价值归属和生活生存的精神支柱,他们面临着要么承认乡村文化的低劣,机械模仿、接受城市文化,要么不接受同化、采取心理隔离策略的艰难选择。城乡文化形成城市文化中心主心与农村文化边缘化的关系,乡村文化失去了独立性,沦为城市文化的附庸。这些问题的产生,与偏离中国特色社会主义先进文化不无关联。当代中国城乡文化和谐共生,首先需要坚持中国特色社会主义先进文化发展方向,实现中国特色社会主义先进文化引领城乡文化繁荣发展、和谐共生。发展中国特色社会主义文化,就是以马克思主义为指导,坚守中华文化立场,立足当代中国现实,结合当今时代条件,发展面向现代化、面向世界、面向未来的,民族的科学的大众的社会主义文化。对于城乡文化发展来说,"发展面向现代化、面向世界、面向未来的,民族的科学的大众的社会主义文化",实质就是要着力发展马克思主义指导下的先进的、民族性、地域的中国特色社会主义城乡文化。社会主义先进文化的核心是社会主义核心价值观,坚持社会主义先进文化对城乡文化发展及其共生的引领,就是要使社会主义核心价值观成为城乡居民的核心价值认同。没有社会主义核心价值认同,城乡文化发展就会丧失共同的价值观基础,丧失鉴别文化优劣的能力,城乡文化融通就会偏离健康的发展方向。促进城乡文化和谐共生,应以社会主义核

心价值观作为主体价值观，引领、支配城乡文化和谐发展，形成一元多样的城乡文化共同体。

二、城乡文化利益共享的整合度、公平性有待进一步加强

1. 文化利益诉求表达渠道不畅通

推进城乡文化共享机制建设，利益表达顺畅是关键环节。但是，当前我国城乡文化管理体制是高度集中的决策服务供给体系。上级文化主管部门对城乡基层文化实际和城乡居民文化需求并不了解，其决策的硬性要求特征明显：一方面导致城乡文化利益主体的合理权益得不到切实的制度保障，另一方面也阻碍了城乡弱势文化主体利益的表达。同时，不通畅的信息表达渠道，导致政府信息不对称，文化决策效率不高，文化供给不足。这又进一步压抑了城乡居民对表达自身所需文化服务、文化利益真实诉求的愿望和行为，以至于许多人都认为文化建设是政府的事情，与己无关。相反，在公共文化服务完善的城市，文化管理部门可以通过听证会、信访、网络、政务热线等形式，接受城市居民的文化利益诉求，并据此改进政府的文化管理体制，提供更好的文化服务。以乡镇文化站配置为例，2014 年，江苏省共有文化站 1 280 个，其中乡镇文化站 919 个，从业人员 4 927 人。[1] 这样大概算下来，江苏乡镇文化站平均每站不到 4 人，更有部分文化站或只有站长一人，或文化站工作人员身兼数职，难以全身心投入。可以想象，这样的人员配置、机构设置是无法将广大农村文化利益主体的利益诉求完整、及时地向上级主管部门传达的，农村文化利益主体的权益自然就得不到切实的保障。

2. 城乡文化资源和文化利益整合度低

城乡文化发展一体化的过程，本质上是城乡文化资源和文化利益整合的过程。城乡文化和谐共生需要对城乡不同的文化利益主体进行利益整合，促进城乡文化结构稳定、和谐。当前，一方面，我国城乡文化管理部门人员欠缺与民众的沟通和互动，这种状况在农村尤其显著；另一方面，城乡文化管理的公共权力缺乏有效的监督，严重阻碍城乡文化利益整合机制的有效构建和运行。此外，城乡文化资源相对分散，缺乏统一的文化市场，使得城乡文化资源的整合度较低，这也就意味着城乡文化利益共享度较低。同时，农村不仅文化资源分散，而且基础设施投入也缺乏，有的地方即使建立了图书馆等设施，也是十分简陋，这与城市的文化建设形成鲜明的对比。依据江苏省苏州市、泰州市、盐城市发布的

---

① 江苏省统计局：《江苏统计年鉴（2015）》，北京：中国统计出版社 2015 年版。

2015 统计年鉴统计数据,江苏苏南、苏中、苏北各城市城乡公共文化基础设施存在较大差距。数据显示,总体上城市人均公共文化基础设施拥有量为农村的 2—3 倍。尤其是盐城的倍数最高,城市人均拥有公共图书册数是乡镇的 2.88 倍。这样的城乡文化设施建设格局,极大降低了城乡文化之间的共享度,导致城市的先进文化难以在农村立足,农村的优秀传统文化也无法在城市传播。

　　3. 城乡文化利益分配不合理

　　城乡文化二元化结构的形成是多种原因导致的,其中利益分配不均是关键原因。长期以来,我国的城乡文化财政投入不均衡、基础设施建设不均衡。依据江苏省苏州市、泰州市发布的 2015 统计年鉴统计数据:在文化体育与传媒投入方面,苏州市城乡投入分别是 315 530 万元和 101 389 万元,泰州市城乡投入分别是 48 700 万元和 23 800 万元;在文化体育与传媒投入占地方公共财政预算支出比重方面,苏州市城乡投入分别是 2.42% 和 0.78%,泰州市城乡投入分别是 1.31% 和 0.64%;在人均文化体育与传媒投入方面,苏州市城乡投入分别是 575.47 元/人和 198.40 元/人,泰州市城乡投入分别是 297.28 元/人和 69.05 元/人。这种情况不仅发生在江苏,在全国各省市区均有,其结果将导致农村文化建设发展缓慢,农民从文化服务中获取的效用明显低于城市。

　　农村文化利益补偿不到位。长期以来,由于我国城乡二元结构体制影响深远,城乡文化发展依然是两套运行体制。当前,许多地方并未将城市反哺农村的理念落到实处,城乡文化的一体化建设更是欠缺。城乡文化建设援助机制一直不成熟,农村获取的文化利益补偿不到位、补偿机制建设不健全。虽然近年来不断涌现文化"三下乡"服务队,政府管理部门也派出工作队,但是这种服务不具有稳定性和可持续性,这就极大地影响了工作的成效,因而对农村文化整体发展的提升作用不明显。

三、城乡文化生态发展的协同性、谐和性有待进一步强化

　　城乡文化生态建设困境从生态文明建设面临的"表"与"里"的矛盾、"上"与"下"的矛盾、"虚"与"实"的矛盾、"异"与"同"的矛盾等几方面表现出来。

　　1. "表"与"里"的矛盾

　　这一矛盾主要是指将城乡文化中的生态文明建设简单理解为文化遗产的保护和旅游开发,而忽视了城乡居民的生态文明理念的养成和培育,未能将城乡文化生态的开发延续、保护利用与城乡居民的生态文化建设结合起来。城乡文化历史遗产遭到人为肆意破坏,民风民俗庸俗破败,这是城乡文化生态困境的"表",是外在的困境。导致这些困境的根本,是城乡居民淡薄的生态理念和生态

思维,这是"里"。重"表"轻"里",是城乡文化生态建设面临的首要问题。中共十九大提出顺应自然、尊重自然、保护自然的生态文明理念,其贯彻落实面临着严峻的局面,这是因为人类中心主义的观念在许多城乡居民心中仍然根深蒂固,自然万物的生存被漠视、价值被忽视,生态价值观被部分人信奉,无法成为普遍的生产和生活引领。错误的观念,必将导致错误的行为和后果。

2."上"与"下"的矛盾

这一矛盾主要是指在城乡文化发展中,各级政府、相关主管部门十分重视文化生态的保护与建设,但是城乡普通民众,包括部分民间组织、企业等,参与渠道不畅,参与热情不高,无法形成"上""下"协同的合力。在我国生态文明战略提出、作用机制等方面,各级政府一直采取"自上而下"的模式,政府承担绝对的生态建设主体责任。与此同时,广大城乡民众是生态建设的监督者、旁观者,不是真正有担当、有责任感的参与者。城乡居民匮乏的生态意识、生态责任,对于城乡文化生态建设形成很大影响。城乡文化生态建设需要"自上而下""自下而上"的统一,需要政府、企业、社会组织、城乡居民的共同努力,形成合力,唯此,文化生态文明才能从理念变成现实。

3."虚"与"实"的矛盾

这一矛盾主要体现在两个方面:一是虽然各地出台了许多文物保护、文化遗产保护、民俗继承创新等政策措施、法律法规,但是总体上务虚较多,实效性有待增强。如前所述,人们无法从内心深处领悟尊重自然、保护自然的意义,缺乏积极性和主动性,伴之相关法律法规、政策执行的不坚决,导致城乡文化生态建设成效不显著。二是实际工作中经济效益的实惠,远远超过通过对文化资源保护和可持续开发利用实现福泽后代的虚幻的利益。城乡发展中经济至上的逻辑仍然强势影响着政府及相关部门的决策和选择,在这种情况下,文化利益、生态利益让位于经济利益,是普遍存在的现象。如:目前我国传统村落保护面对的主要问题有:"自然衰败和损毁现象严重,建设性破坏时有发生,贫困仍然是主要问题。""相对来讲,传统村落在贫困地区分布多一些,特别是在云贵的地方比较突出,它们的经济发展确实是一个大问题。这些贫困地区要从根本上迅速致富不太现实,如果方法不对,可能还会引起破坏。"①

4."异"与"同"的矛盾

这一矛盾主要是尊重城乡差异性的城乡一体化和取消城乡差异性的城乡同质化两个不同前提的矛盾。城乡文化和谐共生的生态文明机制建设应该是在尊

---

① 邱明、陈恒:《传统村落保护困局如何破》,《光明日报》,2017年1月7日。

重差异性的城乡一体化基础上,促进城乡文化生态文明同步发展、协调发展、平等发展。但实际上,在发展过程中,往往存在城乡同质化误区。城乡同质化强调以城市文化为主导,造成乡村文化赖以生存的自然环境的破坏,同时也不可避免地造成城市文化生态的破坏。以城市建设理念推动新农村建设,乡村城市化,城乡发展同质化,违背了农村文化自身的发展规律,损害了农村文化生态。"从开发区建设到城市的扩张,从'撤村并居'到'土地整理',都以消灭农村、驱逐小农为归结:迄今已经吞噬了 8 300 多万亩耕地、清除了至少 140 万个自然村和 1 亿 2 700 多万小农。"[①]另据住房和城乡建设部统计数据,传统村落大量消失,现存数量仅占全国行政村总数的 1.9%。专家估计,有较高保护价值的传统村落现存不到 5 000 个。[②]　文化生态学认为,文化差异首先产生于不同的自然环境、区域条件。乡村文化是建立在乡村的物质载体之上的,"皮之不存,毛将焉附",一旦物质载体消逝,乡村文化也就失去了存在的根基。

四、城乡居民文化交往互动性、融合性需要进一步深化

城乡文化交流的双向化、常态化,是城乡文化和谐共生的前提、基础,也是主要表现。当前城乡文化交往失衡的表现之一,是从城到乡的单向文化交往。其特征为:

(1)通过文化科技卫生"三下乡"实现城乡文化交往,把城市文明带进农村,改变农村落后的文化与生活方式,满足群众的文化需求。

(2)依托休闲农业、观光农业开展乡村旅游,吸引市民到农村休闲、旅游、度假、采摘、体验,感受乡村文化的美好,弥补城市文化的不足。市民的乡村旅游也促进了农民与市民之间的互动,推动了城乡文化之间的交流。当前,乡村旅游构成了城乡文化交流的重要载体。据统计,2012—2018 年我国休闲农业与乡村旅游人数不断增加,2015—2017 年乡村旅游人数占国内游人数比重超过 50%,至 2018 年达到 30 亿人,占国内游人数的 48.39%。《全国乡村旅游发展监测报告(2019 年上半年)》发布数据,2019 年上半年我国乡村旅游人数 15.1 亿人,同比增加 10.2%。[③]　因此,乡村旅游催生的城乡文化交流规模与作用不容忽视。但是也要看到,就全国农村而言,适合开展乡村旅游的乡村毕竟是少数,因此,基

---

① 张玉林:《大清场:中国的圈地运动及其与英国的比较》,《第二届中国乡村文明发展论坛集辑》,2014 年。

② 王珏、张贺、陈原:《城镇化,如何留住文脉》,《人民日报》,2014 年 5 月 15 日。

③ 前瞻产业研究院:《2019 年旅游业发展现状和未来趋势分析》,https://www.qianzhan.com/analyst/detail/220/191010 - c6230add. html。

于乡村旅游的城乡文化交流覆盖人群相对较少。同时也要看到，农民在乡村旅游中更多体现了被动交流的局面。

城乡文化交往失衡的表现之二，是城市农民工与城市本地居民之间的交往隔阂。"城乡空间的迁移往往伴随着社会网络的断裂与重构，当农业转移人口从一个以首属群体为核心的乡土关系网络进入到以职业协作为核心的都市关系网络时，必然影响到其对于身份归属的质疑和反思性投射。"①对于农民工而言，因为缺乏足够的社会支持网络，他们倾向于以地缘、亲缘、业缘为纽带聚居于一起，形成相对封闭的小团体理念。城市社区出于安全稳定的需要，也首先倾向于以防范为意图的管理性交往，反过来，又容易导致农民工"内卷化"的生存发展，催生区隔性的身份认同，兼以差异性的思维方式、价值观念、生活方式，顺畅实现农民工与城市居民之间的交往并非易事，农民工难以融入城市社会，成为"都市乡民"。都市乡民在城市大规模复制乡村生活方式，"老乡"意识、"故乡"情结、"同乡"传统成为他们社会联结的主要纽带。据统计，"深圳市属于'同乡村'概念的群体就有643个，120万四川人按地域聚居在一起而形成的'四川村'就有几十个"。城乡文化交往难题已不限于城市与乡村传统的二元结构之间，而延伸至新旧市民、外来人口与本地人口等城市内新二元结构。

城乡文化交往失衡的表现之三，是乡村文化团体的严重缺乏。近年来，城乡基层文化团体之间的展演、互动已经成为城乡文化交流的重要方式，地方政府积极搭建平台为城乡群众相互交流、文化鉴赏提供了机会与渠道，如2016年湖北省举办的以"文化力量、民间精彩"为主题的社会文艺团队展演，江苏一些地方开展的小戏送进城、大戏送下乡、城乡上下文化互送活动，浙江一些县市开展的"文化走亲"活动等，这些活动促进了城乡文化一体化发展，实现了城乡文化共建共享。但是也应看到，目前基层文化团队虽然蓬勃发展，但城乡发展很不平衡，城市组建的力度与数量明显大于农村，而且在文化团队类型上，城市也明显多于农村，农村基本以舞蹈队为主，比较单一。尽管一些城市组建了面向城乡基层的文化志愿者队伍，但是受制于农村主体的大量流失、文化能人的缺乏以及村民文化素质的低下，文化团队的组建并不容易。在一些农村地区，乡村民间文化团队成了乡村文化的重要供给主体，甚至成了主要供给主体，但受制于经费、设施等客观因素，乡村民间文化团队并不活跃。

---

① 李斌、张贵生：《农业转移人口身份认同的分化逻辑》，《社会学研究》，2019年第3期。

五、城乡公共文化服务的均等化、可及性需要进一步加强

1. 城乡公共文化设施投入失衡

总体上看,国家不够重视农村文化建设的投入,对农村文化事业、产业和公共服务等的财政投入占整体文化财政投入的比例偏低,文化投入的"城市偏向"非常明显。虽然"十一五"以来经过多方努力,我国基本实现了"乡乡都有文化站"的目标,但普遍存在文化站面积小、人员少、经费困难、设施落后、活动不正常等现象。在村级层面,文化设施建设非常薄弱,设施缺口还比较大。

2. 城乡数字文化发展失衡

互联网技术的发展,改变了人们传统的文化信息的接收与接受方式,文化的远距离传输不再成为问题,城乡居民实现文化交流、共建共享城乡文化成为现实。因此,城乡互联网的普及率高低直接影响到城乡文化对不同城乡空间人群的覆盖面,也影响到城乡居民能否共享不同城乡空间的文化。近年来,互联网上网人数不断攀升,互联网城乡覆盖面不断扩大,但是城乡互联网普及率仍然存在较大差距,一定数量的农民仍然被阻挡在互联网世界之外。据统计,截至2019年6月,我国网民规模达8.54亿,较2018年底增长2 598万,互联网普及率达61.2%。其中,农村网民规模为2.25亿,占网民整体的26.3%;城镇网民规模为6.30亿,占网民整体的73.7%。[①] 农村互联网普及率的最大问题依然是相关知识的不具备,相关教育培训严重缺乏。农村互联网普及率低下影响了城乡数字文化知识与信息的共享,扩大了文化鸿沟。

3. 城乡文化服务供给失衡

一是城市文化总量供给有余,乡村文化总量供给不足。就全国而言,人民群众的精神文化需求是巨大的,同时,各行各业各界的文化产品创作与文化活动开展也是巨量的,文化总量的供给基本满足了文化总量需求。但具体到城乡而言,城市的文化总量供给基本满足甚至超过了市民的文化总量需求,而面向农民的文化供给则远远不能满足农村的文化需求。长期以来,乡镇文化站的无为、农村文化人才的流失、农村文化团体的匮乏,这一切使得农村文化供给能力极其低下。同时,全国各地实施的文化惠民工程,一方面难以实现农村全覆盖,另一方面也难以实现常态化文化供给。基于12个省区开展的农村公共服务情况问卷调查结果显示:农民平时开展的文化娱乐活动,排在前四位的分别是看电视听广

---

① 《2019第44次中国互联网络发展状况统计报告》,中国网信网,2019年8月30日,http://www.cac.gov.cn/2019-08/30/c_1124938750.htm。

播、看演出、上网和打麻将。三成受访农民表示：村里没有文化体育场所，也没有文化娱乐活动。①

二是农村文化需求与有效文化供给的失衡。所谓有效，指的是具有针对性与实用性。当前，各地政府开展的文化惠民活动受到农民的普遍欢迎，一定程度上满足了农民的精神文化需求，但也存在着文化惠民演变成文化"喂民"的现象，降低了群众的参与热情，减弱了文化惠民的成效。基于12个省区开展的农村公共服务情况问卷调查结果显示：受访农民对当地开展的文化活动，满意度不高。只有一半的人表示满意，近三成的人表示不满意。② 针对政府、村庄、村民三者文化供给的成效调研表明，村民自发组织的文化活动参与度最高，村两委组织的文化活动参与度也比较高，而政府实施的"三下乡"、放电影等文化惠民活动参与度最低。排除政府提供文化服务存在的形式主义因素之外，可以得出一个基本的结论，即最了解农民文化需求、最清楚文化如何供给的就是村庄尤其是村民自己。农村文化供给除了存在文化针对性问题，还存在着文化引领性问题。农民的需求是多方面的，既存在高雅的文化需求，也存在通俗的文化需求，甚至一些人还存在低俗的文化需求。显然，为了丰富农民的精神世界、提升农民的精神力量，需要批判与抵制低俗文化的供给，从现实看，这方面做得还不够。

三是文化供给总量与文化供给结构的失衡。文化供给包括电影、电视、报纸、书籍、文化活动、文化场所、文化设施等，一旦供给不当，就会存在供非所求的结构问题。城市在这个问题上表现得不明显，但是农村却比较突出。农家书屋就是如此。调研表明，经济发达地区，图书馆网络比较完善，交通便利，信息化水平也比较高，获取文化信息比较容易，农家书屋存在的必要性、重要性明显不足。但是尽管如此，由于从中央到地方的统一的标准化管理，一些不怎么需要农家书屋的农村社区被迫形式主义地应付上面的检查，农家书屋成了事实上的展览与摆设。相反，一些不发达地区尤其是封闭、偏远的农村、山村非常需要农家书屋，却存在重视不够的问题。调研同时发现，对于需要农家书屋的乡村而言，农家书屋的图书供给总量符合要求，但是图书供给结构同样存在问题，往往充斥着农民不需要、不适合甚至过时的书籍。

① 《筑梦小康（五）：繁荣乡村文化要加大扶持坚持创新》，央广网，2016年10月12日，http://country. cnr. cn/focus/20161008/t20161008_523182674. shtml。
② 《筑梦小康（五）：繁荣乡村文化要加大扶持坚持创新》，央广网，2016年10月12日，http://country. cnr. cn/focus/20161008/t20161008_523182674. shtml。

4. 城乡文化人才资源占有失衡

一是农村文化主体大量流向城市,造成农村文化力量空洞化。据统计,2018年末农村人口为 56 401 万,占全国总人口(139 538 万)的 40.42%。2018 年,全国农民工总量 28 836 万人,其中,外出农民工 17 266 万人,比上年增长 0.5%;本地农民工 11 570 万人,比上年增长 0.9%。仅仅从外出农民工数量与占比来看,城市对农村主体的吸引力是巨大的。数量庞大的农民工流向城市,留下老人、小孩在村里,造成了数量惊人的"空心村"。学者吴重庆称此"空心村"为"无主体熟人社会"。"无主体熟人社会"不仅会造成村庄面子丢失、舆论失灵和社会资本流失,而且会造成村庄文化主体缺乏、文化活力缺失、文化生活贫困,空荡荡、静悄悄、少人烟、无生气已经成为众多"空心村"的生活常态。当前我国农业发展首先面临的难题就是"谁来种地"。我国农业劳动力老龄化迅速,从全国来看,农业从业人员中 50 岁以上的比重已超过 40%,再过几年,这一比重将达到 50%。像江苏等沿海发达省份,实际从事农业生产的农民平均年龄为 58.6 岁。[①] 老人农业的背后,是大量青壮年农民工从乡村迁徙到城市,政府花很大力气建起来的农村公共文化服务设施被空置。

二是城乡主体文化素质差距较大。长期以来,优质教育资源多集中在县城以及大中城市,高等教育资源全部集中在城市,城乡教育差距导致了城乡主体文化素质的差距较大。

三是面向乡村服务的文化人才相对较少且专业化水平较低。与城市相比,基层文化公共机构专职专干人员总量配备不足,素质普遍不高。据统计,2013年底,全国乡镇综合文化站从业人员 87 922 人中,在编人员 54 776 人,仅占62.3%,平均每站 1.6 人。[②] 文化从业人员不仅数量少,而且专业化水平也相对较低。据统计,2012 年全国县级两馆具有高级职称与中级职称的人员分别占从业人员总数的 5.9% 和 27.9%。全国乡镇综合文化站具有高级职称与中级职称的人员分别占从业人员总数的 1% 和 9.4%,比例非常低。[③]

---

① 徐鸣:《让农民成为农村土地真正的主人》,《新华日报》,2013 年 4 月 9 日。
② 文化部:《2014 年文化发展统计分析报告》,http://zwgk. mcprc. gov. cn/ndzs/201507/P020170106613377496878. pdf。
③ 文化部:《2013 年文化发展统计分析报告》,http://zwgk. mcprc. gov. cn/ndzs/201507/P020170106613376559270. pdf。

第四节 城乡文化发展不协调、不和谐的现实根源

一、经济根源

文化是经济的反映，经济是文化的基础，城乡文化发展失衡首先根源于城乡经济发展失衡。新中国成立以来，长期存在的城乡二元发展结构形成了重城轻乡的格局，农村、农业与城市、工业并不处于平等的地位，农村、农业成为城市、工业发展的工具与手段，换言之，农村、农业、农民为城市、工业与市民的发展作出了巨大牺牲。城乡二元结构不仅表现在经济社会建设领域，也表现在文化建设领域。城乡二元结构阻碍了农村平等参与现代化进程，阻碍了农民共享现代化发展成果。学者孙立平认为，城乡二元结构存在两种：一种叫行政主导型的二元结构，一种叫市场主导型的二元结构。改革开放前，城乡二元结构主要体现为行政主导型，运用国家权力把城乡置于不平等的发展地位，设置不平等的发展机会与发展空间。改革开放以来，不仅行政主导型二元结构依然存在，而且市场力量的介入催生了市场主导型的二元结构，形成了双二元结构叠加的局面。行政主导型的城乡二元结构导致农村留给自己发展的财物非常有限，市场主导型的城乡二元结构进一步把农村劳动力资源吸引进入城市，同时把农业排除在现代产业体系之外，进一步拉大了城乡经济发展差距，造成了城乡文化发展的进一步失衡。虽然 21 世纪以来国家实施了城乡文化统筹发展战略，减轻了市场主导型二元结构的不利影响，城乡文化发展失衡有所缩小，但是由于历史欠账太多、城市化仍处于上升期、农村在资源配置中仍处于不利地位等因素，短期内城乡文化发展失衡状况难有明显改观。最突出的表现，就是城镇化发展质量和水平不高，我国大量农业转移人口难以融入城市社会。

二、认识根源

除了经济根源之外，城乡文化发展失衡也与地方政府在城乡文化关系问题上存在着认识不到位或者认识误区密不可分。

一是认为城市文化代表着先进，农村文化代表着落后，因此往往重视城市文化建设而忽视乡村文化建设。从实践来看，排除二元结构因素影响，城市文化事业费投入远远大于乡村文化事业费投入，而且图书馆、美术馆、博物馆、文化中心等重要文化设施与文化场馆均建设在城市，存在着明显的城市文化投入偏好。在城乡文化关系上，往往主张以城市文化全面改造乡村文化，实现乡村城市化，

致使乡村文化失去存在的合理性。其突出的表现是乡村文化赖以生存发展的生态环境遭到极大破坏，城市化中建设性破坏乡村自然环境和古街区、古村落等现象较普遍地存在。

二是认为城市化代表着发展趋势，而乡村趋于消亡，因而不重视乡村文化建设。一些地方政府认为，乡村与城市是此消彼长的关系，城市化的过程就是消灭乡村的过程，无视或没有认识到城乡之间的并存与互补关系，结果任由乡村凋敝、破败下去，并视为必然现象。错误的认知导致乡村文化建设实践中缺乏真情与热情，缺乏主动性与积极性，满足于应付上级要求，满足于形式主义、浅尝辄止，即使投入建设资金也不太关注投入的质量与效果。

三是没有树立科学发展观与正确政绩观。一些地方政府和领导出于追求GDP 增长、增加财政收入或者获取政绩的考虑，往往把经济发展放在第一位，文化建设放在第二位，甚至只重经济建设不要文化建设。因为经济建设可以增加财政收入，提高 GDP 总量，文化建设需要增加投入而且见效慢，在地方领导存在着任期制尤其任期较短时，以 GDP 总量为政绩考核主要标准乃至唯一标准时，重视经济建设而忽视文化建设便成为必然选择。结果，造成各级财政对文化投入相对较少，县、乡层面由于人财物的相对匮乏，农村文化建设滞后尤为明显。

四是生态文化知识发展创新不充分。城乡文化发展必须将生态文明的理念融入其中，加强传播，广泛应用于生产、生活，引导城乡居民的社会实践，并在生产和生活实践中不断创新，推进城乡文化的和谐共生。生态文化、生态知识的传播方式虽然多样，包括手机、网络、电视等等，但是内容显得单调、陈旧，文化产品制作相仿情况较为普遍，缺乏新意和吸引力。生产的文化商品大同小异，缺乏高科技与城乡文化生态结合的高端创意产品。此外，我国的生态教育人才匮乏、平台短缺，管理体制不健全，组织结构也不完善。相对于西方生态文化教育的广泛性而言，我国的生态文化教育普及率低，学校教育尤其是成人教育长期被忽视，效果欠佳。生态文化的传播影响力不足，生态文化教育问题重重，导致我国借鉴世界先进生态文化理念、具有中国特色的生态文化语境不成熟、比较空乏，继而导致城乡民众的生态意识水平和素养普遍低下。这就严重影响到我国城乡文化发展中的生态环境建设，阻碍了城乡文化和谐共生的顺利实现。

三、制度根源

文化建设领域相关制度的不健全不完善是造成城乡文化发展失衡的又一根源。

一是城乡融合发展的体制机制和政策体系不健全不完善。近些年来，我国发展不平衡不充分的问题在乡村最为突出，主要表现在：农业供给质量亟待提高，农民适应生产力发展和市场竞争的能力不足，新型职业农民队伍建设亟须加强；农村基础设施和民生领域欠账较多，农村环境和生态问题比较突出；国家支农体系相对薄弱，农村金融改革任务繁重，城乡之间的要素合理流动机制亟待健全；乡村治理体系和治理能力亟待强化。这一切均表明乡村发展整体水平还不高，直接制约着乡村文化的发展水平。没有农业农村现代化，没有乡村治理体系与治理能力现代化，没有一支新型职业农民队伍，社会主义先进文化、社会主义核心价值观就失去了生存发展的丰厚土壤与物质载体，社会主义核心价值认同难以成为现实。如果不能让农业成为有奔头的产业，不能让农民成为有吸引力的职业，不能让农村成为安居乐业的美丽家园，农村文化发展就无法具备数量众多的高素质文化人才，公共文化服务也会缺乏可持续的人力资源投入和资金投入。如果没有乡村的繁荣发展，乡村在事实上就无法获得与城市平等发展的地位，农民就无法获得与市民同等的文化身份，城乡之间的文化偏见、文化歧视就难以避免。只有实现城乡共同发展、融合发展，城乡文化才能实现各美其美、美美与共的理想局面，城乡文化的交往交流、深度互嵌才会成为现实。所以，只有坚持农业农村优先发展，坚持城乡融合发展，坚决破除体制机制弊端，使市场在资源配置中起决定性作用，更好发挥政府作用，推动城乡要素自由流动、平等交换，推动新型工业化、信息化、城镇化、农业现代化同步发展，加快形成工农互促、城乡互补、全面融合、共同繁荣的新型工农城乡关系，才能根本性地解决城乡文化发展失衡的问题。

二是地区经济社会发展考核体系不完善。许多地方没有建立科学发展考核评价体系，没有把文化建设作为领导干部政绩考核及地方经济社会发展规划的重要指标。一些地方政府在考核领导干部工作时，往往重视经济发展忽视文化发展，重视城市建设忽视农村建设，考核的倾向性支配了地方领导干部的工作重心与投资方向。比如，经费保障问题。群众艺术馆，县级文化馆与乡镇、街道文化站等群众文化机构都属于主要依靠政府财政拨款的公益性事业单位。如果缺乏硬性考核约束，乡村文化经费投入很难获得有效保障。

三是生态保障制度、管理体制不完善。城乡文化和谐共生中的生态保障制度，首要的就是传承保护传统的文化生态资源，并使之成为城乡居民的自觉意识，以及他们生产和生活实践行为的准则。建立在生态保障制度基础之上的文化管理体制，能够有效规范城乡社会主体的行为，维护城乡文化生态资源使用和分配。近年来我国的生态保障制度建设颇有成效，基本的框架体系已然建构，生态立法的层级和数量不断提升，同时，城乡文化管理的有效性不断提升。但是，在生态保障制度建设方面,仍有许多漏洞亟待填补。例如:根据现行法律法规,农民住宅不得向城市居民出售,也禁止城镇居民到农村去购买宅基地。这就造成外来投资者只能租用民居来发展民宿经济、旅游经济,制约了外来投资主体的积极性。如何在确保农村土地不流失的前提下,通过改革创新农村土地制度、物权制度,给投资者更大的产权自由度,仍然是一大实践难题。同时,城乡文化资源管理不统一,导致生态保护制度之间的协同、统一难以实现,并且与经济等领域生态保护法规之间的衔接更是薄弱,城乡文化生态的制度保护可操作性和实效性不理想。生态保障制度不完善,导致城乡社会主体对文化资源破坏、侵占的违法成本低,相反,一些中规中矩的社会主体守法成本却很高,公平正义原则被践踏。另外,城乡文化管理体制不健全,阻碍了城乡文化发展中的生态环境建设,主要表现为:文化管理政出多门,权限交叉,责权不清;政府文化行政管理部门行政审批程序还比较复杂;文化市场准入机制和退出机制的公平性欠缺;城乡文化管理的条块分割现象严重;文化市场监管不力,侵权现象时有发生。

第五章 推进城乡文化和谐共生的核心：利益共享机制建设

城乡文化和谐共生，不是城乡文化简单相互适应，也不是单纯继承和机械相加，而是对城乡原有文化价值观念、思维体系、行为方式等的解构与创新，使城乡文化在适应中国现代化进程中实现共荣共生。在这一过程当中，城乡文化多元主体的利益博弈，决定着城乡文化和谐共生的发展态势。合理化解利益矛盾和利益冲突，建立文化利益共建共享机制，就成为城乡文化和谐共生的逻辑前提。中共十九大提出实施乡村振兴战略，对城乡区域协调发展、基层政权建设、社会事业均衡发展、全体人民共享发展成果等作出重要论述，为构建新型城乡关系和城乡利益共享机制指明方向。

第一节 利益共享机制基本内涵

一、利益共享的理论内涵

学者们从不同角度对利益共享的概念、内涵作出多种定义。例如："要使所有改革发展主体或社会成员都能享受社会改革和发展带来的包括经济、政治、思想、文化等多方面的成果。"[①]"实质就是承认和尊重各个利益主体利益享有权利的基础上，社会共同利益公平地惠及到各个利益主体，从而推动社会公正目标的实现。"[②]上述界定虽然角度各有侧重，但都指出了利益共享的两个关键要素：一是利益共享指向社会公共利益领域；二是利益共享关注社会公正、公平。

目前学界对利益共享的主体包括狭义和广义两个方面的理解。首先，狭义的理解是指利益共享的主体应该是社会公共利益的创造者，遵循谁创造、谁受益的理性原则。"利益主体可以是利益的欲求者、创造者、所有者以及支配者，但是以欲求者身份存在的利益主体如果不是利益的所有者或创造者也就无权来参与

---

① 曹永平、欧海燕：《论共享改革发展成果》，《广西社会主义学院报》，2006年第3期。

② 何影：《利益共享：和谐社会的必然要求》，《求实》，2010年第5期。

利益的支配，也无权享有利益。"①其次，广义上讲，利益共享主体不仅是利益的创造者，而且他们应该占社会中的大多数。本课题研究的利益共享机制主体，偏重于广义上的利益共享主体解读。城乡文化和谐共生是我国城乡发展一体化的关键一步，符合社会总体发展的利益，是惠及广大城乡居民的理念和实践。因此，城乡文化和谐共生中的利益共享主体，不仅包括创造文化利益的政府、个人、企业、非政府组织等等，还应包括那些间接参与城乡文化发展、创新的广大民众，并且不仅是当代社会成员，还应包括代际的社会成员，实现可持续性的利益共享。

关于利益共享的客体，有学者认为："利益共享的客体也就是参与社会生产和创作的所有社会成员的共同需要对象，即对自身生存和发展有益的物质产品和精神产品，并以社会整体利益的形式表现出来。"②基于此，在推进城乡文化和谐共生的实践中，其利益共享客体应包括城乡物质文化、行为文化、制度文化、精神文化等多领域多层面。

从以上分析可以总结出，城乡文化和谐共生的利益共享，是指包括政府、企业、组织、个人等多元的文化主体发挥合力作用，共享城乡文化发展创新成果，其价值目标是打破城乡文化的二元结构，实现城乡居民公共文化利益共建共享，特别是农村居民享有与城市居民同样的基本公共文化服务，由文化利益的共享推进城乡文化和谐共生，进而实现城乡发展一体化。

二、内在关联

城乡文化二元化，源于新中国成立后我国城乡二元化的政策和制度。城乡二元文化冲突日益明显，本质上是现代文化和传统文化、中心文化与边缘文化、强势文化与弱势文化的冲突，并显现于物质文化、精神文化、制度文化和行为文化各个层面。城乡文化利益享有不均，是城乡文化结构失衡与矛盾冲突的主要原因之一。因此，实现城乡文化利益共享，是推进城乡文化和谐共生的有效途径，城乡文化和谐共生与城乡文化利益共享紧密关联，并且，这种关联性可以从"软关联性""硬关联性"两方面来解读。

一方面，城乡文化和谐共生与城乡文化利益共享的"软关联性"，体现在城乡文化和谐共生与利益共享的价值目标契合。城乡文化和谐共生本身就要求打破

---

① 何影：《利益共享的理念与机制研究——和谐社会的视角》，哈尔滨：黑龙江大学出版社 2013 年版，第 24 页。

② 何影：《利益共享的理念与机制研究——和谐社会的视角》，哈尔滨：黑龙江大学出版社 2013 年版，第 25 页。

城市文化对乡村文化的利益侵蚀，在保障城乡广大民众文化利益的基础上，实现城乡文化的融合创新、共荣共生，或者说实现城乡文化共同利益最大化。城乡文化利益共享实践支持利益主体在博弈中争取自身利益的最大化。实际上，二者是相互依存、相互融通的同一过程。城乡文化利益主体的发展不是孤立的、自生的，是以社会整体文化利益存在和发展为先决条件，社会文化利益越是增加，文化利益主体获取的权益、权利、资源、空间等将越是充分和丰富，继而文化利益主体的发展自由度、社会贡献度也会越大。可以说，城乡文化和谐共生与城乡文化利益主体的利益共享是互为条件、相互依存。

　　二者价值目标的契合，还表现为它们在追求社会公正的同时，承认合理的利益差距的存在，拒绝利益平均主义。城乡文化和谐共生不是消灭利益差距，实现利益均等，而是在承认利益合理差别的基础上，保持差别控制在合理的范围内。同时，城乡文化利益共享也是强调利益主体在各自贡献度基础上，合理享有应得的利益份额，反对无差别的利益共享。二者关注的是利益差距的缩小，而不是消除。

　　另一方面，城乡文化和谐共生与城乡文化利益共享的"硬关联性"，体现在城乡文化利益共享机制是城乡文化和谐共生的制度保障。城乡文化和谐共生作为一个目标、理想，没有执行力和约束力，只有靠相关制度建设予以保障。一方面，城乡文化利益共享机制保障存在自然差别的城乡文化利益主体，有机会平等参与文化管理当中，表达自己的意见和要求，在利益博弈中获取利益最大化。另一方面，城乡文化利益共享机制保护的是多数人，是社会绝大部分文化利益主体，不是少数人、少数利益主体。换言之，城乡文化利益共享机制不仅是确保文化利益主体的合理、合法权益，而且着重实现对文化发展受益最少主体的利益保护。无论是多数人还是少数人，城乡文化利益共享机制保障的，是城乡文化利益主体平等使用、按劳取酬、效率优先兼顾公平等权利和价值原则。

　　总之，城乡文化发展中形成的二元化态势，造成了城乡文化主体享有文化利益和权利的不公平，而实现城乡文化和谐共生，就要让城乡强弱不同的文化利益主体共享文化利益。文化共享机制能够为这一目标提供切实的制度保障，可以最大程度实现城乡不同主体公正、合理享有文化利益。因此，实现城乡文化和谐共生必须建设文化利益共享机制，实现文化利益共享，而城乡文化利益共享机制的建设目标也必然指向城乡文化和谐共生。

　　课题组曾对苏州市郊区农民在农业生产中的决策行为及其文化认同进行专题调研。研究表明，现代农业发展存在两个基本思路：一是工业化农业，也叫资本密集型农业，它大量使用现代农业科技和现代农业经营方式，依赖于专业化耕作、规模经济、机械化和管理技术,以提高农产品数量和市场利润为目标,不可避免地造成对农业生态资源和环境的破坏;二是可持续农业,是采取合理、适度使用和保护自然资源的方式,推行农业技术变革和机制性改革,以确保当代人类及其后代对农产品需求可持续发展的农业系统。它既吸收了工业化农业的高效、专业化优点,又充分考虑了农业农村绿色发展需要,是区别于传统农业经济的现代农业安全高效绿色发展之路。调查发现,现实生活中的农民决策实践逐步浸透了城市文化因素,如商业贷款、农业保险、农技顾问、专业化分工、市场营销等,这些城市文化因素很大程度上削弱了"量入为出"、"靠天吃饭"、珍惜地力民力等乡村文化因素,农民更乐于将重点放在短期内迅速提高农作物产量的技术应用上,以确保迅速回流资金,获取利润。正是这种急功近利的目标滋生了大量短期行为,直接危及农业生态保护和农业可持续发展。这一社会事实告诉我们:城市文化和乡村文化如何在农民的生产、生活以及交往活动中得以和谐共生,主要取决于农民如何定义他们自身的利益和价值,利益机制是影响农民决策行为的主要因素。像城市市民充分享受到城市现代化带来的好处一样,农民能否充分享受到农业农村现代化带来的利益,这将在很大程度上影响城乡文化能否在现代农业发展中实现和谐共生,以及因此产生的冲突关系能否得到有效化解。

三、利益共享机制建设的基本原则

社会和谐是社会主义社会的本质属性,城乡文化和谐是社会主义和谐社会建设的重要组成部分,二者的价值追求是一致的。因此,城乡文化和谐共生应坚持和遵循和谐社会的价值目标,同样,实现城乡文化和谐共生的利益共享机制建设也必然以这种价值目标为基本原则。

首先,坚持以人为本的原则。即强调尊重人、解放人和塑造人,推动城乡文化和谐共生建设依靠人,文化建设成果和利益由人民共享。可以说,如果离开"人本"价值基础,文化利益共享将成为一句空话。坚持以人为本原则,主要包括:确立人在城乡文化发展中以及利益共享中的主体地位,发挥人在城乡文化建设中掌握方向、建构发展模式、协调各种矛盾的决定性作用;体现对人权的保障,确保社会主体共享城乡文化资源的资格和权利;实现人的发展、城乡文化发展与社会发展的统一。城乡文化建设与利益分配,必然体现人的主体地位,保障城乡民众共享城乡文化的一切权利,一切从人的需要和合理利益出发,实现人的发展与社会发展的统一,这正是城乡文化和谐共生中利益主体共享一切文化成果和利益的价值所在。

其次,坚持公平公正原则。城乡文化和谐共生内蕴着公平公正的价值目标。

因为只有城乡文化资源包括制度文化、精神文化、行为文化和物质文化等，都能公平公正地被使用和占有，城乡文化主体的利益矛盾才能得以化解，城乡文化和谐共生才能成为现实。城乡文化利益共享机制建设坚持公平公正原则，是城乡文化和谐共生的本质要求，主要包括：确保城乡文化利益弱势受益者的政治认同；城乡文化制度安排无歧视，确保城乡不同阶层的社会成员、利益主体地位均等，拥有无差别地参与城乡文化活动和管理的机会，以及相同的文化发展和享有权利。简言之，城乡文化利益共享机制建设坚持公平公正原则，确保城乡文化相关制度安排有利于城乡成员、各个文化利益主体的利益增长，尤其是文化受益最少的、最弱势的社会底层人员的利益增长。

再次，强调妥协原则，即在城乡文化利益主体博弈中，合理放弃自身利益最大化，寻求公共利益，化解矛盾。妥协原则体现了利益主体的独立性和相互尊重，强调通过协商、谈判的方式消解矛盾。"妥协不是或不全是人们对成本—收益的冷冰冰计算的结果，也不只是人们在力量对比不利局面下策略上的简单退让。作为政治与社会生活中一种常见的现象，作为一种深思熟虑的决策，妥协是相关行为主体在特定背景下的一种理性选择。"①妥协是城乡文化利益共享最好的支持，体现了利益主体之间的帮扶，而不是压制，体现了大多数人的利益，并尊重少数人的权益，为城乡文化利益共享提供了价值依据。当然，现代意义上的妥协，不是无原则、无节制的让步，而是在公平公正基础上的实现自身利益和公共利益的合理化、最大化。

最后，坚持法治原则，保护城乡文化利益主体的权利和自由，维护城乡文化公共利益。城乡文化共享坚持法治原则，约束相关文化利益主体的行为，确保城乡文化利益主体获取利益的行为程序化、规范化和秩序化，是文化利益共享机制不可或缺的价值原则支撑。

四、利益共享机制建设的主要内容

城乡文化主体在坚持以人为本、公平公正、妥协和法治原则基础上，完善利益共享所需的相关机制。

第一，利益表达机制。城乡文化利益表达是城乡文化利益共享的基本内容。城乡文化利益主体在相关文化活动管理中争取自身利益的最大化，需要具有通畅的、多渠道的意愿表达。各个文化利益主体只有拥有意愿顺畅表达的机会和途径，才可能直接或间接影响文化政策的制定，利益共享才可能真正

① 龙太江：《妥协理性与社会和谐》，《东南学术》，2005年第2期。

实现。因此，所谓利益表达机制，就是确保城乡文化利益主体及时有效传递意愿的运行机制，包括多元化的主体、畅通的渠道、表达形式的多样化、程序的制度化等等。它是城乡文化和谐共生的重要标志，体现了人本、公平、公正的价值原则。

第二，利益整合机制。它是一种处理城乡文化矛盾、利益主体矛盾的方法，达到城乡文化利益主体沟通、融合、有序的状态。城乡文化利益主体的冲突以及城乡文化的二元化，其主要原因在于利益的分化。将多元、异质的城乡文化利益主体活动，整合为有序、和谐的主体活动，是城乡文化和谐共生的必然要求。"整合的机制主要有自然整合与政治整合。自然整合又称先赋性整合，它是建立在地缘和血缘关系基础之上的，是人类社会初期的主要整合机制；政治整合也称强制性整合，它包括政治权力和社会权力两部分，是由占优势地位的一方通过建立规则控制其他参与者而形成的交换模式。无论是自然整合还是政治整合，都是社会制度化的过程，也是社会机制重新调整的过程。"①城乡文化主体的利益整合，较之传统社会整合机制，更加注重整合中的和谐性、综合性和灵活性。总之，从本质上讲，城乡文化利益整合就是将多元的文化利益主体融合在一起，实现各自的合理利益需求，同时公平享有城乡文化公共利益。

第三，利益分配机制。城乡不同文化利益主体的差异行为，必然导致各种社会矛盾，其中利益分配不均衡是城乡文化矛盾的主要根源。基于城乡文化利益共享的文化利益分配机制，着重加强相关文化管理机构建设和制度建设，以纠正和弥补市场自发配置文化资源的缺陷，在保障文化市场良性发展的基础上，着重保障文化弱势群体基本的物质利益、政治利益和精神利益。

第四，利益补偿机制。"利益共享不是片面强调所有人受益，在理论上是维护和谐秩序的最优方案，但在现实的执行过程中，却很难使所有人受益，具有操作上的高难度性。因此，在改革过程中，必须对受损者给予足够的补偿，保证利益受损者也能分享改革的成果，保证制度的合理与可操作性，促进政策目标的实现。"②利益补偿机制就是坚持公平、公正、共享的原则，弥补市场初次分配导致的利益不公，缩小城乡文化利益主体之间的利益差距，为城乡民众、文化利益主体共享文化利益提供制度保障。

综上所述，利益共享的实现机制就是通过机制的设立和规则的运行，保护城

---

① 王彩波、李燕霞：《论制度化政治整合》，《吉林大学社会科学学报》，2003 年第 4 期。
② 靳江好、王郅强：《和谐社会建设与社会矛盾调节机制研究》，北京：人民出版社 2008 年版，第 127 页。

乡文化利益主体平等参与城乡文化活动和利益分配,公平占有城乡文化资源,保障文化公共利益城乡共享,以及文化利益主体具体利益的合理性和公平性。

第二节　他山之石:国内外实践经验及启示

国外发达国家和国内许多地区对城乡文化利益共享机制建设都进行了有益的探索和实践,这些都是本课题研究的重要内容和研究基础。

一、国外实践经验

二战后,发达国家的文化政策主要由国家主导演变为社会多元主体参与的模式,在政策方面更加注重公众参与和地方文化的价值。在 20 世纪 80 年代,为缓解经济危机,各国政府在文化领域逐步重视市场化导向的改革创新,更多的民间组织和广大民众参与对文化事务的管理,并发挥着重要作用。当前,发达国家的公共文化服务管理模式可以归纳为三种形式:以法国、日本、韩国为代表的"政府主导"模式;以美国和加拿大为代表的"民间主导"模式;以英国和澳大利亚为代表的"政府＋民间并治"的模式。

1. "政府主导"文化服务管理模式:以法国为例

法国一直秉持着"文化民主化"的理念,坚持对文化采取严格管控政策。

首先,法国强调为全体公民免费提供文化产品和服务。1959 年之后,法国从中央到地方均设有文化行政管理部门,并均有一定的文化财政预算。在实践当中,法国政府还通过补贴等方式吸引私人投资和企业捐助,以增加地方的文化财政预算总和,提升文化服务质量和水平。

其次,在公共文化立法方面,法国政府强调对文化利益主体的平等尊重和保护,通过一般立法、文化立法和部门立法,保障每一位公民的文化权利。同时,法国政府还在保护社会文化利益主体权益时,明确规定文化事业投资比,保证公共文化事业的资金支持。

最后,为实现政府文化投入与公民从文化服务中获取的效用之间的高度关联,法国政府会同相关文化部门或单位签订文化协定,加强监管以提高投资实效。同时,法国政府还注重区域间的文化发展均衡性,保障不同地区、不同阶层的公民均可以享受同等文化生活权利。

2. "民间主导"文化服务管理模式:以美国为例

美国的文化管理模式与法国不同,政府更多是以"保护者"和"服务生"的角色出现,从中央到地方,均没有正规的文化行政主管部门。美国政府的文化服务宗旨在于保障每一个公民平等的公民文化权利，实现文化成果的社会共享。

美国政府将更多的文化事务管理交给相关委员会和基金会，政府本身主要是协调各方利益关系和提供财务资助。美国的文化事业财政资助来自政府和私人两部分，一般情况下，政府的资助力度比较小。为了避免政府负担过重，以及文化团体、机构对政府的依赖，美国采取市场化的运作方式，并引导全社会对文化事业的关注和投入，鼓励多元的文化利益主体参与文化发展，促进文化和谐繁荣。

公民的基本公共文化权利在美国被视为极其重要的基本权利，政府也会把满足公民的基本公共文化需求作为其施政的主要目标。因此，美国各个城市和地区都会有公共图书馆、博物馆等文化设施，并且全部为国民提供免费服务。"图书馆更是超越了图书阅览室的基本职能，而成为体现公民平等权利的平台。在图书馆里所有人都是平等的，享受的服务都是免费的。据美国图书馆协会统计，美国每 1 万人就拥有一家公共图书馆，这个数字是中国人均拥有量的 46 倍，而约 62％的美国公民拥有自己的图书馆借书证，全美平均一年光顾公共图书馆的人次达 10 亿多。"①

此外，美国为了充分利用市场化手段，保障自由竞争，各级政府先后制定多项法律法规，为文化事业健康发展保驾护航。其中，《国家艺术及人文事业基金法》为文化事业获取财政支持和资金的公益性使用提供法律依据，《联邦税收法》为文化机构的依法运转和市场运行提供政策支持。

3. "政府＋民间并治"文化服务管理模式：以英国为例

英国的公共文化管理与服务坚持政府和民间并立的多元化模式。"英国的文化管理机构大致分为三类：第一类是官方机构，即各级政府的管理部门；第二类是半官方的文化机构，主要负责政策执行和经费具体分配；第三类是民间组织，如各种专业协会。"②在具体运行中，英国奉行"一臂之距"的原则，各司其职，相互独立，实现政府与民间并治。"英国公共文化服务的管理模式具有政府与非政府文化组织共同管理的'共治'特征：一方面，英国政府公共文化管理部门只负责宏观的文化政策指导与财政拨款，而不干涉具体的公共文化事务。另一方面，非政府文化组织代表政府管理公共文化事务和分配公共文化资源，以与政府文化管理部门保持'臂距'的原则独立运行，同时要接受政府与议会的监督，具有准

---

① 程春兰：《美国公共图书馆事业发展启示》，《合肥工业大学学报（社会科学版）》，2012 年第 10 期。
② 陆晓曦：《英国文化管理机制："一臂之距"》，《山东图书馆学刊》，2012 年第 6 期。

政府机构的特点。"①

此外,英国政府为避免过多的干预,一般不会直接插手文化事业和文化公共设施的日常运作,仅是进行宏观引导和间接管理。同时,英国政府还会通过设立一系列法律法规,为文化事业利益主体和文化公共设施的健康发展提供保障。

二、国内实践经验

相较于发达国家文化共享服务的管理服务机制的成效,我国城乡发展长期以来注重经济发展,忽视文化发展,积弊很深。因此,我国城乡文化共享机制建设没有发达国家成熟,总体上还处于起步阶段。但是,我国一些较为发达的地区对推进城乡文化利益共享机制建设也作出积极探索,并取得可喜的成绩。在此,本课题以浙江省和江苏省为例,并分别对杭州市和常州市的实践经验进行分析。

1. 浙江省城乡文化利益共享机制建设实践经验——以杭州市为例

浙江省作为中国经济强省和文化强省,推进城乡文化和谐发展取得了良好的成效。《浙江省推动文化发展大繁荣纲要(2008—2012)》提出了"建设社会主义核心价值体系、公共文化服务体系、文化产业发展体系"等"三大体系"建设目标。在具体建设中,坚持以人为本、文化为民、文化惠民的理念,强调政府主导和社会力量参与并重,注重对标找差,寻求文化的均衡发展。同时,浙江省大力推进基本公共文化服务,尤其是向农村倾斜,侧重于农村文化公共服务基础设施建设,缩减成效差距,实现城乡文化利益共享。

"十一五"时期,杭州市为推进城乡文化建设和提升文化服务质量,先后出台了一系列旨在建立健全公共文化服务体系、推动杭州市城区和农村公共文化建设的政策措施。2011 年,杭州市又制定了《杭州市"十二五"公共文化服务体系建设规划》。这些政策和措施为城乡文化和谐共生和文化利益共享提供了可靠的制度保障。

杭州在城乡公共文化投入上逐年加大力度,并重点向贫困地区倾斜。在投入机制改革中注重创新,"坚持'政府主导、社会参与、市场化运作'的基本思路,对公共文化服务体制进行大胆创新。突破了'官办文化'的单一管理体制,建立健全政府投入为主、社会力量共同参与的公共文化事业投入机制。在农村,社会集资兴建文化设施热悄然兴起,文化专业户、文化个体户等农民自办文化大量涌

---

① 苗瑞丹:《英国公共文化服务的分权与共治经验及其借鉴》,《马克思主义与现实》,2016 年第 4 期。

现,成为农村文化建设的重要力量"①。

　　2. 江苏省城乡文化利益共享机制建设实践经验——以常州市为例

　　江苏省作为中国经济强省和文化强省,明确提出"文化凝聚力和引领力强、文化事业和产业强、文化人才队伍强"的三大目标,为此,强化城乡公共文化服务建设一直是江苏省工作的重点。近年来,江苏省在加强和创新文化管理方面成效显著,在《苏南现代化建设示范区规划》的实施意见中,明确指出:引导社会组织积极参与社会管理和包括文化在内的公共服务,推进政府职能转移。同时在推进城乡文化共享机制建设方面,《苏南现代化建设示范区规划》也提出推进文化资源信息共享工程,实现文化资源联动共享。

　　常州市十分重视城乡公共文化建设,初步建成城乡公共文化服务体系。在"十一五"期间,"常州市按照公益性、均等性、基本性、便利性的要求,初步形成了市、县(区)、镇(街道)、村(社区)四级全覆盖的公共文化服务体系。此外,2011年,常州市武进区创建首批省级示范区,标准不低于国家级;2014年7月,所辖金坛市创建第二批省级示范区。同时,常州市已有11个乡镇分别在第一、第二批中创建成省级示范区"②。以常州公共文化设施网络为例,目前常州的公共图书馆均为一级馆,文化馆当中有7个为一级馆。到2013年,常州市人均公益文化面积已达0.13平方米。此外,常州市不断创新文化服务方式,常州电视图书馆是江苏省第一家,并取得"国家级公共文化服务体系示范项目"创建资格,服务家庭数达到70万户。

　　常州市还坚持将城乡文化发展纳入全市工作总体规划中,加大对农村文化服务体系的建设步伐。2014年常州市《关于深化农村改革,加快推进城乡发展一体化三年行动计划(2014—2016年)》将农村文化建设、改善农村文化服务设施、提升农村文化服务时效摆在重要位置,并通过加强人才队伍建设、完善经费保障机制、深化公共文化管理体制和运行体制改革,推进常州市城乡文化和谐共生的利益共享建设。

三、国内外实践经验的启示

　　国内外文化服务管理和共享建设的实践各具特点,总结来看,我们可以得到以下几点启示:

---

　　①　陈明春:《杭州公共文化服务体系建设研究》,《中共杭州市委党校学报》,2009第5期。
　　②　庄琦玲:《新型城镇化进程中公共文化服务体系研究——以常州市为例》,《江南论坛》,2015年第1期。

第一，坚持文化服务于每一个公民的宗旨。政府应保障公民平等的文化权利，并将其作为执政的逻辑起点和价值归宿。切实把每一位公民文化权利的实现作为目标，不断实现和提升公民的文化权利和文化需求，切实贯彻以人为本的理念。

第二，强化文化立法。提升政府相关管理机构的制度化和规范化水平，同时约束和引导文化利益主体的行为，在追求自身利益和实现社会公共利益之间寻求合理的平衡点。

第三，践行"政府主导、多方参与"的文化建设管理理念。政府的主要文化职能在于引导、监督和政策、财政支持，允许和鼓励多元的社会主体参与，让广大城乡民众享受到数量多、质量好的文化服务和文化成果。

第四，完善城乡公共文化基础设施建设，尤其是加大对贫困地区、农村地区的文化及基础设施投入。政府文化管理部门和相关文化机构团体应重视公共文化服务基础设施建设，为城乡居民的文化活动提供有效平台。尤其是贫困地区和农村地区，公共文化基础设施建设和完善刻不容缓。这是城乡发展一体化的必然要求，更是发展农村公共文化的长久之计。

第五，建立城市对乡村的文化援助制度，坚持以城带乡、城乡互动的方针。注重城市对农村的带动和辐射作用，引导和鼓励文化资源、文化成果支持农村，推进农村文化事业发展，缩小城乡文化差距，推进城乡文化和谐共生和一体化发展。

第六，坚持因地制宜、特色发展的理念。不同的国家和地区有着差异性的文化资源、不同的经济实力和城乡结构关系，因此各地要依据自身的特点，找到适合自身文化发展的服务管理、利益共享模式，推进文化事业的发展，更好地为民众服务。

综合而言，国内外的实践经验更多的是在普适性层面。我国在城乡发展一体化进程中对城乡文化和谐共生关系的处理，既要对历时的城乡文化关系进行深邃的扫视，又需对共时的城乡文化变动进行细致的洞察，关注城乡文化结构的均衡，探析城乡文化冲突的动因，探究化解城乡文化冲突进而实现和谐共生的良性机制。

第三节　城乡文化利益共享机制的建设路径

考察我国城乡文化利益不和谐的种种现实表现，不难发现，城乡文化利益失衡和利益分化，源于"文化利益供给不足""文化利益共享不够"。因此，构建城乡文化利益共享机制，首要前提是快速发展经济，发展文化产业、文化事业，为城乡提供更丰富的文化成果和更多的文化利益，并尽可能满足城乡民众所需，缓和城乡文化利益冲突。"要深化文化体制改革，完善文化管理体制，加快构建把社会效益放在首位、社会效益和经济效益相统一的体制机制。"①此外，积极转变城乡文化利益主体的利益观念，确立以人为本、正确对待多元利益取向、公共利益优先、合作共赢的价值理念，也是构建城乡文化利益共享机制的先决条件。在此基础上，再进行有效的制度设计和运行。

当然，城乡文化利益共享机制的有效性，关键还取决于机制自身的自我适应和调节能力。正如美国学者亨廷顿所说："一个已适应环境变化并已经历了一次或数次基本职能变化的组织，它的制度化程度比起那些没有经历过这些变化的组织要高出一筹。衡量高度发达的组织的真正尺度是其职能的适应性而非职能的特定性。"②本课题研究的城乡文化利益共享机制的制度设计，注重机制自身结构动态的适应功能和系统的开放性，以增强自身的活力和凝聚力，有效推进城乡文化和谐共生。

一、公众导向，畅通城乡居民文化利益表达渠道

城乡文化二元化结构导致城乡居民，尤其是农村居民的文化利益表达不畅。城乡文化利益共享发展逐步陷入了"表达失衡—权利失衡—利益失衡"的困境。有效的民众利益表达，是城乡文化利益共享的首要任务。

首先，规范现有各种利益表达方式和渠道。改革和完善相关文化管理部门的利益表达功能，落实城乡公众对文化管理和文化事务的参与权、知情权和监督权，完善相关立法和重大决策听证制度，完善政府公共文化信息披露、监督制度，拓展公众参与文化管理的渠道。

其次，拓宽城乡民众文化利益表达的方式和渠道。强化社会文化组织和团体的利益表达能力，同时有效利用大众传媒公开、及时的特点，发挥大众传媒的窗口作用，借助于现代信息技术，构建包括广播、电视、网络等在内的多渠道、多层次的文化利益表达平台，引导社会舆论和强化社会监督。

最后，完善文化管理绩效考核机制。贯彻中共十九大报告提出的经济高质量发展方针，坚持把服务、惠民、效益最大化等原则贯穿于文化管理全过程，增加城乡居民满意度考核的权重，保障城乡居民的监督权。

---

① 习近平：《决胜全面建成小康社会　夺取新时代中国特色社会主义伟大胜利——在中国共产党第十九次全国代表大会上的报告》，2017 年 10 月 28 日。

② ［美］塞缪尔·P. 亨廷顿：《变化社会中的政治秩序》，王冠华、刘为译，上海：三联书店 1989 年版，第 14 页。

　　苏州市在创建公共文化服务体系示范区之前，按照国家的统一规定和要求实施了相关工程建设，在国家要求的数量和覆盖面积等硬性指标方面满足要求。但是由于城乡居民真正的文化利益诉求无法顺畅表达，所有文化项目工程变成政府一方行为，城乡民众称之为形象工程、政绩工程。这不仅造成资源的浪费，还导致政府的公信力下降。随后，苏州市建立了公共文化服务体系信息反馈机制，通过多种渠道搜集民众对苏州公共文化建设的意见和态度，并将其视为城乡文化设施布局的重要依据。

　　无锡市也积极推行公共服务质量考评制度。无锡市质量技术监督局发布了《无锡市基本公共文化服务保障标准》《无锡市公共文化服务评价》等 12 个地方性标准，均于 2016 年 1 月 1 日起实施。其中，对于公共文化事业单位，包括图书馆、博物馆、美术馆、文化馆（站）等，实行包括基础设施、政府投入、服务供给、人员保障、管理效能和社会评价 6 个方面的满意度测评，并规定每年至少进行一次群众满意度测评。满意度测评一般通过问卷调查运行，问卷调查采取委托第三方机构随机调查、入户走访、电话访谈、网上调查和聘请社会监督员定期调查等方式实施。

二、主体多元，提升城乡文化服务供给能力

　　城乡文化和谐共生，强调城乡独立的文化利益主体的利益与城乡公共文化利益的平衡，这就需要多元主体共同参与、多元供给和多元共享。尤其是在丰富文化产品、保障文化建设资金投入方面，多元主体参与更是成效明显。在城乡文化服务供给方面，政府起到主导作用，但这并不排斥市场机制和社会参与。政府应该积极有效地发动城乡社会多元的文化主体，培养他们的参与意识，规范参与制度和运行秩序，激发城乡多元主体的积极性和主动性，形成政府、企业、社会组织机构、公民等多方参与文化建设的良性互动局面。

　　为此，应该着重从两方面推进和提升城乡文化服务供给能力。一方面，坚持政府主导、共建共享、改革创新的原则，鼓励和支持社会力量参与城乡公共文化服务；另一方面，城乡各级政府积极转变文化职能、创新文化事务管理，将相关文化事务和文化服务通过多形式、多渠道转给具有相关资质的企业或社会组织，形成多元的城乡文化服务供给主体。

　　2015 年，无锡市制定了《无锡市鼓励和引导社会力量参与公共文化服务实施办法》（简称《办法》）。该《办法》指出："社会力量主要包括三类：依法在工商管理或行业主管部门登记成立的企业、机构，包括国有企业、私营企业、各种混合所有制企业；依法在登记管理部门登记或经国务院批准免予登记的非营利性组织，

包括社会团体、民办非企业单位、基金会，以及青年团体、宗教组织、工会等；其他公益单位，如学校、部队、敬老院等不直接承担政府公共文化职能的公共部门。"根据《办法》，无锡市将无锡新区图书馆的管理事务交由专业机构艾迪讯公司承接，无锡新区文化馆的管理事务交由全中文化公司承接。这种做法有效提升了城乡文化服务供给，提升了社会文明程度，满足了城乡居民精神文明建设的需要。

三、以城带乡，形成公平的城乡文化利益补偿制度

文化利益补偿，原则上是由利益主体各方协商解决。但是，面对城乡文化二元化、利益差距大的现实状况，利益补偿更多的是体现城市对农村文化发展的辐射、带动和帮扶，是在政府的干预下，在平等维护利益各方合理、合法权益前提下的协商、谈判。

当前，我国要着力改变补偿时紧时松、时多时少的现象，推进城乡文化利益补偿制度化，必须建立一套与市场经济相适应的利益保障制度。重点是把握好以下两个方面：一是利益补偿应该多样化，除了经济补偿之外，政府还要在教育、科技、体育、人才培养培训等多方面做努力，缩小城乡文化利益差距；二是利益补偿要适度，既要保护城乡居民的基本文化权益，也要不增加政府和相关文化利益主体的承受压力。

苏州市在创建国家公共文化服务体系示范区期间，为推进城乡文化服务和设施的系统性，与各县市签订责任书，统筹配置城乡文化资源，建立了覆盖市、县、乡、村四级的公共文化服务共建体系。

无锡市质量技术监督局发布了《无锡市基本公共文化服务保障标准》（2016年1月1日起实施），规定：乡镇（街道）应建有单独设置的综合文化站1座以上，总建筑面积按40平方米/千人的标准规划建设，并不低于2 000平方米，服务人口较多的可分设2处以上。综合文化站设置可整合基层各类公共文化服务阵地，统筹建设集宣传文化、党员教育、廉政教育、社区教育、科技普及、图书阅读、普法教育等多功能于一体的公共文化服务中心；行政村（社区）应建有文化活动室（文体活动中心），总建筑面积按40平方米/千人的标准设置，并不低于200平方米（含农家书屋、社区书屋、体育健身、村广播室、数字微影院、书场等）；行政村（社区）文化活动室应有不少于1 500种2 000册的藏书量，年订阅报刊不少于20种。

四、资源整合，强化城乡文化利益统筹与协调

我国长期的城乡文化二元结构导致城乡文化资源、设施存在多头建设、"大而全"和"小而全"、资源分散和浪费现象严重。此外，由于城市与农村界限明显，文化资源的共享受到政策、规划以及民众意愿的影响。因此，合理的城乡文化空间布局，对于城乡文化利益共享机制的实现至关重要。为此，应强化城乡文化资源的统筹与整合，重点从以下两方面着手：

首先，合理规划城乡文化资源利用和文化设施布局空间，注重对文化资源设施的服务开放性、可持续性、可达性以及城乡协调性的考量。

其次，建立以城乡区域间文化资源可持续应用为导向，以改善文化资源、文化设施运管机制为保障，形成城乡文化资源中的优质资源和先进文化的融合和互补、替代与对接，满足城乡居民现实文化需求，增强城市文化对农村文化的联动和带动机制。

常州市从 2008 年起加快推进文化信息共享进程，创新广电模式，98％的地区实现"村村通"，实现通过有线电视共享文化资源。同时，常州市还努力整合公共数字文化项目，建立覆盖全市的公共电子阅览室，构筑覆盖全市的公共数字文化服务网络。

无锡市质量技术监督局发布的《无锡市基本公共文化服务保障标准》（2016年 1 月 1 日起实施）规定：建成无锡市公共文化服务平台，整合无锡市图书馆（含数字图书馆、共享工程）、市文化馆、市美术馆、无锡博物院、市少年宫、市工人文化宫、市体育中心、市妇女儿童活动中心、市青少年活动中心、市老年活动中心等公共文化活动场所服务内容，利用网络、移动通信、微信等现代信息技术，实现文化信息资源共建共享。

五、共建共享，寻找城乡文化主体利益的最大公约数

城乡文化主体是城乡文化资源的供给者和消费者，多元文化主体间必然存在利益关系，这种以利益为核心的文化主体间社会关系，会影响文化主体的逻辑思维和实践行为，因此，主体间的利益关系协调是城乡文化和谐共生的利益机制有效运转的关键。换言之，城乡文化和谐共生的利益共享，实质上就是城乡文化主体间的效能整合和利益协调，这也符合城乡文化一体化发展的要求。

共建共享，深化城乡文化主体利益的互动协调，首要任务就是放宽公益性文化事业的准入政策，放低社会力量投资兴办各类公共文化实体的门槛，扶持群众依法自办文化。在此基础上，抓好支持和监管，两只手都要抓，两只手都要硬。

一方面，加强政策倾斜和资金支持，包括在土地使用、建设、费用减免等方面根据国家规定给予相应政策倾斜，以及在对文化项目评估基础上给予一定的资金补助；另一方面，社会力量参与城乡公共文化服务必须以遵守国家法律法规为前提，必然建立和完善社会力量参与公共文化服务的监管机制，加强对多元主体的利益支持和监督。

2015年，无锡市制定了《无锡市鼓励和引导社会力量参与公共文化服务实施办法》（以下简称《办法》），提出以下指导意见，包括：对通过公益性社会组织或县级以上人民政府及其部门用于公益事业的捐赠，可按有关法律法规在企业所得税税前扣除；为社会力量进入公共文化服务领域提供信用贷款、资金补助和考评奖励。《办法》还提出建立和完善社会力量参与公共文化服务的监管机制，包括落实过程管理、加强绩效评估、建立退出机制。此外，《办法》指出，社会力量参与公共文化服务必须以遵守国家法律法规为前提，任何参与公共文化服务的单位和个人不得非法侵占、破坏公共文化财产，或者进行非法牟利。在文化利益协调当中，无锡市始终注重对农村乡镇的文化利益保障。例如，无锡市质量技术监督局发布的《无锡市基本公共文化服务保障标准》（2016年1月1日起实施）规定，在公共文化设施布局当中，乡镇（街道）要成立综合文化站、文体广场、体育馆、广播电视站、影院，行政村（社区）必须成立文化活动室（文体活动中心）、文体广场、健身路径数字微影院、书场。

综上所述，城乡文化利益共享机制是一项复杂的制度设计，是实现城乡文化和谐共生的关键，必须正确进行文化利益共享的理论阐释和政策分析，寻求符合本地区实际的、有效的路径渠道。城乡居民文化利益共享是在尊重人的自由、平等、全面发展基础上，追求社会公正和公平的社会制度，需要长期不懈地探索，进而从利益和谐方面支撑城乡文化的和谐共生。

第六章　推进城乡文化和谐共生的保障：
政府治理机制建设

中共十九大报告指出,实施乡村振兴战略,"建立健全城乡融合发展体制机制和政策体系,加快推进农业农村现代化"[①]。乡村振兴战略,是把城乡作为一个发展共同体来统筹安排,强调发挥乡村的主体性,激发乡村内生动力,这就改变了过去乡村从属于城市的状况,确立了一种全新的城乡关系,即平等、互助、互惠、互融、一体、共建共治共享。这种全新的城乡关系要求政府的文化治理必须是协同治理、整体治理,达至城乡文化上的融合发展、和谐共生境界。

第一节　城乡文化一体化发展与政府文化治理

政府的文化治理是国家文化治理的主体和主角。政府的文化治理是相对于过去的文化管理而言的。"从'文化管理'到'文化治理'的理念变迁,会引起一系列重大变革:首先,在文化管理体制上,从计划经济时代的传统事业型文化体制向市场经济时代的国家战略型文化体制转型;其次,文化政策的着力点从政治一元主义转向强调文化的多元价值;再次,从片面强调文化的意识形态训导功能或经济功能,转向注重公民文化权利的实现。这些重大的转型,是中国向现代化国家迈进,实现国家治理现代化的重要保障。"[②]政府文化治理机制涉及治理的价值理念、法律制度、渠道载体、对象目标等,而文化治理的目标,既体现了治理的价值理念,也内含着治理的制度安排。

一、城乡文化一体化发展的治理理念

2012年中共十八大报告首次提出推动城乡一体化发展的战略任务。2015年4月30日,中共中央政治局第22次集体学习,习近平总书记就健全城乡发展

---

① 习近平:《决胜全面建设小康社会　夺取新时代中国特色社会主义伟大胜利》,北京:人民出版社2017年版,第32页。
② 李媛媛:《国家文化治理视域下的现代公共文化服务体系发展趋势研究》,《新华文摘》,2017年第21期。

一体化体制机制强调，健全城乡发展一体化体制机制，是一项关系全局、关系长远的重大任务。2016 年 3 月 16 日，十二届全国人大四次会议关于《中华人民共和国国民经济和社会发展第十三个五年规划纲要》，对城乡文化一体化建设作出了一系列重大决策部署，包括"促进城乡公共资源均衡配置"，"推动区域协调发展"，"推动公共服务共建共享"，推动基本公共文化服务标准化、均等化发展，引导文化资源向城乡基层倾斜，创新公共文化服务方式，推动文化产业结构优化升级，扩大和引导文化消费等。中共十八大以来，习近平总书记还就社会主义新农村和美丽乡村建设，保留乡愁，传承中华优秀传统文化等作出重要论述。习近平总书记的这些重要论述，进一步丰富拓展了城乡文化一体化建设的内涵和要求。2015 年、2016 年连续两年，中央 1 号文件分别围绕"城乡发展一体化，深入推进新农村建设"，"推动城乡协调发展，提高新农村建设水平"作出具体部署。中共十九大报告提出"实施乡村振兴战略""坚持农业农村优先发展"的新理念，指明了新时代推进城乡文化一体化建设的方向。2017 年 12 月中共中央农村工作会议提出"必须创新乡村治理体系，走乡村善治之路"。

二、城乡文化一体化发展内涵

1. 城乡文化发展规划一体化

规划的实质就是统筹协调。我国资源配置主要是由各级地方政府承担的，城乡一体化发展的政策制定和实施基本上是各级政府在主导。而根据《宪法》第 99 条规定，县级以上地方人民代表大会审查和批准本行政区域内经济社会发展规划、预算及执行情况，对于乡镇一级的发展规划没有做出具体的要求。加之一些地方领导对文化建设的重要性缺乏必要的认识，存在着重经济建设、轻文化建设的现象。很多地方政府在制定经济社会发展规划时，偏好城市，忽视乡村；偏好经济，忽视文化和社会。即使是《国家新型城镇化规划（2014—2020 年）》，也更多地关注人口、产业、公共服务、管理等方面，而涉及文化的规划内容则相对不足。[1] "没有文化的振兴就没有乡村的振兴。"[2]实施乡村振兴战略将为乡村文化发展提供广阔空间。乡村振兴也离不开文化的引领，文化振兴是乡村振兴的题中之义。实施乡村振兴战略，必须振兴乡村文化，而振兴乡村文化，需要进一步加大城乡文化发展的统筹力度，既要促进城市文化资源下乡，又要激活乡村文化的内生动力，发挥文化反哺作用。

---

[1]　杨旭东：《在新型城镇化中将乡村文化建设前置》，《中国文化报》，2014 年 8 月 29 日。
[2]　刘彦武：《以文化助推乡村振兴战略》，《学习时报》，2018 年 1 月 8 日。

一是统筹城乡基础设施建设。统筹城乡文化发展，主要矛盾在于乡村文化发展落后，当前我国农村基础设施建设落后，功能布局不合理，公共文化设施严重稀缺。发展农村文化事业，应加快城市基础设施向农村延伸，加快推进公共服务设施向县以下延伸，加快形成政府主导、覆盖城乡、统筹发展的基本公共服务体系。

二是推进城乡基本公共文化服务均等化、标准化。充分考虑农村文化建设投入偏少、水准偏低、发展滞后的客观现实，坚持文化发展投入向农村倾斜的原则。以均等化为目标，贯彻落实国家的基本公共文化服务指导标准和地方实施标准，以标准化引领促进城乡基本公共文化服务的均等化。一个乡镇或行政村，应具有的最基本的公共服务功能、最基本的公共服务应落实到位。以标准化促进均等化，健全乡镇公共文化设施运行管理和服务标准体系，规范服务项目和流程，填平补齐城乡公共文化资源和服务的差距，推动区域间、城乡间公共文化服务均衡协调发展。

三是加强传统村落古镇的规划设计。对已有的乡村文化资源进行保护和挖掘。"在充分尊重原住民、原文化、原空间、原生活、原习俗的基础之上，将乡村文化特色化和'原地点精神'化，从而推动乡村经济社会发展能够直接介入区域地域生产力结构体系。"①制定传统村落保护发展规划，着力保护古村落和古民宅。

四是加强乡村特色文化建设的规划设计。乡村特色文化建设与提高村民幸福指数紧密相连，必须高度重视，将其列入为民办实事项目。大力挖掘乡村特色文化资源，传承发展提升农耕文明。当前，很多地方把乡村建设得如同城市社区，修建大马路、大广场、大草坪、大公园等，城乡一体化变成了城乡一样化。村庄规划，要切实贯彻乡村振兴战略提出的"产业发展、生活宽裕、乡风文明、村容整洁、管理民主"要求，让"看得见山、望得见水、记得住乡愁"构成乡村文化的特色和底色。

五是加强对优秀民族民间文化资源的系统发掘、整理和保护。建立并严格实行各级传统文化生态保护区、民族民间文化遗产传承制度，授予对传承文化作出杰出贡献的民间艺人"民间艺术大师""民间工艺大师"等称号，开展"民间艺术之乡""特色艺术之乡"命名活动，积极开发传统文化旅游项目。

2. 城乡文化产业一体化发展

城市是我国各类要素资源和经济社会活动最集中的地方。优化城乡文化产

---

① 张鸿雁、房冠辛：《传统村落"精准保护与开发一体化"模式创新研究——特色文化村落保护规划与建设成功案例解析》，《中国名城》，2016 年第 1 期。

业的结构布局,实质是运用城市优质文化资源,更好地以城带乡,以工促农,以企帮村;关键是处理好城市优势文化产业的扩散效应,减少城市对乡村的虹吸效应。而大力培育县域文化发展支撑能力、培育特色文化小镇,就构成优化城乡文化产业结构布局的重点和保障。因此,要高度重视县城、特色小镇文化产业的发展。降低农村公共文化服务的准入门槛,在国家没有明文限制的投资主体项目上,支持和促进各种所有制文化单位、外来资本、民营资本或公民个人以合资、合作、独资方式兴办农村文化实体,投资农村公共文化设施,提供农村公共文化服务。

3. 城乡教育一体化发展

教育是文化传承和发展最重要的手段。城市优质教育资源向农村转移,既是城乡文化发展一体化的重要内涵,也是城乡文化发展一体化的基础支撑。中共十九大报告提出,要"以城市群为主体构建大中小城市和小城镇协调发展的城镇格局"。当前,需要积极探索如何在大中小城市、城市群协调发展过程中推进优质教育资源共享,缩小城市之间、城镇之间、城乡之间的差距。针对目前较普遍存在的农村学校撤并、"文字上移"现象,应重点加强农村教育,提高农村教育质量。普及农村学前三年教育,促进普通高中与中等职业教育协调发展,扩大职业教育免学费政策范围,完善家庭经济困难学生资助政策体系。

第二节 公共文化服务与政府文化治理

一、现代公共文化服务体系

公共服务是由政府主导提供的保障全体公民生存和发展基本需求的各类服务,公共文化服务是其中的基本组成部分。"在现阶段,国家界定的基本文化服务范围主要包括看电视、听广播、读书看报、进行公共文化鉴赏、参与公共文化活动等方面。"[①]2013 年中共十八届三中全会《中共中央关于全面深化改革若干重大问题的决定》,首次提出"建立健全现代公共文化服务体系"。现代公共文化服务体系,作为社会公共产品和公共利益,它的建设是国家推进文化治理的重要渠道和有效途径。只有依托公共文化服务体系建设,最大限度满足群众文化需求,才能真正实现让百姓在安居乐业中享受文化之乐,才能更好地发挥文化引领风尚、引导社会、教育人民、推动发展的功能,也才能通过公共文化服务平台促进各

---

① 蒯大申:《现代公共文化服务体系的内涵与基本特征》,《文汇报》,2014 年 2 月 24 日。

种社会力量良性互动，形成社会健康发展所需要的公共精神、伦理规范和价值共识。区别于传统计划经济时期文化管理服务体制，现代公共文化服务体系的主要特征有：在理念定位上，"注重自下而上的消费"，"关注社会个体"；在资源配置方式上，"注重借助市场和社会来配置资源"；在价值诉求上，"更好地体现公益性，满足民众的文化需求"；在服务效果上，"强调高效性、精准化服务"。[1]

2015 年初，中共中央办公厅、国务院办公厅印发《关于加快构建现代公共文化服务体系建设的意见》，对建设现代公共文化服务体系进行了顶层设计，提出了总体目标。贯彻落实意见要求，各级政府要确立文化民生的理念，把文化民生建设作为全面建设小康社会的重要内涵和重要标准，把构建现代公共文化服务体系作为改善文化民生的重要抓手、载体和平台，围绕体系的构建，推进公共文化设施、服务项目建设，重点开发和提供适合老年人、未成年人、残疾人、农民工、农村留守妇女儿童、生活困难群众等群体的特色产品和服务。建构现代公共文化服务体系，"首先应有整体性的战略规划，并在该战略指导下，构建政策落地体系，真正形成政府主导、市场运作、社会力量参与、全体公民共主享的公共文化服务体系"。"在现代公共文化服务体系中，政府的角色从直接提供公共文化产品转换为对公共文化服务体系进行协调管理，在治理方式上从纵向的科层制管理转向与各种力量的横向合作，这一系列变革对政府的治理能力提出了更高的要求。"[2]从目前我国农村实际情况出发，应因地制宜，重点抓住 4 个节点来推进。

1. 大力推进基层文化设施建设

长期以来，受城乡经济社会二元结构的影响，我国城乡公共文化设施出现了两极分化现象，绝大部分文化设施如图书馆、博物馆、青少年宫、公园等集中于县级以上的城市。"据文化部统计，1995 年、2005 年和 2014 年县级以上城市占全国文化事业费的比重分别为 73.2%、73.3% 和 50.1%。而在县以下地区，县级图书馆、博物馆、文化馆和乡镇文化站的运营维护费则占去了剩余文化事业费的绝大部分。在广袤的农村地区，真正用于改善农村社区基础文化设施和文化人才队伍建设的政府投入极度匮乏。"[3]文化设施建设工程的重心，应放在用活用好用足现有的农村社区文化设施，提高现有文化设施的使用效率和社会效益上。要倡导社区内由财政资金建设的公共文化设施向社区居民开放；采取多种途径

① 李媛媛：《国家文化治理视域下的现代公共文化服务体系发展趋势研究》，《新华文摘》，2017 年第 21 期。

② 李媛媛：《国家文化治理视域下的现代公共文化服务体系发展趋势研究》，《新华文摘》，2017 年第 21 期。

③ 张继涛：《公共文化服务：从城乡均等化到城乡一体化》，《中国教育报》，2016 年 4 月 14 日。

形成如江苏省提出的城市"15 分钟文化圈"和农村"十里文化圈"。对于新办农村文化设施或乡村重建，要在指导思想和宏观层面上确立分类管理策略，"即要针对现代功能型、传统资源型和潜在消失型村庄国，确立不同的政策类型"①。

2. 加大综合性文化服务中心建设

2013 年中共中央《关于全面深化改革若干重大问题的决定》提出"建设综合性文化服务中心"。2015 年国务院办公厅制定下发《关于推进基层综合性文化服务中心建设的指导意见》。有学者提出："普遍均等的公共文化服务必须由基层公共文化设施来支撑。基层公共文化设施是我国公共文化服务体系的薄弱环节。由于各级财政重点投向本级公共文化机构，基层公共文化设施建设缺乏经费保障。中央和省级转移支付主要按项目下拨，有关部门分头规划、使用，不能统筹使用，资金使用效益不高。加上地方财力不足，基层公共文化建设困难较大。"②对此，应充分利用国家实施的"农家书屋"工程，广播电视"村村通""户户通"工程和"农村电影放映工程"等项目，整合各种文化资源，重点在城乡基层统筹建设集宣传文化、党员教育、科学普及、普法教育、体育健身等多功能于一体的基层综合性文化服务中心。

3. 加快推进城乡公共文化数字化建设

"公共文化服务＋互联网"模式，为城乡公共文化服务的一体化注入了新的强大动力。要顺应"互联网＋""文化＋"发展趋势，结合"宽带中国"等重大信息工程建设，创新文化传播供给的内容、形式和手段，加快数字图书馆、数字博物馆、网上剧院建设，推进信息资源共享。

4. 扎实推动公共文化服务社会化

市场机制和社会力量的进入，能有效改善政府作为公共文化服务唯一提供者的状况，优化公共文化服务的微观供给结构，提高供给质量。21 世纪以来，国务院及文化部、财政部等部门陆续下发了鼓励引导民间资本进入公共文化服务领域，实施政府向社会力量购买社会服务的政策文件，总体上看，我国初步形成了"政府主导、市场运作、社会力量参与、全体公民共享"的公共文化服务的组织架构。应"进一步加大鼓励社会力量参与公共文化服务的政策力度，创新社会力量参与公共文化服务的途径、方式和考核评价激励机制，形成统一有效的购买服务的平台和机制。同时，应推动相关法律建设，明确政府在公共文化服务体系中

---

①　傅才武：《推动乡村文化共同体与经济共同体协同共建》，《中国社会科学报》，2017 年 11 月 29 日。

②　刘小琴：《公共文化服务均等化的路径》，《图书馆杂志》，2017 年第 12 期。

的职能和权限范围、政府与社会组织之间的关系、社会组织准入和退出公共文化服务体系的机制等，提高文化类非营利性组织的专业性和规范性，加强行业监管"①。

二、城乡基本公共文化服务均等化

"基本公共服务均等化"这一新理念，最早出现在 2006 年中共十六届六中全会相关文件中。从 2007 年中共十七大，到 2011 年全国人大《国民经济和社会发展第十二个五年规划纲要》、2012 年中共十八大报告，再到《国家"十三五"时期文化发展改革规划纲要》，党和政府对推行城乡基本公共文化服务均等化的认识不断丰富拓展，举措不断强化系统，成效不断显现显示。从政府文化治理的角度看：

1. "均等化"服务于"一体化"，这是政府文化治理的出发点和落脚点

"均等化的政策目标是要求逐步建立城乡一体化的基本公共文化服务体系，促进公共文化资源在城乡之间、区域之间均衡配置，缩小地区之间、城乡之间和社会群体之间基本公共文化服务水平的差距，确保所有社会成员都能够平等享有水平大致相当的基本公共文化服务的权利，特别是农村和老少边穷地区的基本公共文化服务水平有明显提高。但是，均等化是相对均等而非绝对均等，这一目标并不意味着公共文化服务的简单平均化和无差异化"，"均等化应该是在最基本公共文化服务意义上的均等化，具有'保基本'和'托底'的性质"。②

2. "均等化"依靠"标准化"来推进

"现代公共文化服务标准化，主要是指运用标准化的原则和方法，制定和实施公共文化服务标准，实现数量指标化、质量目标化、方法规范化、过程程序化，保障公民享有优质与有效的公共文化服务的过程。"③2015 年 1 月，中共中央办公厅、国务院办公厅印发了《国家基本公共文化服务指导标准》，从全国现阶段实际情况出发，确定了 7 个方面 12 项基本服务项目、硬件设施 7 项规定和人员配备 2 项规定。全国各省区市在国家指导标准基础上普遍制定实施了地方标准，对国家指导标准作了扩展、细化、增补、提高，总体而言，各省区市的地方标准适应地方经济社会发展水平，呈现东中西梯度差异格局。

---

① 李媛媛：《国家文化治理视域下的现代公共文化服务体系发展趋势研究》，《新华文摘》，2017 年第 21 期。

② 蒯大申：《现代公共文化服务体系的内涵与基本特征》，《文汇报》，2014 年 2 月 24 日。

③ 张妍：《文化体制改革视域下现代公共文化服务体系建设研究》，辽宁：东北大学出版社 2015 年版，第 89、94 页。

3. "标准化"需要系列机制来保障

主要包括：（1）投入机制。政府按标准投入。《江苏省文化厅"十三五"文化发展规划》提出："保持基本公共文化服务财政支出与经济社会发展总体水平和政府财力的增长相适应。"进一步落实国家关于公共文化事业税收优惠政策，落实和完善金融支持文化产业政策，加快江苏文化产业投融资体系建设。在国家许可范围内，引导社会资本以多种形式投资文化产业。考虑到目前农村公共文化事业非常薄弱的实际状况，政府投入的重心应放在农村，即使不能做到城乡投入绝对平等，但也要达到城乡投入均等化，即按照城乡居民人口规模平均分配公共文化资源。（2）需求反馈机制。公共文化服务标准要解决好文化供给与公众需求的矛盾，必须建立健全公众需求评价与反馈机制，以需定供，供需有效对接。要适应公众文化需求的多样性多变性，公共文化服务标准的制定实施保持动态性、延展扩充性。考虑到目前城镇化还在发展，大量农村人口、外来人口转移到城镇特别是经济发达地区的城镇，城乡人口呈现非均衡流动，城市特别是中心城市、大城市人口拥挤，乡村人口流失，空心村比较普遍，极易造成发达区域、大城市中外来人口基本文化需求被忽视，农民工被排斥在现有公共文化服务之外。2011年文化部等联合下发《关于进一步加强农民工文化工作的建议》，要求发挥政府在农民工文化工作中的主导作用，加强城市社区、外来人口集中区公共文化服务信息的收集、反馈，提供有针对性的公共文化服务，有效保障城市弱势群体的基本文化权益。（3）城乡联动机制。城乡一体化不是城乡一样化。针对目前城镇化进程中出现的城市文化大规模下乡这种单向度文化传播模式，以及由此带来的城乡同质化倾向，必须高度重视乡村文化服务的个性、特色和差异性，重视培育农村文化造血功能，积极引导农村"送文化进城"。（4）示范带动机制。浙江省坚持在全省范围内开展基本公共文化服务标准化试点，探索不同经济状态、不同地区差异下公共卫生文化服务标准化的实施策略。广东省东莞市在国家、省标准基础上注重体现地方特色，如在实施标准条款后增加责任单位，编制《东莞市公共文化服务标准体系》等。①

---

① 《探索推进基本公共文化服务标准化》，《中国文化报》，2016年12月30日。

第三节 城乡文化政府治理机制的实践路径

一、采取积极的文化财政税收政策，强化政府文化治理的政策支撑

当前，我国城乡文化发展的巨大差距，在很大程度上是由政府和社会对城乡文化发展的物质投入不平等、不公平造成的。在乡镇、村，文化发展的资金投入严重不足的现象相当突出，县乡文化馆所、数字网络建设薄弱，文化专业人才十分缺乏，迫切需要政府给予财政资金和税收政策的扶持。

1. 坚持城乡财政保障政策的一体化

把城乡作为一个有机整体统筹安排，以政府资金投入为保障，在相当长时期内，坚持公共财政对乡村投入或转移支付的占比要高于对城市投入的占比，逐步补齐农村文化建设投入的短腿。文化资金重点要向远离城区和经济薄弱的乡村倾斜，改善农村文化基础设施条件，有重点地帮助欠发达地区发展文化项目。

2. 实施重点项目扶持的财政政策

如：农村学前教育和中小学教育，农村社区和乡镇综合文化站等公共文化和体育设施建设，农村文物保护、文物征集，农村文化市场中小众文艺（传统艺术、实验艺术）的保护，农村文化人才培训培育，等等，政府可设立财政专项资金，予以重点扶持。

3. 优化财政资金配置，促进财政收益最大化

"从发达国家看，文化建设的资助方式日趋社会化和多元化。"[①]应着力建设城乡一体的文化市场体系。一是在国家许可范围内，积极引导社会资本以多种形式投资文化产业。金融机构对文化项目予以信贷支持。如《江苏省文化厅"十三五"文化发展规划》提出："建立符合我省实际的文化产业信用担保制度和文化类无形资产评估、质押和交易制度，形成文化产业投融资信息共享机制。"鼓励社会组织、机构和个人捐赠，以及实施税收优惠政策，促进企业及民间团体更大力度兴办公益性文化事业。二是设立文化专项扶持基金、税收补贴和财政补贴，促进中小文化企业的健康发展，建立一个多级投资主体共同参与的文化服务供给体系。三是调整和完善文化经济政策，大胆支持市场化运作方式。四是鼓励城市文化企事业单位开拓农村文化市场，拉动农村居民文化消费。

---

① 张启春、李淑芳：《基本公共文化服务财政保障模式——来自国际的经验》，《湘潭大学学报（哲学社会科学版）》，2014年第4期。

二、坚持培育与引进并举，强化政府文化治理的人才支撑

人才队伍建设对推动城乡文化融合发展具有十分重要的战略意义。受我国城乡二元经济社会制度的影响，文化人才大量集中于城市，乡村文化人才非常匮乏，加之农民工进入城镇务工，一定程度上造成了乡村文化人才流失。因此，促进城乡文化融合发展，首先要从农村文化人才队伍建设入手，同时加大城乡文化人才的交流，特别是促进城市文化人才资源自觉向农村流动。

1. 培育乡村文化发展的主体性力量

农村人口特别是大量青壮年向城市迁移，农村留守人口主要是老人、妇女和未成年人，农村人口的结构性变化也导致乡村文化衰落。"谁来担当乡村文化建设主力军"①已经成为摆在我们面前的一项重要任务。要加强农村人才队伍建设的战略规划，多措并举，挖掘和培养优秀的乡村本土文化人才，引进一批高端和专业化程度较高的人才队伍。一是以文化活动促进农村特色文化队伍的形成。例如，对于农村老年人、农村留守妇女和未成年人，可组建适合他们兴趣爱好的文化娱乐活动，并注意把文化活动与农民增收结合起来，以活动带队伍。对于这些活动，需要加强组织协调，为其搭建展示平台，建章立制，予以规范化。二是充实村级宣传文化员队伍。加强村级宣传文化员聘用，明确任职资格和聘用条件，确保所聘村级宣传文化员能干事、肯干事。《江苏省文化厅"十三五"文化发展规划》提出："重点做好面向基层、面向剧团、面向百姓的文化活动策划人才、组织人才、专业人才的业务培训和技术能培训。举办文化管理人才、文化专业人才、基层文化骨干等培训班，注重普遍轮训与重点培训相结合，逐步形成集中培训、在职学习、挂职实践和业绩考评相结合的培养格局。"做好返乡农民工对乡村文化的带动作用。从时代发展大势来看，我国整体上进入了以工补农、以城带乡的城乡统筹发展新阶段。要从简化市场准入、改善金融服务、加大财政支持等各方面，支持返乡下乡人员开展文化创业，合理引导返乡农民工参与农村文化建设，把乡村文化产业，尤其是传统产业做大做强。

2. 促进城乡人才柔性交流，提高城乡区域人才总体使用水平

探索建立统筹城乡的人才运行机制，尤其要坚持人才向农村基层一线流动的用人导向，把到农村一线锻炼作为培养干部的重要途径。一是大力培育职业型新农民。打破城乡分割制度，积极引导城市先进生产要素下乡，以各种现代农业企业、渠道和载体为依托，培养新型企业化农村精英骨干；大力发展农村专业

---

① 桫椤：《谁来担当农村文化建设主力军》，《河北日报》，2017 年 4 月 7 日。

合作组织及行业协会，培养懂经营会管理的农村经纪人，提升农民的团体意识、服务观念；鼓励农民创新创业，特别是发展农村文化创意产业，把农业与文化有机结合起来，培养经济文化复合型人才。二是继续实施大学生村官计划，优化计划项目，真正促成大学生村官成为农村发展的骨干力量。三是实现农村支教活动制度化，重点是拓展渠道，广开门路，推动城市优质教育资源支援农村。四是多渠道促进各类人才特别是教育、工商、金融、文化等领域杰出青年到农村创业或返乡建设。五是推进人事人才数据库建设。为开展城乡人才交流提供保障，近年来有些地区相继建立了公务员数据库、工资数据库、编制管理数据库、专业技术人才数据库、农村实用人才数据库、民营经济人才数据库、高层次人才数据库、大学生助理数据库等，这些经验做法值得进一步推广。五是发挥新乡贤作用。乡贤文化是我国优秀传统文化的组成部分，在乡村有着广大而深厚的社会影响。乡贤一般指乡村中有德行、有才能并受到当地民众尊崇拥护的贤达人才。现代新乡贤包括"富乡贤""文乡贤""德乡贤"等群体，他们是新时代乡村发展的生力军。地方党委政府应挖掘传统资源，重塑乡贤传统，通过创设载体平台、政策条件等调动和发挥现代新乡贤在乡村经济社会文化发展中的作用。

3. 优化农村文化人才发展环境，争取人尽其才

一是政府委托培养。《江苏省文化厅"十三五"文化发展规划》提出：与高校合作，实施高层次人才、重点专业人才、基层文化骨干的培养工程，重点培养善于统筹规划、宏观管理、具有较强组织协调能力的文化管理人才；培养不同领域不同门类文化专业人才；培养擅长文化企业经营、熟谙文化市场运作规律的文化产业人才。二是成立专门机构，对村干部开展有针对性的培训，"在条件成熟的相关院校开设'城乡治理'专业集中培养适应农村基层组织发展和城市社区管理的专门人才"①。三是健全人才保障机制。《江苏省文化厅"十三五"文化发展规划》提出：建立以岗位职责为基础，以品德、能力和业绩为导向的人才评价考核指标体系，逐步形成统一、规范、科学的文化人才激励机制，并重点向基层和一线倾斜。对作出突出贡献的文化工作者给予奖励，对文化名人名家在工作和生活上给予更多关心支持。四是深化配套制度改革，解决好返乡文化创业人才子女教育、就业、医疗、社保、住房等实际问题。

三、加强地方文化立法，提供政府文化治理的法治保障

发挥法治对城乡文化一体化建设的促进作用。当前，推进城乡文化一体化

---

① 张朝华：《城乡一体化背景下村级治理新型人才的重塑》，《兰州学刊》，2011年第5期。

建设工作主要依赖于政策。由于文化政策缺乏刚性约束，加之政策内容不稳定等原因，城乡文化一体化建设难以获得根本保障。中共十八届四中全会提出，要"建立健全坚持社会主义先进文化前进方向、遵循文化发展规律、有利于激发文化创造活力、保障人民基本文化权益的文化法律制度"，并部署了相关立法任务。随后，全国人大常委会对文化领域立法作出了一系列规划。2015 年，对文物保护法部分条款进行修改。2016 年，《电影产业促进法》《公共文化服务保障法》，2017 年，《国歌法》《公共图书馆法》等法律法规陆续出台，为促进和保障文化事业产业和文化服务健康发展提供了一定的法治基础。但从总体上来说，文化立法仍有相当的拓展空间，不仅文化领域的基本法律制度体系还没有完全构建，文化法治的执法手段落后、执法不力、老百姓文化法治意识淡薄等问题仍然相当严重。因此，充分发挥法治对城乡文化一体化建设的促进作用，将是今后一段时间的重大任务。

1. 进一步完善文化领域的法律制度

一是抓紧制定基本法律实施的配套法规和政府规章。《公共文化服务保障法》作为公共文化领域基础法律制度，涉及多领域多环节问题，需要与之相适应的系列配套法规规章。而配套法规和政府规章的施行，又涉及多行业、多层面，需要在内容、方法、程序等方面加以细化。有关单位和部门应抓紧研究起草相关法规和政府规章并及时出台，有力保障《公共文化服务保障法》规定的各项制度贯彻落实。地方人大和政府也应根据公共文化服务保障法，抓紧制定配套的地方性法规规章，以推动《公共文化服务保障法》的贯彻实施。二是进一步完善农村文化法律制度，包括发展农村文化产业、加强农村文化市场管理、保障新型农民文化权利、传承创新优秀民俗文化等相关法律制度。

2. 创新执法体制机制，规范执法行为，提高文化执法水平

完善省、市、县三级文化市场管理工作领导小组，推动文化领域跨部门、跨行业综合执法。深化行政审批制度改革，加快推进文化领域商事登记制度改革，推广应用全国文化市场技术监管与服务平台，加强文化领域执法机构人员队伍建设，形成权责明确、透明高效的文化市场监管格局。建立健全文化市场监管体系及现代文化市场体系，积极推进文化领域行政执法的区域合作和相关部门综合执法，加强文化行政执法与司法保护的有效衔接，严厉打击各类违法犯罪行为，增强全社会文化权利保护意识。在文化法治宣传方面，要加大宣传力度，提高全民法律意识。坚决抵制低俗文化，形成文化领域法律人人遵守的良好法治文化氛围。在文化人才培养方面，要建立健全考核评价和激励约束机制，加强执法人员全员培训和执法骨干培训，加大人才交流力度，提高执法人员业务操作水平。

3. 充分保障城乡居民平等享有文化权利

"文化权利是国际公认的基本人权，也是我国宪法所规定的公民基本权利。"①公民享有平等权是我国的一项基本原则。文化平等权要求国家和社会充分保障各民族、各地区公民文化权利的平等享有，提供协调统一的制度保障。要以保障文化平等权为逻辑起点，积极落实国家和各级政府的义务。文化权利作为主观权利，其实现离不开国家义务的履行。应以国家积极采取有效措施保障公民文化权的实现为主，公民可以依宪法上的文化权请求共享社会文化发展成果，国家也应当提供制度上的保障。要丰富和完善保障文化权利的各项基本制度。就城乡文化资源不平衡和制度保障二元化的状况，国家必须为城乡一体化建设提供法律制度上的支持，统筹城乡文化发展，使城乡居民享受平等的文化资源和制度保障。当前，尤其要以维护广大农民群众的基本文化权益为出发点，满足广大农民群众的基本文化需求。要加大对文化知识产权的保护，促进民众在文化领域不断创新，促进城乡特色文化发展。

四、突出基层治理文化建设，构建基层文化治理良好生态

基层是社会治理的重点领域。当前，基层文化建设虽然稳步推进，但基层文化治理却比较薄弱。这在一定程度上同基层缺少良好的治理文化有关。基层治理文化建设应赋予基层治理文化软实力，同时为基层治理创造良好环境。

1. 以党建文化引领基层治理文化建设

基层治理离不开党组织领导。建构党建文化，有助于塑造执政党形象，提升党的执政能力，并凝聚党内外力量。"党建文化是中国共产党在长期的自身建设中所呈现出来的各类文化观念的总和，作为一套观念体系，其内涵主要包括：中国共产党的思想观念、组织观念、行为观念、价值观念、标识观念等方面。"②以党建文化引领基层治理文化建设，要坚持党建引领、创新治理、居民自治、共建共享的工作思路，认真落实党建主体责任，着力抓好党建阵地建设，营造浓厚党建文化氛围，带动基层意识形态工作和文化工作。

2. 大力培育法治文化

中共十九大报告提出建立"党委领导、政府负责、社会协同、公众参与、法治保障"的社会治理体制。法治保障是现代乡村治理努力的重要方向。"没有法治

---

① 上官丕亮、孟凡壮：《文化权的宪法解读》，《学习与探索》，2012年第1期。

② 王弘：《我们需要什么样的党建文化》，人民论坛网，2017年7月14日，http://theory.people.com.cn/n1/2017/0714/c40531-29404243.html。

文化建设,再好的法律条文也会被人情社会消解。"①要加大对法治的宣传,尤其是遵纪守法先进人物的宣传工作,引导广大农民自觉守法用法。培育法治文化,应注重发挥村规民约的作用。在乡村治理中,村规民约具有汇聚民智、民意,化解民忧,维护民利的功能。要明晰村规民约的功能定位,明晰适用对象和文本内容,提升权威性,落实执行主体和监督主体。

3. 推进乡风文明建设

城乡社区有着自然地理、历史和经济社会形成的传统文化,其最大的特征是,这些传统文化为当地民众所普遍接受。传统文化不仅是维系基层社会人与人之间关系的重要纽带,而且起着规范和约束全体成员行为的作用。基层传统文化包括社区文化、睦邻文化、乡贤文化、民风民俗、乡规民约等。"社区文化是社区建设的灵魂,也是城市文化的基石。"②社区文化本质上是一种家园文化,"它以突出的价值导向性、情感归属性、行为引导性和教育实践性,越来越体现出对社区居民素质的影响和对社区整体建设的推进功能"③。睦邻文化是中国优秀传统文化的重要组成部分,是构建和谐社会与和谐社区的思想道德基础。"建设新型睦邻文化是基层社会治理的最佳切入点。"④"乡贤"是一种文化,更是一种基层治理的文化。"这种文化承载的是道德建设和精神建设的核心内容,基层治理需要重拾'乡贤'概念。"⑤"为乡贤群体参与社会治理搭建有效平台和提供制度保障,是地方政府不可推卸的政治责任。地方政府要倡导和鼓励有条件的村庄建立农村乡贤理事会,并对乡贤理事会的基本章程、组织性质、职责定位、产生方式等出台相关规定。""注重发挥离退休干部、知识分子、优秀农民工、企业家等在塑造新乡贤文化中的引领作用,并鼓励他们回乡积极参与新农村建设和乡村治理工作。"⑥中共十八大确立乡村振兴战略,把乡风文明作为战略内容。推进乡风文明建设,基层社区或乡村要充分利用资源,把握原则,"既要传承发源于乡土、潜藏于乡土的优秀传统文化,富有特色的民间习俗,优秀的家风村风等,还要实现乡村文化与城市文化的交流融合,让乡村居民享受到经济社会发展成果,提升生产生活质量,体会到获得感和幸福感"⑦。

---

① 赵秀玲:《基层治理应加强文化维度》,《人民日报》,2015 年 11 月 10 日。

② 施耀忠:《大力推进社区文化建设　完善公共文化服务体系》,2011 年 11 月 10 日,人民网-理论频道,http://theory.people.com.cn/GB/40537/16203726.html。

③ 闫平:《城乡文化一体化发展的内涵、重点及对策》,《山东社会科学》,2014 年第 11 期。

④ 陈建强:《新型睦邻文化建设是基层治理的最佳切入点》,《光明日报》,2015 年 6 月 17 日。

⑤ 叶泉:《基层治理需要重拾"乡贤"概念》,《法制日报》,2015 年 11 月 20 日。

⑥ 白现军、张长立:《乡贤群体参与现代乡村治理的政治逻辑与机制构建》,《南京社会科学》,2016 年第 11 期。

⑦ 张秀梅:《聚力乡风文明　助推乡村振兴》,《中国社会科学报》,2018 年 6 月 13 日。

第七章　推进城乡文化和谐共生的灵魂：
价值认同机制建设

实现城乡文化和谐共生，从思想价值观建设层面看，取决于城乡居民拥有共同的主体价值，在此基础上能够相互包容、尊重差异，相互借鉴、共同提高。城乡居民价值认同机制建设是推进城乡文化和谐共生内在的基础性建设。

第一节　认同、价值认同与城乡文化和谐共生

认同概念源于心理学，现广泛应用于哲学社会科学诸多领域。历史地看，认同的需要及其认同问题的产生并不古老，而是属于现代现象，是伴随着流动社会、平等社会、开放社会以及经济文化全球化而产生的。汉语"认同"一词译自英文单词 identity。韦氏大辞典对 identity 有五种解释：相同性、一致性；个性；身份；等同；身份要素。《现代汉语词典》对"认同"有三种解释：共同性；亲近感；承认、认可。有学者研究认为，"认同"与"承认"都是处理同一性与差异性、共同体与个人之间关系问题的概念，但"承认"的概念消除了"认同"概念潜藏的原子主义、分裂主义的弊端，把目标指向了共同体的存在与团结。① 从这个意义上讲，相较于韦氏大辞典的解释，《现代汉语词典》对"认同"的解释更具有延展性、修正性。综合以上解释，"认同"概念体现为三个层面：第一是相同性、一致性，这是主体认同的基础；第二是源于相同性、一致性的亲近感、归属感，体现了主体的心理认同、情感认同；第三是共同体取向的主体间的相互承认，体现了主体认同的价值旨归。

近年来，理论界对价值认同的界定及其不同则主要基于认同方式的不同，如着眼于静态的结果事实，认为价值认同是对某种价值的认可和共享；或着眼于动态的过程，认为价值认同是以某种共同价值观念规范自己的行为。虽然它们均是从动态的过程角度，但又存在着社会价值认同和个体价值认同的不同角度，以及存在着仅仅对价值规范的认同与同时对价值规范和价值信仰认同的不同。在

---

① 曹卫东：《从"认同"到"承认"》，《人文杂志》，2008 年第 1 期。

当代中国城乡文化和谐共生语境中，对价值认同的把握需要把事实性认同与建构性认同结合起来，既要明确需要认同的文化价值观，又要自觉通过建构的方式加以实现。也就是说，建构性认同并非没有明确的文化价值基点，而是在明确需要认同的价值观的前提下展开建构性认同，建构性认同是对事实性认同的完成，同时又是事实性认同的进一步巩固、丰富、完善与发展。从城乡文化和谐共生的视阈看，城乡文化和谐共生中的价值认同则是指城乡居民对城乡文化价值及其相互关系的共同认可与共享，并形成共同的价值观念和归属感的过程。城乡文化和谐共生不仅需要一定的经济文化发展水平等客观基础，也需要共同的价值认同基础。相较于客观基础，主观基础更加重要。历史表明，一定的客观基础并不必然实现城乡文化和谐共生，客观基础作用的发挥有赖于城乡居民对城乡文化价值及其关系的共同认可与共享。

共同的价值认同是城乡文化和谐共生的内生基础。当代中国，有利于实现城乡文化和谐共生的共同价值认同表现在以下方面：一是城乡居民对城乡文化和谐、平等关系的认同。反对城乡文化优劣之分，尊重差异，包容多样，视城乡文化为平等、共栖、共存的文化形态，承认城乡文化各自存在的价值及其互补性；反对城乡文化分离，主张城乡文化和而不同、和实生物。二是城乡居民对城乡文化共同体的认同。主张城乡文化不是绝对独立的而是相对独立的，功能互补，属于一种整体性文化，反对城乡文化偶然的暂时的共生；主张城乡文化必然的长期的一体化共生，城乡文化形成和谐的对立统一体。三是城乡居民对共同历史文化情感、记忆的认可与共享。城乡居民拥有共同的历史文化纽带和精神家园，拥有共同的历史文化身份与情感归属。

价值认同决定了城乡文化发展性质及和谐共生方向。城乡文化不是抽象地脱离于一定的经济基础与上层建筑的文化，城乡文化总是属于一定社会的文化，受制于一定的经济基础、社会形态、社会制度，因而存在着封建主义的城乡文化、资本主义的城乡文化与社会主义的城乡文化。当代中国的城乡文化属于社会主义的城乡文化，是中国特色社会主义文化的重要构成和重要载体。当代中国城乡文化和谐共生，呈现为社会主义先进文化主导的一元多样的文化格局。需要指出的是，应然状态转化为实然状态不是自发产生而是自觉产生的。这个"自觉"体现为文化自觉，"是生活在既定文化中的人对其文化有'自知之明'，明白它的来历、形成的过程、所具有的特色和它发展的趋向"[①]。当代中国城乡居民的文化自觉主要表现为对中国特色社会主义先进文化发展必然性的认知与认同。

---

① 费孝通：《中国文化的重建》，上海：华东师范大学出版社 2014 年版，第 35 页。

文化自觉离不开文化自信，没有坚定的文化自信，难以树立清醒的文化自觉。当代中国城乡居民的文化自觉源于对中国特色社会主义文化的自信，是对源自中华民族五千多年文明历史所孕育的中华优秀传统文化的自信，是对熔铸于党领导人民在革命、建设、改革中创造的革命文化和社会主义先进文化的自信，实质是对中国特色社会主义文化强大生命力和彰显的巨大中国价值与世界价值的坚定自信。文化的核心是价值观，"文化由较为普通的价值观组成，并由此产生了具体行为规范"①，城乡居民对当代中国城乡文化发展性质及其和谐共生方向的认同，最根本的要落实在对社会主义核心价值观是城乡居民共有的主体价值观这一认知、认同上，共同认可"社会主义核心价值观是当代中国精神的集中体现，凝结着全体人民共同的价值追求"②，共同认可社会主义核心价值观是联结现代城乡居民的共同精神信仰。从现实来看，改革开放以来，城乡一些地区、一些居民程度不同地存在黄、赌、毒现象，存在封建迷信死灰复燃现象，存在信仰宗教乃至邪教现象，存在拜金主义、享乐主义、消费主义以及铺张浪费现象，存在崇奉西方文化价值观现象，存在城乡文化歧视、文化偏见及文化发展失衡现象，等等，均体现了非社会主义价值认同对城乡文化发展的消极、负面影响。所以，促进城乡文化和谐共生，我们应以社会主义核心价值观作为主体价值观，引领、支配城乡文化和谐发展，形成一元多样的城乡文化共同体。

第二节　城乡文化和谐共生中的价值认同机制

价值认同机制涉及价值认同的规律。对此，学者们从不同的视角进行了研究，得出了有价值的思想和观点。

一是利益的视角。有学者强调利益与价值观的形成密不可分，认为"利益追求构成了人们价值取向的重要内容，也构成了人们价值比较和价值选择的重要标准以及人们价值追求的动力，利益与人们价值活动的内在关系决定了利益调节构成了主导价值观发挥其作用的内在机制"③。也有学者认为，多元价值冲突的存在是价值认同的现实难题，而多元价值的产生源于多元利益格局的存在，要"将个人利益导向和整合为共同利益，从而使整个社会构成一个程度较高的利益共同体，在利益共同体的基础上，形成蕴含于多元价值观当中的核心价值观，最

---

① ［英］戴维·英格利斯：《文化与日常生活》，周书亚译，北京：中央编译出版社 2010 年版，第 12 页。

② 习近平：《决胜全面建成小康社会　夺取新时代中国特色社会主义伟大胜利》，北京：人民出版社 2017 年版，第 42 页。

③ 陈章龙：《论主导价值观》，南京：江苏人民出版社 2006 年版，第 282 页。

终实现人们对社会主义核心价值体系的认同"①。

二是动力的视角。有学者指出，"社会主义核心价值体系的价值认同分为理论导向力、目标指引力、思想推动力和行为规范力四种力量"②。

三是实践策略视角。有学者指出，促进价值认同就是通过健全解读机制、导向机制、大众文化渗透机制、保障机制，使抽象的价值要求转化为个人自觉的价值追求。③ 也有学者指出，要把握"尊重多样差异，坚持一元导向"的价值引导、"坚持平等沟通，实现渐进渗透"的价值转化和"寻求社会共识，凝聚发展合力"④的价值整合三个环节

四是心理的视角。有学者指出，"认同必须经过知（认知）、情（情感）、意（意志）、念（信念、信仰）、行（实践、行动）等几个阶段的不断反复地发展"⑤。也有学者认为，价值观认同的过程主要包括三个环节，即价值的经验认同、价值的理性认同和价值的情感认同。⑥

五是主体的视角。没有"人"这一主体的存在，也就不存在价值认同问题。作为主体的"人"，虽然受个体认知水平影响，存在一个"能不能"接受的能力问题，但要害是主观愿意问题。有学者认为："'愿不愿意'的问题始终是核心价值观教育能否实现的关键和难点。"⑦

马克思主义认为，价值反映了主体与客体之间的关系，价值观是主体对客体有无意义、作用及其大小的看法、观点和态度，价值认同实质是主体对价值观的认同，价值主体则是价值认同的首要因素。作为价值主体的人，"不是单个人所固有的抽象物，在其现实性上，它是一切社会关系的总和"，所以，主体价值认同不是纯粹的抽象认同，而是主体在复杂因素影响下对现实社会关系参与、适应、调整、建构的结果，需要做出系统性、综合性、整体性、发展性的思考。一定主体的价值认同不仅呈现为心理过程，而且呈现为个体与社会的互动过程；不仅受制于现实的利益考量，而且受制于主观的情感体验；不仅取决于主观的价值判断

---

① 莫凡、谭培文：《论社会主义核心价值认同的利益机制》，《内蒙古社会科学（汉文版）》，2010 年第 6 期。

② 黄静、季明博：《社会主义核心价值体系价值认同的动力机制研究》，《求索》，2010 年第 7 期。

③ 赵冶：《培育和践行社会主义核心价值观的现实策略——基于价值认同的视角》，《燕山大学学报（哲学社会科学版）》，2015 年第 2 期。

④ 张汉静、葛振国：《社会主义核心价值体系的实现路径——基于价值认同的角度》，《山西大学学报（哲学社会科学版）》，2008 年第 6 期。

⑤ 朱继胜、谭培文：《社会主义核心价值认同的建构》，《理论导刊》，2011 年第 2 期。

⑥ 吴宏政：《思想政治教育中价值认同的三个环节》，《长白学刊》，2017 年第 4 期。

⑦ 周中之、石书臣：《社会主义核心价值体系教育探索》，上海：上海人民出版社 2007 年版，第 347 页。

力,而且深受外在社会关系的影响。综合现有研究,从主体价值认同的实践形成过程来看,价值认同机制主要由相互联系的四个环节构成:认知认同、情感认同、信仰认同与行为认同。这一价值认同机制不是纯粹的理论建构,而是理论逻辑与现实利益导向的实践逻辑的统一反映;不是完全封闭的心理过程,而是开放的主观客观辩证统一的过程;不是四个环节机械地清晰递进发展的过程,而是四个环节相互影响、相互渗透,渐进转化、不断发展的过程。

城乡文化和谐共生的过程,是城乡文化主体确立对社会主义核心价值观共同认同的思想与实践过程,是把社会主义核心价值观作为主体(核心)价值观,融入并支配城乡居民价值观念、情感归属、行动指南、精神支柱的过程。城乡文化主体的价值认同,首先表现为对社会主义核心价值观的"认知认同"。认知认同是理智层面的认同,表现为对社会主义核心价值观的感性记忆、理性理解,表现为对社会主义核心价值观民族性、时代性、先进性的正确把握。但是,认知认同表现为事实性判断,而非评价性判断,价值观属于评价性判断,因此,认知认同固然重要,但并不必然对主体的行为产生影响,比如,一个主体了解了法治的内涵,并不必然意味着其会依法办事。

其次,城乡文化主体对社会主义核心价值观的情感认同。情感认同是主体对价值选择所产生的道德感、神圣感等主观情绪体验。清醒的理性认知伴以炽热的情感体验是认可、接受社会主义核心价值观的内在动力。比如,当主体感受到职业的崇高和神圣时,他会自觉自愿地接受敬业的价值观念;当主体感受到法治所带来的公平感、安全感、幸福感时,他会乐意、坚定地接纳法治的价值观念,等等。可以说,情感认同是实现认知认同及信仰认同、行为认同的中介和桥梁。

再次,城乡文化主体对社会主义核心价值观的信仰认同。情感认同作为情绪体验,可能会因情景不同产生一定的游移,因而缺乏长期的稳定性,需要通过信仰的力量保持情感的长久。信仰是基于理性认知对最高价值的信念。信仰形成的标志是非理性的确信,"确信指可信在情感上的强化,它是一种知识上的可信发展到必须在行动上不可遏制地表现出来的主体精神状态"[①]。信仰呈现为稳定的情感认同,具有鲜明的非理性色彩,正是信仰也只有信仰才能建构主体的情感寄托和精神家园。可以说,社会主义核心价值观成为信仰才是城乡主体价值认同的关键。

最后,城乡文化主体把作为内在信仰的社会主义核心价值观外化为价值实

---

① 张艳芬、孙斌:《信仰:从可信到确信——试论社会主义核心价值体系中的信仰问题》,《中共浙江省委党校学报》,2009 年第 1 期。

践的行为认同。信仰规约了主体最高的价值追求、价值取向，所以，主体的实践行为不过是信仰的生动呈现，同时行为认同又进一步坚定了信仰认同。要把社会主义核心价值观有效融入市民公约、村规民约、行业规范与学生守则之中，融入城乡社会治理实践之中，融入各项法律规章制度之中，由他律转化为自律，由要求转化为追求，推动城乡居民持续建构共同的文化认同和精神归属。

四个环节是相互转化、相互贯通的有机整体，是循环往复以至于无穷的动态发展过程，贯穿于城乡文化和谐共生的始终。

第三节　城乡文化和谐共生中价值认同的实现路径

城乡居民共同价值认同的实现是主客观因素复杂作用的结果，既受制于客观的城乡利益共生的深度广度，以及促进城乡文化和谐共生的法律、制度等支撑和保障因素，又受制于城乡主体的认知、情感、心理、行为与交往等因素。马克思主义认为，外因要通过内因才能起作用。这里，我们在肯定客观条件重要性的同时，着力针对城乡主体共同价值认同的特殊性和特殊规律进行探讨。

一、培育城乡居民主体价值观

从历史和现实来看，依据价值传播者和价值接受者在价值认知生成中主观能动性的强弱，价值认知生成大致呈现为三种方式：自然生成、规训生成和互动生成。自然生成遵循社会存在决定社会意识原则，规训生成遵循主观能动性原则，互动生成遵循主体间性原则。三种生成方式没有绝对的优劣之分，依据不同的环境和问题，可以单独使用，也可以综合使用。如前所述，当代中国城乡居民的共同主体价值，是社会主义核心价值观，我们应恰当地采用不同的认知生成方式，促进社会主义核心价值观从应然状态向实然状态的转变。

1. 春风化雨、润物无声，实现城乡居民主体价值观的自然生成

马克思主义认为，"人们的意识，随着人们的生活条件，人们的社会关系，人们的社会存在的改变而改变"①。实践中，应以保障城乡居民文化权利为宗旨，扎实推进城乡公共文化服务体系建设，在实现公共文化服务的标准化、均等化过程中培育文明、平等、和谐、公正等价值观，在实现公共文化治理的多元主体共同参与中培育民主、自由、法治、爱国等价值观，让城乡群众的文化实践与文化体验成为培育主体价值观的现实基础。要支持城乡社区广泛建立民间文艺团队，大

---

① 《马克思恩格斯选集》第 1 卷，北京：人民出版社 1995 年版，第 291 页。

力开展城乡群众性文化活动，把社会主义核心价值观嵌入文艺创作、文化活动之中，实现主流文化与民间文化的融合，树立正确的民族观、国家观、历史观和荣辱观。

2. 注重灌输，强化干预，实现城乡居民主体价值观的规训生成

灌输，是马克思主义意识形态建设的重要理念和重要方式。教育是灌输的主导路径。要坚持从城乡青少年抓起、从城乡学校抓起，推动社会主义核心价值观进教材、进课堂，贯穿于国民教育的全过程，逐步实现认知认同。要借助城乡各类道德讲堂、文化讲堂等空间载体，对社会主义核心价值观的丰富内涵、现实意义等开展广泛深入的教育普及活动，树立清醒的价值自觉。要积极引领城乡民间文艺团队和群众性文化活动发展，以有利于培育和践行核心价值观为标准，制定文艺展演、文化活动评比的评价准则，规范审美趣味、价值取向，使之成为培育主体价值观正确认知的丰厚土壤。需要指出的是，灌输教育要坚持以人为本，实施个体化教育，做到因人施教。

3. 通过官民互动、政社互动，实现城乡居民主体价值观的互动生成

社会主义核心价值观作为一般的抽象价值话语，要与城乡所在地域的文化价值观相结合，实现核心价值观从一般向特殊、抽象向具体的地方化大众化转变，才能真正成为城乡居民的主体价值观。要着力推动形成各具特色的地方精神，让社会主义核心价值观落地生根，如北京精神（爱国、创新、包容、厚德）、上海精神（海纳百川、追求卓越）、南京精神（开明开放、诚朴诚信、博爱博雅、创业创新）等等。这些地方精神既是地方政府与城乡群众广泛讨论、良性互动的结晶，又深深扎根于地方的历史文化与实践之中，是社会主义核心价值观的地域性表达、地方性知识，形成了城乡居民共同认同的地域性核心价值。

二、传承共同的历史文化认同与情感纽带

丹尼尔·贝尔认为："对一个社会、一个群体或一个个人来说，文化是借助内聚力来维持身份认同的连续过程。"[①]这一思想同样适用于城乡文化共同体的形成和发展，而可以借助的"内聚力"则是城乡共同拥有的传统文化。"从'中国文化根柢'寻根的意义上来培养文化认同感，其诉求本质就是从传统文化中寻找为全体大众所共享的'核心价值'，这是文化认同的土壤。"[②]中华优秀传统文化是

---

① ［美］丹尼尔·贝尔：《资本主义文化矛盾》，严蓓雯译，南京：江苏人民出版社 2012 年版，第 36 页。
② 张鸿雁：《核心价值文化认同的建构与文化治理——深化改革文化治理创新的模式与入径》，《南京社会科学》，2015 年第 1 期。

中华民族的基因,几千年来潜移默化地影响着中国人的思想观念、思维方式和行为方式,形塑了中国人的精神世界,构成了百姓日用而不觉的价值体系,蕴含着城乡居民共同的文化记忆,形成了文化的集体身份认同和情感纽带。可以说,"传统文化提供的生活规范、德行价值及文化归属感,发挥着其他文化要素所不能替代的作用"①。因此,培育城乡共同价值认同必须传承中华优秀传统文化,传承传统文化就是保存、延续集体的文化记忆,持续建构文化的集体身份认同。共同的历史文化认同和情感纽带可以使城乡居民超越地域、阶层、职业、空间的界限而牢固地凝聚在一起。我们要重视作为社会主义核心价值观文化根柢的中华优秀传统文化,"深入挖掘中华优秀传统文化蕴含的思想理念、人文精神、道德规范,结合时代要求继承创新,让中华文化展现出永久魅力和时代风采"②。促进传统文化与现实文化相融相通,共同服务以文化人的时代任务。一要在城乡社区广泛开展优秀传统文化教育普及活动,讲清楚中华文化的价值理念与独特创造,讲清楚中华文化的生命活力与当代价值,增强城乡人民的文化自信和文化认同。城乡居民树立了对优秀传统文化的自信与认同,就形成了对社会主义核心价值观自信与认同的原动力。二要在传承好民俗文化中增强价值引导。民俗文化是一个地区在长期的生产生活实践中形成的,是该地区人们文化心理、价值观念、思维方式、生产生活方式的生动反映,是精神世界的生动表达,也是地域性城乡居民共同的文化与情感纽带。在工业化、城市化的进程中,民俗文化呈现衰微之势,各地应系统梳理民俗文化资源,以持续开展好"我们的节日"活动为主抓手,结合时代要求,立足于满足城乡居民以及外来农民工的心理、精神与现实需要,丰富内涵,转化形式,扩展功能,延伸阐发,实现民俗文化与核心价值观的融合,避免形式化、商业化,不断增强民俗文化的生命力、魅力与凝聚力。三要把传承优秀传统文化与现代传播技术有机结合起来,精心创作影视剧、文学作品等群众喜闻乐见的优秀文化产品,借助互联网、文化信息资源共享工程、广播电视村村通工程等,实现优秀传统文化城乡全覆盖,在历史文化价值认同的交叠共识与情感累积承续中实现共同价值认同。

三、建立日常生活道德养成机制

学者梁漱溟说,"文化并非别的,乃是人类生活的样法"③,这道出了文化与

---

① 陈来:《中华文明的核心价值》,北京:生活·读书·新知三联书店 2015 年版,第 114-115 页。
② 习近平:《决胜全面建成小康社会 夺取新时代中国特色社会主义伟大胜利》,北京:人民出版社 2017 年版,第 42 页。
③ 《梁漱溟全集(第一卷)》,济南:山东人民出版社 1989 年版,第 380 页。

日常生活的深度互嵌。从本体论来看，人的日常生活与人的存在是统一的，一个人的日常生活表征着一个人的存在方式，日常生活既是一个人重要的栖息场域，又是一个人重要的存在样态。什么是日常生活，学者赫勒从人与社会的关系维度指出，日常生活就是"个体的再生产"①，换言之，个体的再生产构成日常生活的主体内容，日常生活过程就是个体再生产的过程。这一阐释与中国人对于日常生活的理解存在共通之处，《现代汉语词典》对"生活"解释为"人或生物为了生存和发展而进行的各种活动"。不同之处在于，赫勒从个体再生产出发，强调为获得生存所必需的规则条件与规则系统。概而言之，日常生活，指人平常、平时为了实现个体再生产进行的各种活动以及活动中形成的一般规则，区别于非常、特殊时期进行的各种活动及其特殊规则，属于常态化的各种活动与规则。从个体再生产来看，日常生活主要包括生产活动、消费活动与交往活动及其活动中形成的相应规则，这些活动构成了城乡居民互动的场域，也构成了城乡文化共生的场域以及在此过程中实现价值认同的场域。

　　1. 重视在农民工日常生活中推进价值认同

　　农民工顺利实现城市文化适应，是农民工市民化中城乡文化和谐共生的重要体现，也构成了农民工生产、消费与交往等日常活动的重要内容。要创造条件，通过培训推动农民工进入现代工业分工体系，在现代工业化的生产活动中培育独立意识、责任意识、竞争意识与合作意识，实现人本身的不断再生产。农民工的生产活动增添了业缘关系，与固有的血缘、地缘意识整合在了一起，在重视人情的同时可以培育契约精神、法治精神，能够推动熟人社会的文化与陌生人社会的文化结合、传统文化与现代文化的整合。要重视农民工的日常交往活动，推动农民工融入所在城市、所在生活社区，鼓励农民工参与社区志愿组织、社区文艺团队等，参与社区治理，摆脱老乡交往圈限制，扩展社会交往范围，建构社会支持网络，培育社区共同体意识。此外，政府还应通过购买文化服务或鼓励城市基层文艺团队常态化进工地、进工厂，为农民工演出时尚健康、积极向上的文艺节目，丰富农民工日常文化消费活动。

　　2. 重视在新型职业农民日常生活中推进价值认同

　　新型农民，主要指农民就地市民化进程中形成的适应现代社会要求、具有现代文明素养的有文化、懂技术、会经营的农民，是摆脱了身份农民的职业农民。从文化社会学的角度看，新型职业农民实质是工业化、城市化进程中城乡文化一体化共生的具体呈现，新型职业农民的生产与再生产过程也是农民在城乡文化

---

　　① ［匈牙利］阿格妮丝·赫勒：《日常生活》，哈尔滨：黑龙江大学出版社 2010 年版，第 3 页。

和谐共生中不断实现价值认同的过程。实践表明，成功的农民就地市民化无不需要一定的支撑条件，或者拥有现代化的工业经济支撑，或者拥有现代化的农业经济支撑，或者兼而有之。因此，我们要重视在农民的现代生产活动和经营管理活动中推动工业文化与农业文化的和谐共生、传统文化与现代文化的和谐共生，使文化和谐共生的过程成为农民价值观念、思维方式、行为方式、交往方式不断调适整合的过程。通过打造经济合作社、村民议事会等组织载体，在继承优秀传统文化的同时不断生成平等观念、契约观念、民主观念等适应现代社会发展的价值理念。重视改造、提升农民传统的日常消费活动，消除铺张浪费、大操大办的落后思想观念，移风易俗，普遍建立并发挥道德评议会、红白理事会的作用，引导形成勤俭节约、合理有度的文明消费理念。建立健全自治、法治与德治相结合的乡村治理体系，让民主自由的精神、平等公正的价值、诚信友善的美德落地落实，转化为农民的思维方式与行为习惯。

　　3. 重视在城乡居民日常交往中推进价值认同

　　城乡居民日常交往过程也是城乡文化交流互动过程，推动了城乡居民形成新的文化认同和价值认同。城乡居民的日常交往，一方面体现于市民在乡村的生产经营、创业、旅游消费以及乡村养老等日常活动中，另一方面体现于农民进城所从事的打工、经营、消费等活动中。通过日常交往，市民可以感受到乡村文化的自然、淳朴、生态、和谐，体验不一样的真、善、美，农民可以近距离感受到城市现代化之美。城乡居民对于城乡文化的双重认同必将改变固有的文化认知、文化评价，建构新的文化价值认同。在重视城乡居民各自进入对方生活空间实现文化交流互动的同时，还要重视在城乡空间展示不同文化、创设融合城乡文化的符号体系并使之成为城乡居民文化消费生活的重要内容、重要组成部分，促进城乡文化互动。城市应以包容的精神，搭建平台，创造空间，提供机会，把农村的特色民俗文化、特色农副产品和特色文明成果展示给城市居民，丰富市民文化生活，为城市文化提供新的文化资源，在丰富发展城市文化中构建市民新的价值认同。要推动文化下乡、文化帮扶、文化辅导的常态化，使更多农民有更多机会欣赏、吸纳城市文化、现代文化，让城市现代文化展示成为农民日常文化消费活动的重要构成，在实现乡村文化的现代转换与发展中形成农民新的价值认同。

第八章　推进城乡文化和谐共生的条件：
居民交往互动机制建设

传统城镇化进程中出现的城乡文化发展不和谐不协调，其重要表现是城乡居民的交往匮乏和心理隔膜。社会阶层固化和利益冲突，明显导致城乡居民交往对象内生化、交往程度浅表化、交往方式单一化[①]，造成城乡居民的心理隔膜甚至是相互隔离。有鉴于此，党和政府提出统筹城乡发展、促进城乡一体化建设、推动城乡文化和谐共生。新的政策思路要求有针对性地化解城乡居民交往互动困境，建立并完善城乡居民交往互动机制。

第一节　城乡居民交往互动的理论追溯

城市和乡村在政治、经济、文化、社会等方面的结构性差异自古有之。只是新中国成立以来，根植于工业文明的"城市文化"同根植于农耕文明的"乡村文化"的对立冲突，在改革开放的浪潮中尤为突出，城乡居民交往互动便在这种结构性分割的社会环境中变迁发展，其理论背景最早可追溯至20世纪初西方社会提出的文化冲突、选择、整合等理论，其中的典型代表包括"熔炉文化""马赛克文化"以及"双文化认同"理论。

一、"熔炉文化"与"马赛克文化"

"熔炉"一词最早由英国作家兼政治活动家赞格威尔于1909年首次提出，此后流变出描摹美国多元文化生态现实、描述多民族融合建构新文化的"熔炉文化"和"马赛克文化"。这是学界关于美国文化状态的"两种形象化表述，是要着力表现美国主流文化和他者文化（即外来文化或亚文化）的关系"。[②]

"熔炉"的实质是民族同化以及居于主导和核心地位的主流文化对他者文化

---

① 戴迎华、陈婧：《社会距离视角的青年农民工城市交往问题探析》，《南京航空航天大学学报》，2013年第2期。

② Israel. Zangwill. *America is a Great Melting Pot.* Teresa O's Neil(ed.)*Immigration：Opposing Viewpoints.* San Diego：Green Haven Press Inc. 1992：46.

的同化归一（assimilation）。"马赛克"的实质是文化多元主义（cultural pluralism），即强调主流文化与"他者文化"或者"亚文化"在相互交流与碰撞中多元并存。

美国著名哲学家霍勒斯·卡伦（Horace Kallen）对于种族文化冲突与融合颇有研究，在他的努力下文化多元主义理论得以创建并不断发展。霍勒斯·卡伦认为，文化对人们的影响是潜移默化的和深入灵魂的，这种影响多半来自心智尚未成熟的成长发育阶段所接触的母体文化熏陶和所接受的家庭、学校、社会教育。当移民群体以外来者身份进入异域社会时，一方面，其自身所代表的母体文化在冲突、融合中促进着异域社会多元文化间的融合演进；另一方面，于外来者而言，异域空间社会的主流文化也会以各种有形或无形、正式或非正式的方式同化他们的文化素养和文化习惯，包括其宗教信仰、政治见解以及文化交流、创作与消费。外来者为包容多元文化的熔炉社会带来的不仅仅是资本、技术和劳动力，随之而来的更是多元文化间的重塑、互构和同化。换言之，外来者在异域空间社会既同化于主流文化，又积极谋求以身份认同和心理认同为主的母体文化认同、表达。

在现代化进程中，都市文化无疑是一种基于本土的主流文化，外来务工人员所携带的各种他者文化代表着亚文化。都市文化和乡村文化的碰撞交流如同美国社会多元文化之间以"马赛克"姿态共存的文化融合。然而，这种文化融合的过程，一方面意味着都市主流文化对外来乡村亚文化的同化吸收，另一方面还意味着乡村亚文化的边缘化。农民与市民、农民工与城市职工在文化生活上面临着巨大的差异，包括文化消费水平、消费内容和消费结构。一边是市民文化的热闹非凡，另一边是农民和农民工文化生活的严重贫乏。据调查，有60％的农民工对自己目前的文化生活"不满意"或"很不满意"①，而相较之下，市民的文化生活就要令人满意得多。熔炉文化和马赛克文化理论的核心主张是主流文化与亚文化之间的交融同化，但同化的过程和结果对不同群体的影响是不同的，母体文化为主流文化的群体更可能从文化同化中受益，而母体文化为边缘文化的群体则很难分享到文化同化的红利。因此，熔炉文化和马赛克文化理论的启发意义在于，各级党委和政府在构建城乡文化和谐共生居民交往互动机制的过程中，需要高度关注乡村文化的边缘化现象，例如通过合理解决农民市民化问题，包括住

---

① 李薇薇：《别让他们隔绝在城市文化之外——专家呼吁重视进城农民工的"孤岛化"生活》，《青岛日报》，2005年2月2日。

房条件差、超时劳动、子女教育难、社会保障缺失等①，采取多种方式统筹城乡文化和谐发展。

二、"双文化认同"

"双文化"概念来自文化心理学研究中动态建构主义取向的文化框架转换(Cultural Frame Switch，CFS)模型，意指单个个体可同时拥有两种文化知识网络或结构，包括内化其中的行为技能、宗教信仰、法治理念等。

在经济全球化的大背景下，人口流动日益加剧，无论是地理意义上的城乡之间、区域之间、国家之间，还是人口意义上的民族之间、不同群体之间，同时拥有双文化的流动人口及个人都不得不面临如何处理母体文化和新获得文化之间的认同整合——文化适应策略问题，在心理学层面形成一种新的行为技能和文化模式。双文化交融整合包括四种文化适应策略：一是整合策略，二是分离策略，三是同化策略，四是边缘化策略。研究发现，"双文化认同影响着个体在多文化背景中的心理调适、文化框架转换、认知加工方式以及创造性等。促进积极的双文化认同，在个体和群体层面均具有重要的意义"②。"在现代国家，国家治理不得不立足于文化的塑造和文化的认同。"③

在城乡空间，农民及农民工不得不面临着"城市文化"和"乡村文化"的双文化认同。然而，审视现实不难发现，农民及农民工群体，虽然身处热闹非凡的大都市，却被隔绝在城市生活之外。农民工群体每天工作十几个小时，超额的工作负荷让他们没有时间精力去了解城市文化。此外，绝大部分农民工群体以流动的方式进入城市空间，主要是出于财务目的。"开源节流"是农民工群体的主要生活方式，而真正融入城市社区，除了时间和精力，还有更重要的经济因素考量。这些综合因素让农民工群体处于与城市文明"孤立隔绝"的窘迫状态。虽然农民工群体也会"自娱自乐"，但这种方式极其单调贫乏。据调查，六成以上的农民工群体大多靠打扑克、看街景、坐在床头发呆等方式打发时间，各类高雅文化艺术活动，如电影、话剧和歌剧等，以及一些公益体育健身活动，农民工群体几乎从不涉及。因此，城市空间的农民工群体很难对城市文明产生真正的身份认同和情感认同，他们在精神文化上更多的是对家乡的思念和依恋。换言之，双文化认同虽然在理论上有"整合、分离、同化和边缘化"四种适应策略，但农民工群体的现

---

① 刘文俭、张传翔、刘效敬：《统筹城乡文化发展战略研究》，《国家行政学院学报》，2005 年第 6 期。
② 周爱保、侯玲：《双文化认同整合有助于民族和谐》，《中国社会科学报》，2016 年 4 月 19 日。
③ 付春：《软治理：国家治理中的文化功能》，《中国行政管理》，2009 年第 3 期。

实适应策略可能相当有限，主要是分离和边缘化，很难发生真正的整合和同化。

三、跨文化心理学中的"文化适应"

跨文化心理学（cross-cultural psychology）关注的核心议题是"文化适应"（acculturation）。美国民族事务局的 J. W. Powell 于 1983 年首次使用该词，其内涵是外来文化者对新文化中的行为进行模仿所导致的心理变化。[①] 然而，早期的文化适应并不具有这样的内涵，它更多地指向不同文化群体由于持续、直接的文化接触所形成的双方或一方原有文化模式发生变化的现象，因此更接近"文化趋同"的意义。围绕文化适应，许多跨文化心理学家分别提出了自己的理论框架，主要包括单维度模型和双维度模型。单维度模型认为，从完全的原有文化到完全的主流文化是一个连续统一体，个体总是处于其中的某个位置，而且最终的结果是个体完全被主流文化同化。这一连续统一体的中点就是双文化状态（biculturalism）。这一理论在美国社会的体现就是"熔炉"观，而且在 20 世纪前期和中期占据统治地位。然而，在 20 世纪后期，越来越多的跨文化心理学家对单维度提出了批判和怀疑，并在此基础上提出了以 Berry 为代表的双维度模型。所谓双维度，其实是对两类不同文化的倾向性，即"对传统文化和身份的倾向性"以及"与其他文化群体交流的倾向性"。Berry 认为，对传统文化和身份的倾向性高，不代表对与其他文化群体交流的倾向性低。换言之，文化适应的这两个维度是相互独立的，因此在理论上的文化适应策略有四类：整合、同化、分离和边缘化。随着对文化适应研究的不断深入，很多学者认为，文化适应中的民族文化群体并不总是能够自由选择文化适应策略，因此在原有双维度模型的基础上增加了"文化适应期望和主流文化群体在文化适应中所扮演的角色"新的维度，那么原有的四种文化适应策略就演变为八种策略，即对少数民族群体来说，文化适应策略是"整合、同化、分离和边缘化"，而对主流文化群体来说，其文化适应策略就是"多元文化、熔炉、种族隔离和排斥"四类。此外，也有学者从文化整合的角度出发，认为文化适应中的个体面临的不是单一的主流文化或者原有文化，而是一种整合的文化。这种整合文化中可能同时包含主流文化和原有文化的精华或冲突，因而提出文化适应的"整合模型"。

---

① Berry J W. *Conceptual approaches to acculturation*. In: K Chun, P B Organista, G Marin (Eds.). *Acculturation: advances in theory, measurement, and applied research*. Washington DC: American Psychological Association, 2003: 17 - 37.

运用跨文化心理学中关于文化适应的单维度模型、双维度模型、多维度模型和整合模型分析城乡居民交往互动中面临的文化适应现象不难发现，以农民及农民工群体为代表的外来文化和以市民群体为代表的主流文化在相互适应的不同阶段可能面临着不同的适应结果。这主要取决于两类不同文化群体所选择的文化适应策略以及城市主流文化群体在文化适应过程中所扮演的角色。城乡文化和谐共生是城乡居民交往互动的价值追求，但外来乡村文化很有可能在相互的文化适应中被隔离和排斥，并形成乡村文化的边缘化地位。

四、经典理论对城乡交往的启示

改革开放以来，我国在政治、经济、社会等各个领域取得了令世界瞩目的成就，人民拥有更加民主自由的个人权利，经济体制转轨让市场迸发出更多活力，城乡居民的生活水平有了大幅提升。然而，"让一部分人先富起来""先富带动后富"等政治经济发展战略并不能完全兼顾公平与效率，城市和农村不可避免地陷入了城乡二元结构，尽管这种二元结构有着深厚的历史渊源，而制度和文化因素又深化着这种二元结构且至今都无法逾越。

由于二元体制和二元结构，贫穷、落后的中国农村与富足、先进的城市地带，在土地财产权利、劳动力市场、金融制度安排、公共资源配置等方面存在显著差异。以农村土地财产权利为例，法律规定，农村土地为集体所有，农村土地使用权不得转让、出售，因经济发展需要，需要将农业用地转为非农业用地的，必须向国家提出申请，由国家统一征收。而问题的关键在于，对于农业用地的征收，国家仅按原用途进行经济补偿。任何集体或个人向国家申请非农用地时，都要支付高昂的交易和开发费用。那么其必然的结果就是，农民群体无法分享农业用地向非农用地转移过程中产生的巨额经济增值收益。而与之形成明显对比的是，城市居民在城市用地征收中获得了巨大收益。

根据马克思主义辩证唯物论，城乡经济体制的显著差异必然影响着城乡居民各自的文化体系。具有现代性的城市文化对于传统乡村文化有着巨大的同化功能，传统乡村文化就在这种同化过程中被渐次边缘化，广大农民群体也同时因为这种母体文化边缘化的尴尬处境而失去了文化认同的根基，城乡文化不和谐因素日益突出，部分进入城市场域寻求就业机会和经济收入来源的流动人口群体，因无法获致市民身份和相应的福利待遇而在社会心理结构上发生扭曲，进而引发城市"边缘人""沦落人"现象，甚至"打击报复社会"的悲惨事件，城市社会治安环境受到威胁，城乡发展不和谐因素给地方政府社会治理提出了新的挑战。而熔炉文化、马赛克文化和双文化认同理论为改变城乡发展进程中的二元对立格局提供了新的工作思路。城市和乡村文化体系可以在城镇化进程的冲突对立中融合发展。文化交融不仅能够有效缓解城乡发展矛盾，更有助于疏通城乡居民交往互动中的心理隔阂。因而，党和政府需要通过适当的政治策略和公共政策输出，积极引导城乡居民文化交往互动，构建城乡居民交往互动机制，让城乡居民在交往互动中重塑各自的文化体系，形成以社会主义核心价值观为中心的多元一体文化体系，进而实现城乡文化和谐共生的政策目标。

第二节　城乡居民交往互动的意义阐释

以血缘、亲缘、地缘、情缘、业缘、学缘、趣缘等为介质，社会主体之间多种互动形式是人类最基本的存在方式，它涵盖政治、文化、社会等人们生活的方方面面。从这一角度分析，城乡居民以文化为核心的交往互动，对于政治层面的民族国家认同、文化层面的多元文化整合、社会层面的农民市民化的功能意义不言而喻。

一、国家认同的必然选择

加强国家认同的基础因素在于统一的制度体系、共同的沟通语言和充分的社会交往。一般意义上的国家认同，指生活在其中的人与国家社会在心理、情感或信念上的认同和依赖，反映的是人与国家社会的基本关系。从远古时期发展到现代国家，人类在哲学意义上逐渐由被决定力量上升为国家社会发展的决定性力量，人的权益、观念、生产、交往、互动，是"现代国家社会建构的逻辑起点和决定力量"。[1]

研究表明，建构国家认同的基础要素中，除了政治层面的制度性要素，尤为重要的是文化和民族要素。[2] 人们要根据这些文化要素进行交往互动、自主选择和价值判断，并在密切的交往互动中寻求得以塑造国家认同、优化国家结构体系的共同的历史传统、语言、风俗习惯、集体记忆和宗教习惯。全球化、现代化、多元化、民主化的时代背景对国家认同提出了更高要求，而文化意义上的城乡居民交往互动机制建设，则是文化和民族要素的重点关照对象，是着眼于建构国家认同、优化国家结构体系、促进城乡文化和谐共生的必然选择。

---

① 林尚立：《现代国家认同建构的政治逻辑》，《中国社会科学》，2013 年第 8 期。
② 暨爱民、彭永庆：《国家认同建构：基础要素与历史逻辑》，《中南民族大学学报》，2016 年第 1 期。

二、文化整合的现实需要

西方早期文化交往融合以及农民工市民化的研究者普遍认为，外来人口的文化交往和适应是一个单向度的被动过程。这种观点的价值取向显然是熔炉文化理论和城市文化中心主义。诚然，脱离了农村社会场域的流动人口在嵌入城市的过程中，必然要接受城市经济制度和社会结构对其的吸纳过程，逐步习得城市生活习惯和生活方式，适应并认同城市文化和社会制度。

然而，结构变迁不必然意味着条件制约。从理论上来说，新型城镇化背景下的城市结构和城镇环境兼具制约性和使动性。农民工市民化实际上是一种行动适应与结构变迁密切互构的过程。① 城乡居民的文化交往互动，一方面使新融入群体获得不同于以往的社会面貌和社会信任基础，另一方面，这种交往互动也从整体上渐次锻造改变着城市文化生活的框架和内涵，推动城乡文化和谐共生和城乡发展体系化。"在文化同质化与文化异质化的对立统一中，文化交往最终将实现文化的整合。"②

三、农民市民化的基本渠道

以农民为主体的外来流动人口如何通过制度设计更加顺畅地融入城市生活，以实现包括个人形象气质、身份和心理认同，社会交往网络、社会福利待遇等全面的市民化过程，这是城乡文化和谐共生须关注的重要议题。从这一层面讲，城乡居民交往互动机制是农民市民化的重要渠道。这种交往互动机制于农民等外来流动人口而言，首要的是作为市民素质提升、市民身份自我认同及社会认同的重要途径，包括对外在形象、语言表达、道德理念、生活方式由被动到主动、由身体表层到心理深层的转化与适应过程，从而更好地适应城市社区或混合社区生活。农民市民素质和市民身份的形成，主要得益于在日常工作生活中，他们与城市市民的交往互动。

以城市通用语言为例，对城市语言的掌握程度体现出融入群体的个人素养和文化内涵。城乡居民交往互动机制也从侧面确保了交往互动中融入群体对城市语言的快速掌握。进城农民工欲求快速融入城市社区和城市工作空间以寻求相应的心理认同、身份认同、文化认同，那么最为首要的即是学习使用城市通用

① 江立华、谷玉良：《农民工市民化：向度与力度——基于对城市文化中心主义倾向的反思》，《中国特色社会主义研究》，2013年第6期。
② 李佩环：《论全球化时代文化交往的实现机制》，《长白学刊》，2011年第3期。

公共语言并更新工作理念、价值观念、消费习惯等。熟练运用城市通用语言并能够根据所处空间文化氛围自由切换语言体系，展现了成长于乡土社会的农民工群体与城市社会主流文化间微妙的互动关系。进城农民工与城市社会这种不言自明的微妙互动关系，表明了农民工群体对以城市通用公共语言为载体的主流文化的掌握、融入。

第三节　城乡居民交往互动的要素分析

在经济社会发展的不同阶段，城乡居民交往互动的内容和方式都会发生程度不同的变化。这种变化折射出社会变迁的时代印记，传达和体现了社会成员在思想观念、价值取向和行为方式等方面对这种变迁的回应和选择。

一、交往互动的城乡环境

城乡居民交往互动以城市居民同以外来移民和流动人口（农民工主体）为代表的特殊群体之间在物质、精神尤其是文化层面的交流沟通为核心。

"乡村是人口稀少、比较隔离、以农业生产为主要经济基础、人们生活方式基本相似的生产、生活部落。"[①]相对城市而言，乡村生活看起来总是单调寂寥的。但是，城镇化发展打破了乡村的单调寂寥，城市文化特征逐渐移入传统乡村生活及其生产方式。然而，"城市物质建设成就掩盖不了精神实质的消失"[②]。"城市空间、人口与经济规模的增长并不能消除城乡一体化发展中隐现的难题，外来移民和乡村居民在城市融入进程中甚至面临严重的身份和文化认同挑战。"[③]调查结果显示，城乡居民文化交往互动具有"内卷化"特点，城市居民与乡村村民在城市空间尤其是混合社区的交往互动都不频繁。

因而，以城乡文化和谐共生为目的的城乡居民交往互动机制建设，正是基于这样一种以城市文化繁荣为中心的社会环境之中，城市文化中心主义同乡村文化边缘化状态并存，新城市居民的身份和文化认同处于焦灼状态。这种市民身份和文化认同的双重焦灼状态，一定程度上加大了文化交往互动机制建设的阻力，而从另一角度考量，也正因如此，城乡居民交往互动机制建设才变得尤为有意义。

---

① Benjamin，W.，*The work of art in the age of mechanical production*，Illuminations，H. Zohn (trans.)，H. Hannah Arendt (ed.). London：Fontana，1973：63.

② ［美］刘易斯·芒福德：《城市发展史——起源、演变和前景》，宋俊岭、倪文彦译，北京：中国建筑工业出版社 2005 年版，第 317 页。

③ 张振鹏：《新型城镇化中乡村文化的保护与传承之道》，《福建师范大学学报》，2013 年第 6 期。

二、交往互动的主体与过程

"在促进城乡文化和谐共生意义上，城乡居民交往互动是指发生在包括意识形态、精神产品和生活方式在内的不同文化体系主体之间的交流与互动。"①城乡居民交往互动主体包括个体主体和群体主体两种基本类型。

文化交往互动过程包含两个不同层面：一是主体、客体之间的冲突整合，二是主体或客体各自内部自发、自觉的冲突整合。文化交往互动实践中，每一种文化体系相对于其他文化体系来讲都既是主体也是客体，因而主客体身份界说是相对的。文化交往互动是不同文化体系之间通过主体客体化和客体主体化的双向运动形式，不断冲破现实障碍构建和谐共存的文化美好未来的一种活生生的动态实践体系。

在文化交往互动演进中，人们首先关注的是来自异质社会的主、客体之间的互动关系，这种互动关系即本域社会文化主体与异域社会文化客体的冲突融合。在异质文化体系交融中，主体与客体都将自发或自觉地将自身携带的文化基因渗透进不同于母体文化体系的他文化体系，即主体客体化、客体主体化，主、客体都将强烈表达母体文化的合理意念，并使之转化为通过物质生活方式、精神消费产品等外化的客观实在，进而共同改造异质文化体系。

在主体内部作用意义上，包括两种身份界分，即主体群体和主体个体。不同文化交往互动还表现为社会的个体、群体间的内在交往互动。如前文所述，文化主体与来自异质社会的文化客体在心理结构、思维习惯、价值观念等方面天然存在差异，这种差异既是构成文化融合的前提和基础，但往往又是文化冲突、对立的主要障碍。除了探究孕育于异质社会生活空间的异质主、客体之间的多元异质特性，另外两种整合或同化关系，即构成主体群体的主体个体与主体群体之间以及同一文化体系内主体个体之间的互构、互塑关系，于多元文化体系长期演化、整合过程同样重要。多元文化体系演化、整合过程中的关键问题在于下述两点：一方面，主体个体价值伦理观、思维方式、社会心理结构、社会交往方式等文化身份特质是否真正展现或合理表达着群体主体的利益和诉求；而另一方面，主导文化整合演化趋势的群体主体文化又是否以个体成员的根本良善即幸福生活为出发点和落脚点。

① 杨玲：《文化交往论》，武汉：华中科技大学博士论文，2010 年。

三、交往互动的方式选择

新型城镇化进程中的城乡居民交往互动，带有明显的现代文化烙印。

1．职业场所交往

进入城市的外来人口，由于多种原因，他们往往在城市的非正规部门就业，而且具有不固定、不稳定、多变性等特点，因而他们同城市非流动人口之间的文化交往互动方式，在职业工作场域也呈现相应的分散性、多样性、短期性、不确定性、不稳定性和内在的不平等性。整体而言，城市流动人口群体与城市非流动人口群体的职业背景差距甚大，前者所从事的职业在专业技术要求、薪资福利待遇、工作场域环境、个人发展空间等方面均低于或勉强等于平均职业水准。正是这种行业领域的中低端职业岗位及其带来的低水平、不稳定经济收入，让背井离乡的城市流动人口群体在社会心理结构上产生难以弥合的自卑感，因而他们通常不能占据社交场合的主导地位。城市非流动人口群体难以掩盖的身份优越感已经内化为一种独特的市民心态或市民性格，这也是城市流动人口群体和非流动人口群体的文化交往互动一般表现为浅表层次的深层原因。这种因职业差距引发的身份差距和市民性格，在上述两个群体之间造就的社会心理隔阂短期内难以消除，同样地，城市流动人口群体的市民身份短期内难以获致。但出于社会尊重、物质帮扶、精神慰藉等心理或非心理诉求，城市流动人口群体在一般情况下，会将个人深层次的文化交往互动依托于业缘（职业场域联系）以外的其他社会联系如血缘、亲缘、姻缘、学缘等。"确切地说，即使城市流动人口群体在心理上欲同城市非流动人口进行社会交往，也会由于工作场域空间意义上的隔阂疏离和工作岗位时间意义上的不稳定而不具备基本社交条件，更何况难以消弭的心理隔阂和市民身份差距。"[①]

2．生活社区交往

新型城镇化造成大量外来人口迁入城市，加之城市新城区建设带来的城市空间急剧扩张，城市原住民的居住格局被打破了，使得外地人与本地人、乡下人与城里人聚集于一个社区共同居住成为可能。虽然他们由于生活习惯、价值观念等差异很大，但总体上说，在社区内他们的文化交流融合得到加强，城乡文化界限逐渐淡化，城乡居民在社区交往中共同生活。

3．新媒体传播的信息交往

全球化、信息化时代，居民交往互动方式不再囿于传统社交意义上的面对面

---

① 滕驰：《城镇化进程中的民族文化交往》，《云南民族大学学报》，2014 年第 5 期。

式的固定模式。现代媒体传播或新媒体传播为大众交往搭建了文化交流平台，居民交往互动更加便捷，交往互动内容更加复杂，因而已成为城乡居民交往互动的新媒介。由于以新媒体为媒介的居民交往互动中交往双方身份的隐匿性，异质思想的冲突现象使得城乡居民交往互动产生了更多的复杂性、敏感性、多元性、无序性和不可测性。这种以新媒体社交网络工具为介质的文化交往互动，隐匿着不可控、不可预测因素，其引发的实际后果非常不利于政府管理和社会治理，为社会和谐稳定埋下隐患。而受制于思维方式和知识结构差异，城乡居民受网络信息绑架的可能性和程度均有所不同。一般而言，城市在科学文化技术的普及范围和普及程度方面优于偏远乡村，城市文化较之乡村文化更具现代性和前沿性。城市市民的思维方式、价值判断以及文化素养受惠于这种以浓郁的现代文化氛围和信息技术设施建设为基础的现代性和前沿性，因而，他们对网络舆情的判断更趋理性而非感性。较之城市市民群体，来自偏远乡村的进城务工的流动人口更易受网络信息绑架，接受由新媒体社交网络平台发出的未经筛选的非主流意识，在杂乱无序甚至非法的网络信息中迷失个人价值判断，形成不利于城乡文化和谐交往的消极因素。

4. 同质宗教信仰交往

宗教信仰是文化交流互动的重要现实因素。共同的宗教信仰往往形成强大的聚合力量，因而在新型城镇化进程中，具有少数民族身份的城乡居民参与共同宗教信仰活动是他们的一种重要文化交往方式。在城市空间的流动人口通常会根据个体以往的宗教信仰习惯寻求居住地的教堂或其他宗教活动场所。但在特定历史时期和社会环境下，相同宗教信仰下的城乡居民交往互动不可避免地会夹杂着一些"宗教色彩"等非理性情绪，可能会被非法团伙蛊惑利用。

第四节　城市空间城乡居民交往互动机制建设

从根本上看，影响城乡居民交往互动的现实因素，在于制度性歧视——由历史、经济、社会等客观因素造成的城市文化中心主义，它以阶层分化、文化优越感为外在表现形式，导致农民市民化的社会资本网络稀疏，城乡居民个人或主体群体对城乡"双文化"的选择、接纳和认同程度不高。因此，只有设法从价值判断、文化整合、社会资本、交流形式等四个方面建立并完善城乡居民交往互动机制，才能从根源上推动城乡一体化发展和城乡文化的和谐共生。

一、祛除城市文化中心主义的保守观念

以来自偏远村镇进城务工的农民工为代表的流动人口部分地聚居或半聚居，他们有自己的生活风格，形成了区别于城市居民的"农民工文化"。以"多元社会"和"断裂社会"的分析视角重新审视新型城镇化背景下的城乡文化后会发现，进城农民工的"农民工文化"和城市居民的"都市文化"很难融合，农民工与城市中的"原住居民"由于经济文化社会背景差异巨大，他们之间很难形成广泛的文化认同。

然而，张乐天在对进城农民工人际传播的研究中发现，即使是处于"不同发展时代"，也不一定不能进行文化交流、选择和整合。"导致'城中村''都市中的村庄'等农民工人际传播障碍的，是更深层次的以城市文化中心主义为核心的歧视因素，包括制度性歧视、社会阶层歧视和地域歧视。"[1]他指出，具有自然属性和社会属性的每一个人都应受到公平对待和平等启蒙，以求超越断裂文化，破除文化中心主义，消除制度性歧视，以宽容的态度接受不同文化和建构多元文化，创造互相接受、互相尊重、共生共荣的城乡居民交往互动文化环境。

新生代农民工的文化素养提升是缓解城乡居民交往互动心理隔阂、利益冲突和文化整合的基本条件，更是祛除城市文化中心主义的重要途径。因此，要推进基本公共文化服务均等化，推动图书馆、科技馆、文化馆等城市公共文化资源向新生代农民工开放，公共文化活动积极吸纳农民工群体参与，从而帮助农民工群体个人文化素养的提升，增加与城乡居民的直接接触。

此外，破除城市文化中心主义，构建城乡居民交往互动机制，还要寻求使得交往互动主体在交往互动过程中努力克服包括刻板效应（stereotypes effect）、首因效应（primacy effect）、负晕轮效应（negative-halo effect）[2]等文化心理学效应的制度设计。围绕社会主义核心价值观加强城乡居民文化素质和思想政治教育，发展丰富多彩的社区文化生活。

二、增强居民交往互动的"双文化"认同感

城市文化与乡村文化并不天然存在对立关系，只是城市文化所代表的现代性使得城市对乡村文化的同化能力更加强大。城市化进程中，以现代性和前沿

---

① 张乐天：《超越断裂文化　建构多元文化——对进城农民工人际传播研究的一点思考》，《华东理工大学学报》，2007年第3期。
② 刘洪波：《跨文化心理学视域下的城乡文化交流探微》，《太原理工大学学报》，2013年第5期。

性为标签的城市文化几乎成了文化宣传推广体系的标杆。

　　从历史唯物主义角度看,城市文化同化乡村文化有其内在合理性,因为历史进程赋予文化发展更多现代性历史任务,城市文化作为先进文化代表天然地拥有对落后文化的淘汰、整合、扬弃功能。然而,以部落、乡村文化为代表的传统文化不都是落后的、毫无价值的。部落、乡村孕育着各种富有特色的物质文化遗产和非物质文化遗产,乡村文化内蕴着中华文化的传统基因。乡村文化是进城务工的城市流动人口的精神寄托。当城市化、工业化进程将这种延续千年之久的乡村文化连根拔起时,城市流动人口群体的精神家园也将沦为废墟。而这种破坏使得城市流动人口群体不得不面临文化交往互动中的迷失窘境,即难以融入城市现代文化中获得身份认同和心理认同,也难以继续在没落的乡村文化中寻求精神支柱,进而引发乡村人口和城市流动人口集体文化认同危机。这种对城市现代文化、对传统乡村文化的"双文化"认同危机,不利于交往互动中的城乡居民形成共同的文化认同,更不利于交往互动主体在行为实践方面达成一致。

　　消除乡村居民和城市流动人口的"双文化"认同危机,在于确立城乡"双文化"认同以增强城乡居民交流。这种认同包括文化的形式、规范、价值的认同,其中"文化价值的认同是核心认同,也是国家认同、民族认同、政治认同、自我身份认同的最深层基础"①。不管是城市中心主义还是城乡文化多元主义,都不是城乡文化和谐共生所欲求的文化格局,因为城市中心主义难以消弭对传统乡村文化的排挤歧视和强制同化,而城乡文化多元主义难以消弭违背社会主义核心价值观的非法文化干扰,因此城乡文化和谐共生理念和实践真正欲求的,既不是单中心主义也不是多中心主义,而是以社会主义核心价值观为整合机制的一体多样化。在社会主义核心价值观体系之内,不管是现代城市文化还是传统乡村文化,都可以按其演化发展的内在逻辑自由发展,使社会主义文化饶有特色、富有生机和巨大的包容性。当各主体文化发展违背社会主义核心价值观这一意识形态要求时,政府和社会力量有权利、有义务、有条件及时拨乱反正,把社会主义核心价值观作为核心价值认同,并以此为依托构建城乡居民共同的主体价值观。

三、筑牢农民市民化的社会资本网络

　　法国著名社会学家皮埃尔·布迪厄(Pierre Bourdieu)于 20 世纪 80 年代首先提出语义学意义上的"社会资本(Social Capital)"概念,即"社会资本是由互相

――――――――――

① 徐之顺:《城乡文化:基于文化认同的和谐共生》,《江苏社会科学》,2016 年第 2 期。

承认或默认的社会关系组成的持久网络资源集合，并且这种资源大体上是制度化"①。

　　林娣基于皮埃尔·布迪厄的概念界定和特纳（Turner）对社会资本的结构性视角研究，提出了"宏观层面的契约型社会资本、中观层面的组织型社会资本、微观层面的私人关系型社会资本"分析框架，认为"制度功能在本质上表现为降低交易成本、为合作创设条件、提供激励机制"，因而契约型社会资本对农民市民化的影响主要在于为农民市民化降低成本，"公平公正的制度规则体系能够明确界定新生代农民工获取与其努力相一致的收益权利。组织型社会资本是个人在其所在的社会组织和社会位置中所能动用的资源，于农民工而言，能够为其提供稳定的组织网络支持，使分散的个体意志集中化"。② 最基础、最基层的私人关系型社会资本的功能，在于为新融入群体提供各类信息咨询和情感支持。

　　研究表明，农民市民化的契约型社会资本、组织型社会资本和私人关系型社会资本所面临的困境为以城乡"二元"分割制度体系为表征的契约型社会资本的制度性缺陷，包括工会组织、民间志愿性团体、城市社区服务组织和管理方式在内的组织型社会资本匮乏，以及亲缘、血缘、地缘的私人关系型社会资本非常狭隘。以邻里关系为例，随着社会的发展，中国家庭已经进入了"核心家庭时代"，邻里文化悄然发生变化，由费孝通先生所提出的社会学意义上的"熟人社会"，转向现代社会中高度依赖法律契约关系并引致社会交往互动中的信任危机和邻里冷漠状态，人们从过去那种"群居"生活过渡到私密性较强的个人生活，邻里之间的矛盾与冲突越来越琐碎化、暴躁化，这种现象在社会转型阶段由传统村落逐步蔓延至城市社区。大量农民为改善生活状况而进入城市空间，但城市文化中心主义、文化认同度低、利益冲突等因素加剧了邻里冷漠和城乡居民交往互动的消极被动，农民市民化的社会资本网络稀疏。

　　因此，城乡居民交往互动机制建设，应在加强农民市民化社会资本上下功夫，要分别从宏观契约型社会资本、中观组织型社会资本、微观私人关系型社会资本角度寻求解困之道，为城乡居民特别是乡村居民和城市流动人口与城市居民的交往互动提供广泛的社会资本网络。在这一领域，国内一些地方作了有益的探索，取得了明显效果。发端于常州市继而普遍在江苏全省开办的道德讲堂，不仅成为思想道德建设的重要平台，也成为促进城乡文化和谐共生的有效载体，

　　① Bourdieu. P. "The Forms of Capital", In J. Richardson ed. Handbook of Theory and Research for the Sociology of Education, New York: Greenwood Press, 1986: 248.
　　② 林娣：《新生代农民工市民化的社会资本困境与出路》，《社会科学战线》，2014年第6期。

值得重视与推广。道德讲堂构建了社会支持网络,提高城市农民工的社会适应能力,促进了城乡居民互动、城乡文化互适。道德讲堂的优越之处在于：它作为一个固定的空间载体,使农民、农民工与市民共享一个空间,交流互动得以实现,相互熟悉得以成为现实,心理和情感的距离大大缩小,共同体意识逐步确立；它作为一个流动的活动载体,使农民、农民工有机会参与各类群众性的志愿组织、文化组织,从而有机会建构属于自己的社会支持网络,增强城市适应能力。一些地方的道德讲堂注重把农民、农民工嵌入各种空间与活动载体之中,挖掘自身潜能、发挥自身价值,寻找城市的存在感与意义感,并在此过程中消除他们对城市的误解,帮助他们实现心理和谐、社会关系和谐和文化和谐。

第五节　乡村空间城乡居民交往互动机制建设

乡村空间城乡居民交往互动的关键,在于通过各种科技文化活动形式或文化载体,促进乡村居民接受现代城市文化特别是工业文化,促进优秀传统乡村文化的传播以及城市居民对乡村传统文化的认知、接纳和认同。乡村传统文化被边缘化的根源在于乡村经济的衰落,乡村空间的城乡居民交往要以发达的现代农业经济作为系统支撑基础。因而,为确保城乡居民交往互动的长久性和稳定性,应在积极构建城乡居民交往互动文化载体的同时,推动现代绿色农业经济发展,以及以特色小镇为有效载体的乡村经济社会健康、持续发展。

一、推动现代农业绿色科技、教育、金融和管理技术下乡

中国农业发展目前正遭遇着工业化农业的困扰。与传统农业相比,工业化农业在提高农产品的总产量上显然是成功的。工业化农业是一种资本密集型的农业,它依赖于专业化耕作、规模经济、机械化和管理技术。但工业化农业在带来农产品高产量的同时,也造成农业对土地、水资源的过度开发利用,以及化肥、农药的过度使用,造成了严重的农业面源污染和农业生态问题。我国农业转变发展方式,既不是走工业化农业的道路,也不是走传统小农经济道路,而是走一条"安全高效绿色发展之路",归根结底,要走一条可持续的现代化农业发展道路。这条道路能否成功,很大程度上取决于农民是否接受现代农业绿色科技、教育、金融和管理技术等城市文化元素,并能否有效影响农民的决策行动；取决于城市文化与传统农业文化在碰撞、冲突中能否沟通融合,生成一种能够适应我国农业安全高效绿色发展的现代乡村文化。正是基于这样的考虑,课题组专门考察了苏南地区工业化农业网络中的农民决策,揭示农民决策行为背后的文化认

同建构模式。尽管城市文化与乡村文化是不同的，但在农业现代化进程中，农民的决策实践逐步渗透了越来越多的城市文化因素，并因此影响了农民在工业化农业生产中的决策行动。调查表明，在城市文化的这些影响中，贷款人使用是极为明显的，苏南地区的农民也像市民一样在经营和积攒着自己的信用额度，农民不仅认同了自己作为经营者的角色，而且也接受了城市的商业文化。受农业贷款影响，农民打破了过去那种墨守成规、量入为出的生产经营方式，通过贷款，农民获得了现代技术、投入和服务，一定程度上支配了他们如何思考未来。最终，苏南地区尽管乡村文化中的"好农民"观念更倾向于借贷和偿债能力的匹配，但城市文化中的冒险精神却使他们仍会接受更多的债务以及规范其"生意"的规则和约束。保险文化是在城市高度复杂性的环境中生成的。如今，这种文化也得到农民的认同。农业保险帮助农户规避了因借贷而产生的债务和生产的内外风险，为农户织了一张安全网。专业化分工是城市文化的显著特点，在城市，生产、生活的几乎一切领域都存在着这种专业化分工的身影，而专业化的显性结果则是各种专业人员（专家）的涌现。在工业化生产中，专业化日益渗入农业文化当中来，并无处不在地向农民提供可以为他们解决各类问题的专家。在苏南地区农业生产活动中，几乎所有的农民都听从这些农技顾问的建议开展农田灌溉、病害防治、土壤测试和农田整治等活动。天文、气象、地理专家也很受农民青睐，通过细致的观察及与专家交流，农民能够加深对自己的理解，并重新定义农业生产，也驱动了农民必须不断接受教育，否则就无法跟上技术变革的步伐。对农民影响较多的城市文化因素还包括种子、化肥、农药的专业服务，农产品经销商及其竞争、风险、品质等商业意识，家庭农场、农业公司等工厂制度等。概括地说，伴随着城乡一体化发展，工业化农业迅速增长，现代农业科技、教育、金融、管理等城市文化因素全面渗入乡村，传统农民日益接受城市文化影响而逐步向现代职业农民转变。对于现代职业农民而言，一方面他们必须像企业管理者那样最大限度增加产量，增加收益，另一方面他们还要像环境保护者那样尽力维护乡村环境生态。目前这二者之间普遍出现了紧张关系，缓和这种紧张关系，需要更多的农业绿色科技下乡，需要农民在接受城市文化竞争、质量、高效等积极因素的同时，能够坚持乡村文化中的有机、绿色、健康、安全等积极因素，并能够把两者融合起来，形成一种适应现代农业生产的新的乡村文化。苏南区域农业现代化的未来发展方向要求城市和乡村的两种文化和谐共生，并形成适应现代农业的一种有机的绿色的乡村新文化。

二、开展跨区域"文化走亲"

1951 年 5 月 16 日,陈云在中国共产党第一次全国宣传工作会议上发表了主题为"必须重视城乡交流"的重要讲话。陈云根据当时国民经济发展实际状况,从收支平衡和物价平稳的经济发展目标出发,倡议党和国家重视城乡交流,对于当今新型城镇化所面临的城乡一体化发展要求,从文化层面促进城乡交流仍具有重要启示意义。

近年来,在传统古典文化与现代潮流文化、个人求知学习文化与大众休闲娱乐文化、本土民族文化同外来移民文化多元并存的文化发展的大格局中,大众的文化消费需求、审美喜好习惯等均悄然发生了新的变化,群众不再满足于"文化下乡"的老节目、老面孔,在文化交往、文化选择和文化整合的过程中产生了从"单一性"向"多样化"、从"普泛性"向"特色化"、从"原居地"向"跨区域"、从"被动享受"向"主动参与"的文化需求转向。为解决群众的审美疲劳,丰富群众文化生活,各地在原有"文化下乡"的基础上,逐步摸索出"文化走亲"的项目实践活动,例如"湖州经验"和"嵊州经验"。

具体操作上,"文化走亲"活动有"选亲、招(送)亲、结亲、留亲"四种形式。"'选亲'是有意向的主体,根据自身的文化特色,主动进行'走亲';'招(送)亲'是指对外发布'招亲'信息,召唤其他主体并促成'走亲'活动;'结亲'是指两个地域或部门间建立起'文化亲缘'关系;'留亲'是对'结亲'成果的巩固与推广,建立起双方互帮共进的友好关系。"[①]

江苏苏南区域推动城乡居民交往互动,其成功做法是吸引市民下乡。首先,吸引创客下乡。依托政府主导、政府支持,吸引创客到乡村创办工作室,增强乡村发展活力,参与打造乡村文化旅游,繁荣乡村生活,复兴乡村文化。其次,吸引游客下乡。推动美丽乡村建设,发展乡村旅游,举办乡村大联欢、年货大集市等富有乡村文化特色的活动,吸引市民下乡欣赏乡村风景之美,观赏民间工艺,体验农事,感受乡村文化之美。最后,吸引城市退休人员下乡。南京正试点运营城乡联动的新型养老模式,乡村渐趋成为理想的养老之所。市民下乡促进了城乡文化交流,实现了三个层面的文化共生,即① 价值观念的共生:村民开展面向市民游客的商业活动,在提供服务、获得经济收入的同时也深化了与市民的交流,文明、卫生、诚信、友爱等现代价值观念得以确立,优秀传统价值理念得以继承弘

---

① 叶辉、俞海萍:《光明调查:文化走亲,走出文化大繁荣——湖州公共文化服务体系建设调查》,《光明日报》,2014 年 4 月 8 日。

扬。同时，市民也认识到了乡村的独特价值及其对于城市的互补价值，体会到了乡村文化的悠然、淳朴以及人与自然和谐之美。② 城乡物质文明的共生：实践中，苏南美丽乡村建设并没有依照城市的审美标准实现对乡村的颠覆性改造，而是以乡村为基础，重视乡村空间格局、乡村道路肌理、乡村建筑方式，把乡村生活理念与现代生活理念相融合、乡村元素与现代元素相融合、传统的居住样式与现代的生活功能相融合，保留传统乡居的木料、砖瓦、泥坯等原材料，内部空间代之以现代化的墙饰、吊灯、桌椅等各种用具，实现了传统民居的现代再生。③ 社会治理理念与方式的共生：传统乡村社会属于熟人社会、人情社会，依靠礼俗、宗法实现社会治理。现代乡村社会已非传统意义上的乡村社会，创客的入住、商人的到来、打工者的到来、旅游管理者的存在、游客的涌入等等，都逐步改变了传统乡村社会的熟人社会格局，慢慢变成了半熟人社会乃至陌生人社会，适应现代社会发展的平等意识、公平意识、契约意识、法治思维等，慢慢融入乡村社会治理思维和治理方式，推动了乡村传统治理的现代转换和转型。

三、开发特色乡村旅游

发达国家逆城市化趋势和发展中国家所面临的生态环境、土地资源等硬性约束，使得世界范围内的经济、文化和社会发展在空间地理上不断向乡村空间拓展。与此同时，公共政策在社会公平意义上更加关注乡村村民需求和仍以第一产业为主的乡村经济发展。旅游业是国民经济社会发展的综合产物，乡村旅游正是基于这种国际潮流和现代国家治理的理性选择，而成为城市居民渴望回归自然的人文载体、转型阶段乡村经济发展的新增长点，以及促进城乡文化交流和居民交往互动的重要路径之一。

乡村旅游是城镇居民"5＋2"生活模式(5 天工作，周末 2 天休闲旅游)的主要载体。数据表明，作为世界最大的国内游市场，我国城镇居民"周末休闲节假期出游 70％以上选择周边乡村旅游点，全国主要城市周边乡村旅游接待人数年增长均高于 20％"[①]。然而，目前我国乡村旅游中，城乡居民文化沟通有限，文化交流互动隔阂明显。乡村旅游的这种限制，首先体现在旅游客源地的优势地位。旅游客源地，即具有一定人口规模和经济能力，能够向旅游目的地提供一定数量旅游者的地区。从经济发展、人口素质、消费水平、休闲娱乐需求等角度分析，旅游客源地就意味着雄厚的经济实力、成规模的中等及以上消费水平的高素质群

---

① 钱春弦、王立武：《国家旅游局局长谈乡村旅游：城乡共享"5＋2"生活模式》，新华网，2015 年 8 月 19 日，http://news. xinhuanet. com/politics/2015－08/19/c_1116309197. htm。

体,他们不仅有着稳定的精神享受需求,并有能力为自己的消费行为买单。因而,旅游客源地往往被默认为城市文明所在地的象征和代表,旅游目的地的村民在自己的家乡反而成了陌生的"他者"。^① 城市居民的高收入、高素质以及休闲娱乐状态与乡村村民的低收入、低素质以及劳动服务状态形成鲜明对比,乡村旅游中的这种城乡对立很可能被激化为城乡矛盾。其次,这种限制还体现在"以游客为中心的"旅游目的地的营造。乡村旅游地的景观大多都是根据大都市的期望、需求和消费习惯打造设计。旅游目的地按照游客的期待被包装。这种以旅游客源地需求为主导的乡村旅游开发,为乡村经济带来了新的增长点,是偏远乡村摆脱贫穷、落后标签的重要举措,却未必能为城乡居民文化交往互动提供平等自主的交流基础。最后,乡村旅游中的城乡互动还受限于主、客关系异化。一方面,村民们赖以生存的"家园",在旅游意义上演变为城市居民的"休闲娱乐场所",村民和游客的关系自然就是一种短期、机械的主、客关系,旅行者将村民及乡村旅游文化视为消费商品,而本土居民则把观光者视为可榨取资源的对象;另一方面,在乡村旅游的景区规划中,村民的话语权不足,由当地政府主导的旅游区开发一味地征求专家、学者的权威意见,忽视了村民的需求和意愿表达。

为克服上述弊端,充分发挥乡村旅游对于促进城乡居民互动、城乡文化交流的重要功能,必须确立特色乡村旅游文化的开发策略。即:在新型城镇化建设的思路下,乡村空间的旅游资源开发将更加注重体现战略布局的现代性,这种现代性的追求直接表现为旅游城镇建设的集约性、特色性和功能的复合性,使乡村旅游城镇建设集多种功能于一体,并依托现有旅游设施和旅游资源,鼓励社会资本根据地方特色采取差异化竞争策略开发不同的休闲度假旅游产品。2015 年 8 月 4 日,国务院办公厅发布指导乡村旅游规划发展的指导性文件,从完善旅游投资计划、增强基础旅游设施建设、培育新的旅游热点等六个方面,以二十六条措施开发特色乡村旅游文化,改进城乡旅游互动,以促进旅游投资消费持续增长。因此,这就需要总体上从乡村文化产业体系、文化生产体系、文化经营体系三个方面着力。建立乡村文化产业体系,要明确乡村特有的文化资源,并从产业发展的角度去开发、规划;建立乡村文化生产体系,要有机协调文化产品的文化属性和商品属性,塑造品牌、开发市场;建立乡村文化经营体系,要从产品传播和产业链增值及延长两个维度去努力,重点是找出文化产品与其他产品进行交错和融合所形成的衍生产品,并对其进行二次开发和利用。在众多改进举措中,与乡村空间旅游资源开发和城乡居民交往互动密切相关的主要包括:

① 杨明华:《城乡互动与区隔中的乡村旅游》,《贵州社会科学》,2014 年第 5 期。

1. 发展特色旅游城镇

建设特色乡村旅游城镇，要紧紧围绕地方资源特色和生态环境优势，以及乡村生活生产生态特点这一中心来展开，深入挖掘乡村文化内涵，开发特色乡村旅游产品，举办具有地方特色的节庆活动，注重保护具有历史、地域、民族特点的自然景观（如民族村落、古村古镇）、传统习俗和文化底蕴。例如，将悠久的耕读文化与现代旅游观光业结合起来，利用乡村的历史建筑和文化名人元素打造体现耕读文化的人文景观，吸引城市居民游玩参观。再如，通过建立传统手工艺体验场所展示民间工艺细致精巧的制作过程，体验蕴含其中的工匠精神，吸引城里人特别是学生到农村去感受乡村文化的魅力。

2. 加强乡村旅游基础设施建设

包括道路、电力、饮水、厕所、停车场、垃圾污水处理设施、信息网络等在内的乡村基础设施和公共服务设施，是发展休闲旅游和城乡居民交往活动的支撑和基础，必须摆在突出位置，先行一步。

3. 开展百万乡村旅游创客行动

旅游经济是国民经济的重要支柱，在"大众创业、万众创新"的时代背景下，中央号召各地积极开展乡村旅游自主开发创业行动。幅员辽阔的乡村场域中孕育着丰富的自然资源，这些自然资源的合理、有效利用，不仅能成为乡村经济发展的战略抓手，更能为城市富余劳动力提供就业创业机会。

4. 推进乡村旅游扶贫

加大对乡村旅游扶贫重点村的规划指导、专业培训、宣传推广力度，"组织开展乡村旅游规划扶贫公益活动，对建档立卡贫困村实施整村扶持"[①]。

四、拓展以特色小镇为支撑的城乡交往

近年来，特色小镇的概念逐渐引起政界和学界的关注，其定义并不统一。按照中央有关部门要求，特色小镇应具有"特色鲜明、产业发展、绿色生态、美丽宜居"的特征。目前，特色小镇的建设类型有 10 种，包括：① 历史文化型小镇，如莲都古堰画乡小镇、越城黄酒小镇、龙泉青瓷小镇、湖州丝绸小镇等；② 城郊休闲型小镇，如安吉天使小镇、丽水长寿小镇、太湖健康蜜月小镇、黄岩智能模具小镇等；③ 新型产业型小镇，如花桥物流小镇、余杭梦想小镇、西湖云栖小镇、临安云制造小镇、江干东方电商小镇等；④ 特色产业型小镇，如大唐袜艺小镇、吴兴

---

① 国务院办公厅：《关于进一步促进旅游投资和消费的若干意见》，国办发〔2015〕62 号，2015 年 8 月 11 日，http://www.gov.cn/zhengce/content/2015 - 08/11/content_10075.htm。

美妆小镇、嘉善巧克力甜蜜小镇、桐乡毛衫时尚小镇等；⑤ 交通区域性小镇，如建德航空小镇、萧山空港小镇、西湖紫金众创小镇、新昌万丰航空小镇等；⑥ 资源禀赋型小镇，如青田石雕小镇、定海远洋渔业小镇、开化根缘小镇、西湖龙坞茶小镇等；⑦ 生态旅游型小镇，如仙居神仙氧吧小镇、武义温泉小镇、宁海森林温泉小镇、乐清雁荡山月光小镇等；⑧ 高端制造型小镇，如萧山机器人小镇、宁海智能汽车小镇、长兴新能源小镇、江北动力小镇等；⑨ 金融创新型小镇，如上城玉皇山南基金小镇、梅山海洋金融小镇、富阳硅谷小镇、义乌丝路金融小镇等；⑩ 时尚创意型小镇，如余杭艺尚小镇、滨江创意小镇、西湖艺创小镇、江干丁兰智慧小镇等。

特色小镇具有一定的文化凝聚力，能够在功能再聚焦、人才再集聚、体制再创新过程中，把来自不同"文化背景"和"意义系统"的各个创业创新主体的"关注点、兴趣点"凝聚到全体特色小镇成员共同拥有的"相关点"上。"与具有共同历史、价值、习俗、方言的传统行政区域相比，来自四面八方的创业创新主体带来了各自的文化，形成了多样性文化背景，构成了一个包容性极强的新聚落。"①

从城乡居民交往互动层面分析，特色小镇建成后，它们所承载的文化功能主要在于使得乡村居民的思想道德和文化素质不断提升，同时优秀传统文化得到良好保护和利用。在中国社会的转型时期，城乡空间中经济与社会、制度、文化相脱离成为制约城乡居民交往互动的重要因素，因而只有拓展以经济为支撑的文化交往，才能从根本上摆脱城乡交往中乡村社会被边缘化的尴尬境地。

作为投资的新领域和发展的新平台，特色小镇能够推动乡村特色文化旅游、商贸物流、教育、制造、科技、双创、农业、健康养生等八大产业的快速发展，因而是增进城乡居民交往、促进城乡文化和谐共生的必然选择。为积极推动特色小镇建设，政府出台了一系列支持政策，以提升乡村的经济发展水平，为城乡居民交往提供平台和载体。2016 年 7 月，住建部、财政部、发改委提出到 2020 年要培育 1 000 个特色小镇。

第六节　正确认识城乡居民交往互动中的矛盾纠纷

长期的二元社会结构体制使城乡居民的生产生活方式和思想观念面临较大差异，快速发展的城镇化浪潮促使城乡人口流动的增加，也容易引发城乡居民在价值观念、社会生活方式等方面的冲突。有效化解由城乡差异造成的居民交往

---

① 陈立旭：《论特色小镇建设的文化支撑》，《中共浙江省委党校学报》，2016 年第 5 期。

互动矛盾,是促进城乡文化和谐发展无法规避的理论和实践探索。

一、明确城乡居民交往矛盾纠纷调处的工作思路

多年来,党和政府在破除城乡二元体制方面进行了诸多努力,农民市民化、基本公共服务均等化也得到了应有的重视,但我国城乡差距扩大的趋势依然没有停滞,城乡二元经济结构的矛盾继续强化。其中,最为直接的体现即城乡居民收入差距持续拉大。体制性因素事实上造成了农业和农村发展与工业化和城市发展的相互隔离,是导致城乡二元经济社会结构的关键所在。近年来愈来愈多研究中国新型城镇化和中国三农问题的专家学者意识到,在城乡二元体制的社会环境下,大量农民工进城还会把传统城乡二元化和城乡矛盾带进城市,形成城市内部外来人口与本地人口之间新的二元结构,即"城乡矛盾内化"[①]。与此类似的提法还有土地城市化大大快于人口城市化。

城乡居民交往互动矛盾冲突便是根源于这种城乡矛盾的内化,城乡二元结构并未有效解决。有效化解由城乡差异造成的居民交往互动矛盾,必须具有以"城乡发展一体化"为根本目标、"协同治理"为基本手段的科学工作思路。

二、建立城乡居民交往矛盾纠纷预警排查机制

社会预警是指"依据对社会发展稳定状况的判断,按照社会系统整合关系的模型分析,对社会系统运行的质量和后果进行评价、预测和报警"[②]。"在当前的城乡交往关系中,各类交往主体间的关联性、互动性、高依赖性、开放性和即时性大大增强,城乡社会一体发展的运行状态与各种矛盾的不确定性、脆弱性也因此大大增强。"[③]引发城乡居民交往矛盾冲突的变量复杂性和矛盾冲突的严重后果,促使我们更多地运用社会稳定和预警理论加强对引致矛盾的复杂变量进行深刻分析,对城乡居民文化交往的状态进行全方位监测,减少城乡居民交往过程中公共危机的发生频率如群体性突发事件等,通过预警机制将矛盾冲突消灭于萌芽状态。由于现代科技手段的迅速发展,各种监测和社会调查工具日益成熟,运用统计资料、数学模型和计算机模拟等进行分析的科学性、实用性功能大大提高,信息网络技术的发展也在很大程度上降低了城乡居民交往互动矛盾纠纷的

---

① 韩康:《中国城镇化发展的最大风险:城乡矛盾内化》,《国家行政学院学报》,2013 年第 3 期。

② 鲍宗豪、李振:《社会预警与社会稳定关系的深化——对国内外社会预警理论的讨论》,2001 年第 4 期。

③ 蔡东伟:《论以农民为主体的城乡一体交往关系》,《辽宁行政学院学报》,2012 年第 11 期。

预警排查成本。①

　　要依托社区组织建立健全社会矛盾预警排查机制。从城乡基层管理角度看，在社区构成城乡最基层、最基础的城乡居民生活交往单元，各种矛盾问题最集中，也最突出。充分发挥城市社区和乡村社区对城乡居民交往互动的矛盾纠纷预警机制建设作用，是依托现有体制框架的顺理成章的制度选择。

　　城乡居民交往互动矛盾纠纷预警排查机制包括矛盾纠纷分级管理、登记、报告、调查分析、排查的组织和经费保障等系列制度。按照地方政府各部门的工作职责分工，社会治安和矛盾纠纷化解的责任部门主要在于公安部和民政部。实践中，需要格外关注以下几点：一要建立一套"一级、二级、三级"城乡居民交往互动矛盾分级管理系统。二要加强预警机构建设，强化执行预警职能。从成本—收益角度分析，矛盾纠纷的防范成本要远远低于矛盾纠纷一旦引发所带来的重大经济、社会损失。因而，建立矛盾纠纷预警机制便成了矛盾纠纷管控体系中的重中之重。预警机制的建立有赖于社会合力，不仅要设立专门机构和专业人员，更需通过如农村村委会、城市社区居委会、党委会等各级、各类基层枢纽性社会组织收集、报送矛盾纠纷讯息。对于城乡居民交往互动过程中产生的矛盾纠纷处理，基层公安部门要承担主要职责，注重矛盾纠纷源头治理和风险因素排查，建立部门联合工作机制，创建民意调查机构和矛盾纠纷调解机构。

三、整合城乡居民交往互动中的不同利益诉求

　　城乡居民交往互动就是农村流动人口在城市空间进行社会融合或城市居民在特定时期进入乡村空间进行社会融合，是交往互动场域中交往主体的文化、价值、信仰、风俗、习惯等的相互交流和融合。当前中国经济高速发展，农业剩余劳动力在城市建设和发展过程中承担着不可或缺的劳动分工，却无法真正融入城市社会，法国社会学家涂尔干将这种困境称为"整合困境"，这种困境在文化交往互动中表现得尤为明显。

　　目前农村流动人口在融入城市社会过程中权益受损、子女教育不公平、社会歧视等社会整合问题日益突出。卡尔·博兰尼所研究的大转变理论中提出的"嵌入观点"认为，"改革开放使中国经历了从计划体制下分离和引入市场的'脱离嵌入'大转变"，在这一过程中，出现了市场机制缺位的"脱离嵌入状态"。"也就是说，在经济结构和社会结构转型阶段，计划经济体制抽离的同时，市场机制

---

　　①　鲍宗豪、李振：《社会预警与社会稳定关系的深化——对国内外社会预警理论的讨论》，2001年第4期。

未能及时嵌入，这种半真空的'脱离嵌入'状态极易使得社会结构尤其是文化体系整合面临着重大的挑战。"[①]

　　21世纪以来，城乡居民交往互动的自主性和主体性意识、权利意识不断增强。同一社区场域聚集着不同的利益群体，这些利益群体或源自域内社区，或源自域外社区，他们携带着母体社会赐予的独特的文化基因并形成稳固的文化体系和松散琐碎的利益诉求。这些异质性文化体系和利益诉求出现在同一社区场域，难免发生激烈碰撞。然而，根据"公共产品"和"公共服务"理论，这些异质利益诉求群体必然有着公共的利益诉求，如良好的治安环境、绿色的生态环境、稳健的社会保障体系、便利的基础设施等。以基层政权掌握者为主体的公共管理者或公共服务者，面对社区多元利益群体松散琐碎的利益诉求时，所需扮演的角色即通过合理、合法、创新、有效调配政治资源、经济资源、社会资源、生态资源以及文化资源整合多元文化体系和利益诉求，为多元利益主体在同一社会场域交往互动提供条件保障，改变社区场域多元利益失序格局，从而在社区社会场域形成以社会主义核心价值观为核心意识形态的多样一体文化体系，营造社区居民共治社区场域公共事务、共享社区场域建设成果、共担社区场域管理风险的整体利益格局。

四、推行城乡居民交往中的矛盾纠纷综合调处

　　推行城乡居民交往中的矛盾纠纷综合调处，应当通过构建"人民调解、行政调解、司法调解"循序渐进的三位一体的综合调处网络，建立健全利益表达、协商沟通、伤害救济救助、权益保障等渠道。

　　强化"三位一体"的大调解工作体系。高度重视各种调解工作在化解矛盾纠纷中的重要作用，坚持把人民调解、司法调解、行政调解有机结合起来，注重体现非对抗性和亲和力、体现主动性和便捷性，综合运用，构成体系，形成有效途径。

　　强化人民调解的工作网络。调解组织建设是城乡居民矛盾纠纷调处的基础。城乡社区矛盾纠纷调解组织建设，需在"互联网＋"的政治动员和社会动员下，积极拓宽工作思路，构建集合线下收集、存储、传递，线上信息分析、整合的综合调解管理服务平台。综合调解管理服务平台的建成，一方面可以扩大城乡居民矛盾纠纷调解网络的物理空间覆盖范围，有效化解城市社区和乡村社区矛盾纠纷求助无门的尴尬处境，并将组织触角延伸至如金融、保险、建筑工程等矛盾纠纷多发行业；另一方面，综合平台线上服务系统具有提前预约、网络咨询、视频

---

　　① 　王春光：《农村流动人口的"半城市化"问题研究》，《社会学研究》，2006年第5期。

会议、远程协调等先进功能，这些功能可以大大降低城乡居民矛盾纠纷调解的行政成本和矛盾纠纷当事人个体、群体所要承担的交通费等调解成本。而更为重要的是，矛盾纠纷调解综合管理服务平台还可以为矛盾纠纷调解员专业技能培训提供自主学习课程，在降低培训成本的同时实现调解队伍专业化目标。

总之，城乡居民交往互动中的矛盾纠纷调解，要依靠人民调解、行政调解、司法调解"三位一体"调解网络。只有三个调解程序无缝衔接，才能切实保障调解实效，实现新型城镇化背景下城乡文化和谐共生的社会目标。

第九章　推进城乡文化和谐共生的环境基础：生态文明机制建设

城乡文化和谐共生在本质上与生态文明是相通的，都致力于推进人与自然、人与社会、人与人的和谐共生，服务于实现人的自由全面发展。城乡文化和谐共生的生态文明机制建设，是适应城乡一体化发展趋势的必然之举，是推进我国生态文明建设的重要内容，有助于建设美丽中国，开创社会主义文化和社会主义生态文明新时代。

第一节　城乡文化和谐共生的生态文明机制基本内涵

生态文明作为中国特色社会主义基本制度，引领城乡文化和谐共生建设的方向；城乡文化和谐共生为生态文明建设创造良好条件，提供动力与活力。

一、生态文明的含义

对于生态文明的含义，学者们从不同的角度进行阐释。学者张云飞指出："生态文明是指人们在社会实践的过程中处理人（社会）和自然之间的关系以及与之相关的人和人、人和社会之间的关系方面所取得的一切积极、进步成果的总和。"①这一研究论断具有代表性。总体来看，生态文明是人类文明的新高度，是对工业文明的深刻反思和扬弃，是关于人、自然和社会协调发展的思维方式、价值观念、行为方式和制度形态的总和。生态文明本质上回归人与自然的辩证关系，是符合人类史和自然演化规律的产物。生态文明致力于扭转工业文明发展造就的人与自然关系的恶化局面，缓解人与自然的矛盾和对立，推进人与自然的和谐，努力实现经济和谐、社会和谐、生态和谐的互动统一，努力实现人的自由全面发展。生态文明关注人与自然的和谐，要求认识自然、理解自然和尊重自然，顺应自然的本质规律，依据自然规律进行能动的实践性活动来改造自然。在城乡文化关系上，生态文明强调城乡文化生态的保护与建设，强调重视保护乡村文

① 《国外马克思主义生态文明理论研究——张云飞教授访谈》，《国外理论动态》，2007年第12期。

化所赖以生存发展的自然、田园风光、人文历史和农村居民的社会生活方式，重视保护城市文化所赖以生存发展的城市历史、城市山林景观、城市市民的市民生活方式，重视保护发展城乡文化的活动主体特别是传统文化技艺的传承人。

可以发现，生态文明理念和实践蕴含着强烈的和谐意蕴。也可以说，生态文明的主旋律就是和谐，强调人与自然、人与社会、人与人的和谐共生、合作共赢，关注人、自然、社会的整体性和协调性，以及生态系统内部各要素的稳定和协调。生态文明的和谐内涵主要体现在人、自然、社会的和谐发展，以及经济、生态、社会的和谐统一，生态文明最终价值导向为人的全面自由发展。可以说，生态文明时代的主题核心就是和谐，人与自然、自然万物之间的和谐发展既是时代精神体现，也是生态文明的根本理念。习近平总书记指出："把生态文明建设融入经济建设、政治建设、文化建设、社会建设各方面和全过程，建设美丽中国，努力开创社会主义生态文明新时代。"①生态文明的理念和实践需要文化建设，反之，文化建设也需要生态文明理念的引导。从这种意义上讲，城乡文化和谐共生的实现需要生态文明理念的实践指引。

二、生态文明与城乡文化和谐共生的辩证关系

生态文明在本质上就是和谐、协调，人与自然、人与社会、人与人之间的和谐协调发展既是时代精神体现，也是城乡文化和谐共生的价值追求。城乡文化和谐共生与生态文明在本质上是共通的。

1. 城乡文化和谐共生的内在价值：生态文明

城乡文化和谐共生建设不仅是消除城乡文化的对立，也致力于消除城乡对立。换言之，生态文明是城乡文化和谐共生的内在价值诉求。

当前，人类所面对的生态危机，可以说是人类文明和文化的危机，是人类文化理念偏差支配了人们失范的社会实践行为所导致的后果。城乡文化和谐共生，要求改变城乡割裂、人与自然冲突的思维方式和行为方式。城乡文化和谐共生作为当前合目的性、合规律性的文化选择，将生态文明的内涵和精髓注入城乡居民经济、政治、社会等发展领域的思维方式和行为方式之中。

同时，我们也要看到，当前生态文明作为中国特色"五位一体"总体布局的重要一环，相对独立于经济、政治、社会、文化。因此，生态文明必然是在与经济、政治、社会、文化的互动和交融之中，对中国的经济结构、政治结构、社会结构以及

---

① 中共中央宣传部：《习近平总书记系列重要讲话读本（2016 年版）》，北京：学习出版社、人民出版社 2016 年版，第 230 页。

文化结构产生重要的、深刻的作用。这就要求城乡文化建设发展必须准确理解生态文明的文化性,站在更高的平台、以更广的视野来思考和认识生态文明,从城乡文化结构重塑、冲突矛盾、和谐共生等视角践行生态文明的意义和价值。

城乡不同的发展进程和成效,形成了在利益、心理及文化等方面的城乡差别,在生态文明的理解和落实上,这种差别表现为理念、思维和行为的差异,甚至是对立。生态文明追求人与自然的和谐,注重保护和利用的统一,是城乡共同利益的体现。因此,生态文明作为一种具有凝聚力的精神内核,超越了城乡文化对立与冲突,是城乡文化和谐共生的思想前提基础。

总之,城乡文化关系发展和优化的方向必将蕴含和体现生态文明要求。

2. 生态文明建设的源泉动力:城乡文化和谐共生

如前所述,当前生态危机本质上是人类的危机,是人能动的实践行为失范所导致的。当然,这种失范的实践行为的根源,是错误和偏差的理念和文化。因此,重塑和培育以构建人与人、人与自然、人与社会和谐共生为目标的生态文明理念,是生态危机解决的首要任务,而这必然要通过文化建设来实现。城乡文化和谐共生升华了文化的和谐意蕴和生态意蕴,与此同时,文明的升华也随之而来。城乡文化和谐共生坚持生态文明的核心价值观,明确了在城乡发展一体化进程中建设什么样的城乡文化生态、什么样的城乡生态公民,这也构成生态文明建设的思想基础和动力。

三、城乡文化和谐共生的生态文明机制建设的原则与内涵

城乡文化和谐共生的生态文明机制建设,必然要突出城乡文化关系的核心和生态文明的本质要求。基于此,本课题强调可持续性发展、尊重自然、协调发展原则,在此基础上构建促进城乡文化和谐共生的理念创新、统筹协调、绿色转型、开放包容、共建共享等工作机制。

1. 生态文明机制建设的基本原则

可持续性原则,即城乡文化资源的利用和保护、发展和创新的可持续性。坚持可持续原则,一是城乡文化资源和潜力的利用要保持可持续性,杜绝破坏性的占有和使用,二是城乡文化发展是由不同阶段构成的,各阶段不是相互独立,而是相互联系的有机整体,要确立当前阶段的城乡文化发展和创新是下一阶段的基础和前提。

尊重自然原则,即城乡文化活动、资源开发,注重与文化自然环境和平相处,尊重文化的自然生态和历史环境,承认生命物和非生命物的生存和发展权利,顺应自然规律;强调城乡文化发展和创新对自然所肩负的责任,明确生态评价标

准,形成良性的生态评价办法,完善生态监测、生态补偿等制度,努力做到善待自然、尊重自然、保护自然。

协调发展原则,一方面,协调城乡文化发展、经济发展和社会发展等关系,协调经济价值、生态价值和文化价值,完善城乡文化政策、文化活动的合理性与合规律性。另一方面,在生态文明标准之内,协调城乡文化主体的实践行为和利益关系,规范对文化资源的使用和保护。

2. 生态文明机制建设的主要内容

第一,理念创新。突破"人类中心主义"樊篱,不断培育文化生态环境保护的理念。文化生态保护与建设,涉及城乡居民思维方式、生产方式和生活方式的变革,是一项基于理念支撑与公众参与的系统工程。应着力弘扬生态文化,城乡文化建设应体现绿色、均衡、协调、节约、可持续、和谐等生态文化要求。发展和利用文化资源,应融入环保意识和绿色共识,创新文化生态建设政府考核机制。通过加强宣传教育、舆论引导、政策激励等多种渠道,增强城乡居民对于文化生态保护的观念认可与价值追求。

第二,协同治理。统筹协调城乡之间、城乡文化各主体之间的关系,促进城乡各领域、各部门之间的协调发展,在优秀文化的指引下,构建资源节约、环境友好的生态文明机制。此外,城乡文化和谐共生的生态文明协同治理,还包括统筹和协调多方资源和财政资金支持,健全城乡文化生态补偿制度,推进跨城乡的生态文明建设和环境保护。

第三,绿色发展。在城乡文化资源保护和利用方面,坚持绿水青山就是金山银山的理念,加快建设城乡文化和谐共生的生态环境新格局。加快城乡文化生态空间规划,注重文化遗产、文化资源的保护和开发。同时,在城乡文化建设中,加强绿色生活方式、生产方式的宣传,建立城乡之间、生产与消费之间平衡协调的绿色文明形态。

第四,强化主体。城乡文化生态的保护与建设,必须突出城乡居民作为城乡文化主体的地位。特别是在农村,针对农村人口大量流失、空心村难题愈演愈烈的状况,要积极探索包括农村集体土地、农民宅基地、民居等在内的农村产权制度改革,调动城市居民、投资者、社会力量参与农村建设的积极性,吸引原住民、投资者,减少空心村。要通过发展生态农业、旅游经济、乡村教育、摄影写生与文创产业、民宿经济等多种途径,提高农民收入,改善居住环境,聚拢乡村人气,增强民众获得感,从而保护和拓展乡村文化赖以生存发展的土壤和空间。

第五,共建共享。城乡文化和谐共生的生态文明机制建设,需要城乡各种力量、各种主体的多元参与、共建共享。城乡文化建设依靠城乡居民的参与,发展成果由城乡民众共享。完善城乡民众共同参与的机制和渠道，做到全民参与、全民监督、全民评价，群策群力，推进城乡文化和谐共生以及生态文明建设。

第二节　城乡文化生态建设的国内外实践经验及启示

探究城乡文化和谐共生的生态文明机制路径，需要广泛借鉴和吸收发达国家的实践经验，总结国内成功的社会实践经验。本课题重点研究借鉴和分析英国、德国、日本的实践经验，以及国内浙江省杭州市和江苏省苏州市的实践经验，为寻找城乡文化和谐共生的生态文明机制建设的现实路径，提供实践借鉴和启示。

一、发达国家的文化生态发展经验及启示

欧美发达国家以及我们的近邻日本、韩国等，在资本主义经济的飞速发展进程中，经历了文化生态破坏到保护的转变，对于我国今天建设城乡文化生态具有很好的启迪和借鉴作用。

1. 英国文化生态模式——全民参与、注重创新

英国作为老牌发达资本主义国家，文化底蕴深厚。从罗马文化到文艺复兴，英国各个时期的艺术、文化成果丰硕。在经历对工业革命的反思后，英国国民十分注重对文化遗产的保护和传承，对于文化生态的建设热情高涨、颇有成效。

首先，英国注重发展以市场化为主导的文化旅游和文化公益事业。如，公益性博物馆文化，在保护文物、了解文化历史等方面起到重要作用。另外，英国因地制宜、合理规划文化生态建设。例如，依托牛津大学城发展教育和旅游，依托尼斯湖发展水怪文化，等等。这一方面保护和开发了地域文化，另一方面又增加了经济效益。

其次，英国的文化生态建设采取全民参与的模式。英国的大部分文化遗产属于国民所有，政府占有的数量极少，这就导致各类基金会管理的文化遗产越来越多。"《国民信托基金会 2014/2015 年度报告》统计，国民信托基金会管理超过350 个历史悠久的房屋，花园和公园、古老的纪念碑和自然保护区，管理超过247 000 公顷的土地；基金会拥有英国海岸线 775 英里，包括森林、海岸线和湿地。"[①]此外，英国国民参与的意识较强，相对而言，公众参与的体系架构也较为完善。英国国民可以通过担任技术顾问、义务宣传员，成立文化遗产保护志愿者

---

① 刘春凯：《英国文化遗产保护的公众参与借鉴》，《中国名城》，2016 年第 6 期。

协会,参加义务劳动以及提供技术和人员支持等途径,参与到文化生态建设和管理中来。

最后,英国鼓励文化改革创新。英国是第一个提出"创意产业"的国家。英国着力避免创意和天赋之间的必然联系,大力倡导全体民众参与的文化创意体系和创意网络,建立相互结合与关联的全民文化创意社会有机体系。同时,英国对于文化创意的支持体系建构,也是从资金支持和制度建构两方面予以保障。

2. 法国的文化生态模式——政策和法律保障文化传承和遗产保护

法国作为启蒙运动的发源地,历史文化悠久、灿烂,历史名人、文物古迹异常丰富。相对而言,法国的文化生态建设包括文化传承、遗产保护等,具有极深的历史底蕴。

长期以来,法国的文化保护制度一直比较完善,这种国家主导、政府和市场协同的模式,使得国民很容易享受到文化活动和文化利益。此外,政府还资助和扶持国家、地方文化机构及团体,并给予专项的资金预算。法国政府专门设立了国家文化部建筑纪念物遗产科,工作人员包括行政人员和技术人员。近几十年来,法国政府致力于增加向公众免费开放文化遗产景点的数量,改善景点的参观条件,致力于让民众在享受文化、了解本国历史文化遗产的同时,参与到文化生态建设、文化资源保护中来。

在文化遗产的法律保护方面,法国也给予我国许多有益的启示。法国于1887年制定了世界上第一部近现代意义上的文化遗产法《历史古迹法》(1913年再次修订),而且法律的制定和执行均体现专业性。包括《历史古迹法》《马尔罗法》《建筑、城市和景观遗产保护区法》,尤其是《遗产法典》的颁布,更是体现了一以贯之的制度设计上的专业性原则。这些法律的执行,既扩大了城市物质文化遗产的保护范围,又实现了对特定区域的整体保护,以及自然人文与历史人文的有效衔接,最大程度地尊重和体现了文化遗产的真实性和完整性。

3. 日本和韩国的特色文化生态模式

不仅欧美国家的文化生态建设经验丰富,亚洲部分国家也有着较为成熟的文化生态发展模式,例如日本将传统文化和现代文化糅合的文化生态模式。1995年以来,日本加大力度发展文化产业,强调国家战略与地方战略的结合,保护和开发本国优秀的文化传统,建立广泛的群众基础,发挥文化各行业之间的协同作用,注重弘扬本国独有文化和提升经济效益并重。韩国大力发展文化产业、推动文化产业国际化。韩国在1986年提出"文化发展与国家发展相同步",1990年制定"文化发展十年规划",1993年韩国文化体育部公布了"韩国文化繁荣五年计划",1998年公布"迎接21世纪的新文化政策",等等,支撑了韩国的文化产业发展和文化生态繁荣，推进文化政策向国民倾斜，走国际化和产业化道路，努力践行"创意韩国"和"文化强国"的理念与实践。

综上所述，总结英国、法国、韩国和日本的文化生态建设经验，从中可得到以下几点启示。

第一，合理利用自身的独特自然人文和历史人文资源，在保护文化资源和增加经济效益之间寻求最佳结合点。

第二，注重文化创意，消除机械简单的模仿，在创意、创新中发展和保护历史文化，传承文脉。形成政府主导、民众参与的大众创新实践行为，丰富创新思维、创新理念，拓展文化生态创新的深度和广度。

第三，运用多重文化政策和法律法规保护传统文化遗产。通过成熟的政策法律体系，保护包括人文景观、历史文化遗产和各类文物古迹等在内的文化遗产，并通过健全机构设施，提升保护的力度，扩大保护范围。

第四，全民参与，建立广泛深厚的群众基础。文化生态建设归根到底是为民众服务的，由民众共建、民众共享。国家应该重视和鼓励公众参与，通过激励机制促进民间文化、历史文化的传承，实现文化生态的繁荣。

二、中国城乡文化发展中生态环境建设的成功经验及启示——以杭州市和苏州市为例

当前我国城乡一体化发展进入关键期，多年来经济持续稳定增长，正确的政治导向和政策支持力度，为城乡文化生态的繁荣和发展提供良好的契机，取得了一定的实践成效。本课题以浙江省杭州市和江苏省苏州市为研究对象，分别探究政府主导、市民参与的杭州西湖文化生态建设模式，以及"文化＋旅游"的苏州古村落文化生态保护建设模式。

1. 政府主导、市民参与的杭州西湖文化生态建设模式

杭州西湖是文化景观世界遗产，创始于南宋，历史悠久，底蕴深厚。为了充分开发、保护西湖历史文化生态，杭州市自新中国成立后成立了杭州市文物管理委员会和杭州市园林管理局，加强对西湖各景观文化的管理和保护。1961 年以后，西湖部分景观被评为市级、省级、国家级保护单位，受到国家文物保护法律法规的保护。1983 年杭州市文物管理委员会和杭州市园林管理局合并，成立杭州市园林文物管理局，加强了西湖文化景观管理的统一性和协调性，提升了政策法规执行力。

在杭州西湖文化景观保护和建设的进程中，市民的参与意识不断加强，市民参与成为杭州西湖文化生态建设模式的重要内容。例如，1999 年《浙江市场导

报》副总编辑黄小杭,给市委市政府写信呼吁保护河坊街,开启"保旧城、建新城"的城乡建设路径。此后,杭州市民先后出版了近 10 本关于杭州老房子老建筑的书籍。市民谭启晓 30 多年坚持义务测量杭州西湖水质。另外还有许多市民自发拍摄上万张杭州旧影、捐献文物等等。杭州市民以这样的自愿行动,参与到杭州文化生态建设中来,争做历史文化遗产保护的志愿者。2014 年市民陈文锦《发现西湖:论西湖的世界遗产价值》获年度钱学森城市金奖,这部著作对西湖申请世界文化遗产产生重要影响。可以说,"在'文化保护进程中的市民文化建设参与'阶段,能力和贡献可以有大小,文化自觉的众多杭州市民的积极的保护参与,在精神上与陈先生是共通的,他们每一个人的热心和行动,自下而上地推动着西湖申遗及遗产保护行动的开展"①。

杭州市在西湖景观文化申遗成功以后,连续制定和实施《杭州西湖文化景观保护条例》,完善《杭州西湖文化景观保护管理办法》和《杭州西湖文化景观保护管理条例》,加强申遗成功后作为世界文化遗产的细化文化景观立法保护。

2. 基于自身资源、传承文化基因的苏州古村落文化生态保护建设模式

江苏省苏州市是具有 2500 多年悠久历史的文化名城,历史文化资源丰富,古城、古镇、古村落三位一体,形态完备,遗迹众多,文物保护工作量大。苏州市政府一直重视对历史景观文化的保护和开发,重视江南历史文化古镇的保护和开发,强调不同区域的文化建设要尊重已有的传统和特色,只有如此,才能更好地体现本土文化的张力;强调小城镇本身就是各种文化资源的重要物质载体,就是一个活生生的涵育各类文化的生态环境,要善于合理有效地集聚、融汇和利用文化资源。

首先,对全市古村落进行登记排查,公布古村落、文物保护单位名录。2005 年实施《苏州市古村落保护办法》,并公布了第一批 14 个控制保护村落。苏州市加快法治建设,《苏州市园林保护和管理条例》《苏州古建筑保护条例》《苏州市历史文化名城名镇保护办法》《苏州市实施〈中华人民共和国文物保护法〉办法》等一批地方法律法规相继出台,建立健全了加强古村落传统风貌,传承优秀历史文化遗产的制度和法律法规。为了加强对历史文化资源的管理,苏州市成立了由市长担任主任的历史文化名城名镇保护管理委员会,切实落实古村落保护责任。

其次,积极引导社会力量的参与,构建政府引导、社会多元参与的古村落保护模式。"各级政府在加大保护投入的同时,积极引导社会力量加入古村落保

---

① 阮云星:《文化遗产的再生产:杭州西湖文化景观世界遗产保护的市民参与》,《文化遗产》,2016 年第 2 期。

护。陆巷古村完成修复工程的惠和堂、宝俭堂、怀德堂等5处明清古建筑已被一并纳入古村落旅游路线。由民间出资的堂里村仁本堂（即西山雕花楼）也已完成修复整治工程，并作为旅游景点纳入了苏州'乡村游'网络体系。目前，吴中区已开放的古村落5处，陆巷、明月湾和三山岛分别被命名为全国旅游示范点。张家港塘桥金村庙会被列为省级非物质文化遗产。"①同时，苏州市还积极从社会各界招募古城保护志愿者，有效引导城乡居民参与到古村落文化的保护行列中来。

最后，建设文化生态保护区，建成高质量的特色文化镇村。这是保护苏州文化多样性的重要举措。苏州市先后探索建立国家、省、市三级文化生态保护区，形成相对系统、较为完整的文化保护区域，涉及农耕文化、"物质"和非"物质"、"传统"和"现实"、"红色"等文化资源类型。

浙江省杭州市和江苏省苏州市的文化生态建设实践，对于我们结合本国国情，探索具有中国特色的文化生态道路，具有以下几点启示：

第一，因地制宜，依托特色文化资源，采取灵活多样的文化生态开发保护办法。依据文化遗产自身的特点，对文化遗产分级管理，同时将遗产的保护行为和经营行为分开。建立明确的可考核指标体系，加强对文化生态的监督和管理。

第二，注重人才培养。基于不同文化类型，制定不同的行业规范和维修标准，并有针对性地培育专业人才，聘请相关规划、文物、古建筑等方面的专家，参与指导相关文化资源的保护和修复工作。

第三，多元参与的文化生态保护路径。坚决杜绝政府大包大揽的管理思维，动员一切社会力量参与文化生态的管理，提升民众参与文化保护的自觉意识。拓展历史文化资源的资金支持渠道，增加资金管理的透明度。

第四，加强文化生态建设的法治保障。加强立法，通过法治实现历史文化资源的有效开发和利用。明确政府、企业、社会团体及公众的责任及利益保障，建立权责对等的权利义务关系，营造良好法治环境从而更好地保护利用文化遗产。

综上所述，借鉴和利用国内外实践经验，必然基于理论与时代关系视角，深入探究城乡文化和谐共生的生态文明机制的现实目标指向：一方面，以人民为中心，聚焦现实生态矛盾与人民日益增长的美好生活需要之间的冲突，赋予生态文明作为战略红利的正义性，推动建设美丽城市、美丽乡村，助力中华民族的伟大复兴；另一方面，运用当代横向与历史纵向综合分析视角，解读城乡文化和谐共生的生态文明机制所揭示的城乡生态文明发展规律，在理论上推进生态文明理

---

① 　祖苏、王志强：《关于苏州市古村落保护利用情况的调研报告》，《常熟理工学院学报（哲学社会科学）》，2013年第5期。

论新发展，在实践中推进人与自然的和谐共生，实现人类永续发展的深层逻辑旨归。

第三节　城乡文化和谐共生的生态文明机制建设的实践路径

　　当前我国经济、政治、文化快速发展，为城乡文化和谐共生的生态文明机制建设奠定了坚实基础，提供了有力保证。同时，正确的政治导向和多重的政策支持，也为城乡文化和谐共生的生态文明机制建设提供了良好的发展机遇。可以说，在多种因素的综合作用下，城乡文化和谐共生的生态文明机制建设进入了一个重要的战略机遇期，呈现出广阔的发展前景。党的十九大强调贯彻新发展理念，努力促进城乡融合发展。"以城市群为主体构建大中小城市和小城镇协调发展的城镇格局，加快农业转移人口市民化。"[①]"按照产业兴旺、生态宜居、乡风文明、治理有效、生活富裕的总要求，建立健全城乡融合发展体制机制和政策体系。"[②]因此，我们必须抓住这个难得的机遇，构建全方位、立体的生态文明建设机制体系，着力把美丽乡村建设和生态城市、有机城市建设统一起来，促进城乡协调发展、平等发展，有效推进城乡文化和谐共生的生态文明建设。为此，本课题主要从创新驱动、统筹协调、绿色发展、开放包容、多元参与等五个方面，探寻城乡文化和谐共生的生态文明机制建设的实践路径。

一、实施创新驱动，打造城乡文化和谐共生的新引擎

　　实施创新驱动，建设城乡文化创新发展格局和态势，必须把城乡文化的内生驱动创新和外生驱动创新相结合，推进城乡文化生态的理念创新和实践创新。

　　内生驱动创新，主要是指城乡文化自身内容体系的创新、发展理念的创新。遵循城乡文化和谐共生的规律，形成文化生态发展的主流价值观和创新观，形成文化生态和生态文明的共识，城乡居民共建共享城乡文化生态。

　　外生驱动创新，是指提升创新主体包括政府、企业、个人、社会组织等在内的驱动力，这种外生驱动力通过政策、法律、市场、利益、科技、人才等要素发挥作用。首先，政府作为主体的驱动力，主要是通过政策和法律的不断完善来实现。政策驱动带有原则性，法律驱动带有强制性。国家和地方应结合自身具体情况，

---

　　①　习近平：《决胜全面建成小康社会　夺取新时代中国特色社会主义伟大胜利——在中国共产党第十九次全国代表大会上的报告》，2017 年 10 月 28 日。

　　②　习近平：《决胜全面建成小康社会　夺取新时代中国特色社会主义伟大胜利——在中国共产党第十九次全国代表大会上的报告》，2017 年 10 月 28 日。

协同使用政策和法律。其次，注重市场驱动和利益驱动，发挥城乡文化主体在生态文明建设中的作用。可以说市场调节也是利益调节，因此市场对文化生态建设的驱动和利益对文化生态建设的驱动是相通的。通过各种补助和惩罚措施，减轻城乡文化资源生态化利用开发的成本，加重破坏城乡文化生态资源的经济成本，直接或间接影响城乡文化主体的实践行为，提升文化主体参加城乡生态文明建设的自觉性、积极性。最后，加大文化科技成果的转化和创新人才的培养，发挥科技成果和人才在生态文明建设中不可替代的重要作用。

　　总之，对于创新驱动的政策、法律、市场与利益驱动、科技成果和人才驱动，要综合运用，协同发挥效应，推动城乡文化发展中生态文明建设理论创新和实践创新。

　　苏州市发挥政府主体驱动力作用，将作为国家文化创新工程项目的"吴江区域文化联动"项目"二度创新"。"吴江区域文化联动"项目，主要以广场文艺联演为载体，同时开展电影联映、书画联展、优秀社团联评、文艺创作联动和理论研究联动。苏州市根据自身文化特点不断推陈出新，实现了"二度创新"。内容上，从单一的广场文艺联演，拓展至文艺创作新品首发、城市特色文化品牌和旅游产品推介、"非遗专题系列活动"等多项立体活动内容。形式上，也从以吴江为主、各地为辅，转变为吴江搭台、各地主体同台的"错位"呈现，印发《关于开展吴江市业余戏曲团队（票友）惠民巡演工程的通知》，鼓励人才参与驱动，形成天天有活动、月月有赛事、人人有舞台的多文化领域活动局面，创造了特色的文化艺术品牌。

二、确立统筹发展格局，形成城乡文化和谐共生的新体制

　　推进城乡文化发展中的生态环境建设，必须统筹和协调城乡之间、各管理部门之间的文化职能，建立文化资源集约、环境友好的生态文明新体制。城乡文化生态建设是一项系统的工程，是城乡文化各形态之间、文化形态与生态环境之间的信息、物质和能量的交换关系，不仅涉及物质文化和非物质文化，而且也涉及人文社会系统和经济系统等等。因此，统筹协调这些要素、系统，使之形成互助互生的关系，是城乡文化和谐共生的生态文明建设的关键所在。

　　（1）城乡文化发展中的生态环境建设涉及包括生态、社会、经济、地理等在内的多领域，并且与土地、林业、水利等部门的利益直接相关，也与周边跨行政区的利益相关。这就需要理顺各部门之间、跨区域之间的权属关系，有效进行部门协调、区域协调，建立与城乡文化和谐共生的生态文明建设相适应的跨部门、跨区域的协调机制、协调体制，促进城乡文化生态资源一体化规划和治理。

　　（2）统筹协调城乡文化生态资源和建设资金，健全文化生态破坏的惩罚机

制和补偿机制。特别是协调和统筹城乡之间文化建设资金的转移支付,跨城乡的文化生态资源的补偿机制和管理体制,协调城乡各部门、文化组织、城乡居民、企业等关系,共同推进城乡文化生态建设和保护。当前,重点是加大对农村文化生态建设的投入。自 2007 年以来,国家文化部先后在 17 个省区市设立了闽南、徽州、热贡等 21 个国家级文化生态保护实验区,各省区市也相继设立了 146 个特色鲜明的省级文化生态保护区。保护区的目的,是在非遗项目集中、特色鲜明、形式与内涵保持完整的区域探索整体性保护,这是我国在非遗保护领域的一大创举。但从实施情况看,一些地方党委、政府没有把保护区建设纳入当地经济社会发展规划、财政预算和工作考核目标,生态保护区建设只依赖中央财政,地方支持不足。没有了地方的配合和执行力,文化生态保护区的建设效果必然受到影响。就中国传统村落的保护利用而言,"相比数量有限的历史文化名城、名镇、名村和历史街区,传统村落是规模最大且属于活态传承的宝贵历史文化遗产"。破解传统村落保护困局,"核心解决方法有两个:一是政府必须加大支持。既然传统村落是国家的财富,政府就应该拿出资金,而且要拿出较大的资金和技术力量给予支持。二是要各级引导它们利用已有资源,不搞大规模建设,而是搞类似日本'一村一品'的发展模式"。①

(3) 完善城乡文化市场机制,通过市场整合城乡文化生态资源,以及企业、社会组织等的力量和资源,促进跨城乡的文化生态保护、修复和创新发展。

江苏省扬州市始终坚持统筹发展文化事业与文化产业,统筹推进精品创作与大众文化、统筹协调文化保护与文化开发、统筹社会效益与经济效益等"四个统筹"。在统筹发展文化事业与文化产业上,扬州市先后建成扬州博物馆新馆、扬州中国雕版印刷博物馆、文化艺术中心等文化设施,同时着力打造文化产业,以规划为龙头、整合为手段、招商引资为关键,建设了扬州智谷创意文化产业园等文化产业园区、瘦西湖风景区"国家文化旅游示范区"以及重大文化产业项目。在推进精品文艺建设上,扬州市组织编写《扬州文化丛书》《扬州八怪传记丛书》等书籍,并拍摄电视剧《江塘集中营》、电影《江北好人》、扬剧《史可法》、木偶剧《白雪公主》等一系列剧目。与此同时,扬州市深入实施文化惠民工程,推动城乡文化建设全面惠及农村,统筹精品创作与大众文化。在统筹协调文化保护与文化开发上,扬州市坚持"保护与利用,改造与复兴"的方针,注重文化保护与文化开发统筹协调,保护物质文化遗产与非物质文化遗产相协调,在开发上确立"跳出老城建新城"的思路,彰显"人文、生态、精致、宜居"的城市特色。在统筹社会

---

① 邱明、陈恒:《传统村落保护困局如何破》,《光明日报》,2017 年 1 月 7 日。

效益与经济效益方面，扬州市始终把社会效益放在首位，努力实现社会效益和经济效益相统一，努力做到"两个效益"双赢。扬州市的"四个统筹"，建构了城乡文化建设中的统筹协调发展格局。

三、倡导绿色发展，提供城乡文化和谐共生的新环境

倡导城乡文化的绿色发展，就是遵循"绿水青山就是金山银山"的理念，尊重和保护城乡文化生态资源，实现城乡文化生态建设新格局，以及城乡文化产业的绿色低碳发展。如前文所述，城乡文化发展中的生态环境建设必须坚持尊重自然原则和可持续发展原则。对于城乡文化生态的保护和开发，不仅要保持城乡各类文化基本元素的完整和传承，还要注重文化主体的扬弃和传承，最终形成稳定和持续发展的城乡文化生态圈。因此，城乡文化发展中的生态环境建设必须坚持绿色发展，遵循城乡文化生态发展的流向和趋势，合理规划和构建城乡文化生态格局，维系城乡文化流派、文化要素的传承繁衍和创新发展。

（1）培育生态文化，营造有利于绿色发展的思想文化环境。重点以开展生态文明知识教育入手，增进城乡居民生态文明价值认同；以完善制度和落实制度为抓手，形成生态文明建设的制度硬约束；以榜样示范和先进带动为主要路径，营造以点带面、全民参与的社会氛围；以优美生态和共享成果为主要载体，形成绿色发展的可持续社会推动力。

（2）加快跨城乡区域的文化生态空间规划，推进基础文化设施建设，以及公共文化服务体系建设。坚持生态原则，合理编制和规划城乡文化生态空间布局，统一文化生态自然资源的使用、保护和开发，推进城乡文化服务均等化，全面建设美丽乡村、文化生态旅游、绿色文化社区。美丽乡村是美丽中国的底色，是乡村文化赖以生存发展的物理空间。在实施"乡村振兴"战略的大部署下，乡村建设正如火如荼展开。乡村建设是一个在地性的系统工程，涉及乡村景观风貌、历史文化存续、农民的生产生活、人际交往等各方面。推进乡村建设，必须在乡村优秀文化精神传承创新上下功夫，这是乡村建设的根本，也是乡村美丽的灵魂。要通过乡村的重建，激活和提升乡村的整体价值，为传统中华文化存续于当代乡村生活提供一个创造性途径。

（3）加快建设城乡文化生态主体功能区，加大对城乡文化生态资源的保护和治理。发挥文化主体功能区作为国土空间开发和保护的基础制度作用，保障城乡文化生态安全，强化政府、社会组织、城乡居民对文化生态资源保护的责任和义务，提升投入文化生态建设的自觉性和积极性。

（4）建立绿色文化产业体系。加快城乡文化产业的转型升级和创新发展，

增强对城乡文化企业等经济行为的调控和监管，确立并实践一种人与自然、经济生产与文化生态、物质追求和精神享受相平衡的绿色发展理念。

南京市颁布《关于加快文化建设，提升文化实力，打造独具魅力的人文都市和世界历史文化名城的决定》《关于加快完善公共文化体系的实施意见》《南京市重点文化工程项目计划（2011—2015）》等"1＋5＋1"文件，加快基础文化设施建设，提出"以创建公共文化服务体系示范区为抓手，完善四级公共文化服务网络，最大限度保障人民群众的基本文化权益，打造网络健全、结构合理、发展均衡、运行有效、覆盖城乡、惠及全民的公共文化服务体系"。除此之外，南京市还积极利用自身区域、人文、产业等优势，实施集群化、品牌化、特色化、国际化等发展战略，发展包括建筑设计、广播影视、工艺美术、计算机软件设计等在内的 10 项绿色文化创意产业，推动了城乡文化产业的转型升级和创新发展。

四、坚持开放包容，开拓城乡文化和谐共生的新空间

推进城乡文化生态文明建设，应建立开放、包容、融合的机制，加强城乡文化开放及交融的力度、深度和广度，坚持城乡文化互利、生态共赢的高层次城乡文化生态开放战略，适应和引领城乡文化建设新态势。城乡文化生态的发展，必然包含着传统物质文化的保护，非物质文化的传承和繁衍。但是，城乡文化生态的生存不是孤立的，是与周围的经济、政治、自然、文化等相适应、相融入的过程。具体而言，一方面，城乡文化生态的保护和传承，不是简单保持原貌，而是注重被保护的文化生态必须与当下社会、经济、文化及自然环境的匹配和协调，实现文化生态系统与经济、社会、自然系统的互动友好关系，互为依托、互为基础；另一方面，城乡文化生态系统的延续性和关联性，城乡各种不同文化也处于相互作用、相互联系之中。城乡文化在建设中要保护各类文化形态的完整性，注重壮大先进文化、主导文化、主流文化形态，同时扶持次生文化、附属文化，尤其是濒危文化和珍贵文化。

实现城乡文化开放包容发展，一是要加强城乡跨区域的文化合作和资源共享，以城乡文化延续性和关联性为遵循，拓展城乡文化开放包容的深度和广度，对现行不符合要求的行政制度、体制、机制进行改革和创新，促进城乡文化生态的跨区域合作，引领城乡文化建设新态势。二是要把握城乡文化开放包容、多元互鉴的主基调，顺应时代潮流，开放和包容国内外各种新型元素，推进城乡文化发展的与时俱进，创新城乡文化生态的生存状态和形式，推进城乡文化的和谐共生。

江苏省扬州市作为世界文化遗产城市，在保护、传承物质、非物质文化遗产

方面责任重大。扬州市政府积极构建开放包容机制以促进传统文化保护力度，主要体现在以下几个方面：一是挖掘传统文化精神，二是传承传统技艺，三是进一步鲜活历史遗存，四是秉持多元参与原则鼓励群众参与其中。在此过程中，扬州市认识到开放包容的城乡文化生态建设不仅是传统的物质、非物质文化的传承弘扬，更重要的是要将传统文化与当今时代的精神紧密结合起来。扬州市政府坚持以社会主义核心价值观为引领，围绕以文化人以文兴城，以文化事业、文化产业为重点，着力推进"书香城市"建设，推进公共文化惠民、精品文艺创作等多元形式，促进城乡跨区域的文化合作和资源共享。除此之外，扬州市积极开放，包容国内外新型元素，顺应时代潮流，举办世界文化城市交流会，在世界历史城市联盟大会上积极同国内外历史文化城市讲述扬州故事，同国内外城市互相交流历史经验，相互借鉴新型元素。

五、鼓励多元参与，奠定城乡文化和谐共生的社会基础

多元参与、开放包容是生态文明建设取得持续性和稳定性成效的关键。城乡文化生态建设需要人们生产和生活方式的转换，需要政府、企业、个体的共同参与，打破政府大包大揽的管理思维，形成多元参与、共建共享的局面。当然，城乡文化发展中的生态文明建设的多元参与，不是取代环保行政系统进行决策，而是通过公众多元参与的途径，将文化生态问题转换成社会问题，在保障行政管理中的透明度和公开性的同时，做到所有参与主体都能主动研究、主动参与，集思广益，有效建设城乡文化生态文明。

鼓励多元参与，关键还在于多元参与主体具有责任意识和生态意识，参与渠道具有通畅性和及时性。这就要求做好以下几方面工作，包括：健全环境民主决策工作，搭建多元主体参与的平台；完善城乡文化生态建设的信息公开制度，保障企业、民众的知情权、决策权和监督权；建立参与主体的培育渠道，制定相关培育发展规划，鼓励和支持企业、民众等与文化管理部门的有效沟通、协调与合作；强化包括政府在内的多元主体的责任担当意识，建立健全文化生态问责机制，实现多元参与机制的制度化、程序化、规范化。

江苏省常州市积极搭建多元主体参与平台，把引导群众参与作为提升城乡文化和谐共生的动力。一是在坚持政府主导的同时引入市场机制，激发作为社会主体的群众参与文化建设的积极性，使之成为参与文化建设的重要力量。二是推进城乡文化基础设施运营社会化。建立健全社会力量准入、监督和考核体系，探索文化设施社会化运营方式，引导和鼓励社会力量以各种形式参与文化建设，确保城乡文化设施更好发挥效能。三是推进群众参与文化建设制度化。建

立健全群众能参与、好参与、乐于参与的工作机制，让群众从"旁观者"变成"参与者"，成为城乡文化生态的建设主体。

　　江苏省镇江市多方引入社会力量，系统提升城乡文化生态建设效能。镇江市将文化建设中的活动项目、设备设施纳入政府购买公共文化服务的目录，借助委托、招标的方式来吸引有实力的社会组织和企业参与服务中心运营，引导社会资本以自发投资或捐助设备设施、资助项目、赞助活动、提供社会化产品和服务等方式，参与到文化建设过程中。开放合作的举措取得了优势互补、互惠互利的效果，并最终达到既为基层减负，又为群众带来文化多样化的"双赢"局面。

参考文献

1.《马克思恩格斯选集(第 1 卷)》,中共中央马克思恩格斯列宁斯大林著作编译局编译,北京:人民出版社,2012 年版。

2.《马克思恩格斯全集(第 3 卷)》,中共中央马克思恩格斯列宁斯大林著作编译局编译,北京:人民出版社,1958 年版。

3.《中国共产党第十八次全国代表大会文件汇编》,北京:人民出版社,2012 年版。

4.《马克思恩格斯选集(第 3 卷)》,北京:人民出版社,1995 年版。

5. 中共中央宣传部:《习近平总书记系列重要讲话读本》,北京:学习出版社、人民出版社,2014 年版。

6. 习近平:《习近平谈治国理政(第 1 卷)》,北京:外文出版社,2014 年版。

7. 习近平:《习近平谈治国理政(第 2 卷)》,北京:外文出版社,2017 年版。

8. 习近平:《决胜全面建成小康社会　夺取新时代中国特色社会主义伟大胜利》,北京:人民出版社,2017 年版。

9.《党的十九大辅导读本》,北京:人民出版社,2017 年版。

10. 中共中央宣传部:《习近平总书记系列重要讲话读本》,北京:学习出版社、人民出版社,2016 年版。

11. 中共中央文献研究室:《十八大以来重要文献选编》(上、下),北京:中央文献出版社,2014 年版。

12. 中共中央文献研究室:《十二大以来重要文献选编》(上、中、下),北京:中央文献出版社,2011 年版。

13. 农业部农村社会事业发展中心:《中国农村社会事业发展报告(2003—2013)》,北京:中国言实出版社,2014 年版。

14.《中共中央关于深化文化体制改革推动社会主义文化大发展大繁荣若干重大问题的决定》(辅导读本),北京:人民出版社,2011 年版。

15.《中共中央国务院关于实施乡村振兴战略的意见》,北京:人民出版社,2018 年版。

16.《关于加快构建现代公共文化服务体系的意见》,北京:人民出版社,

2015 年版。

　　17. 国家发展和改革委员会：《中华人民共和国国民经济和社会发展第十三个五年规划纲要》，北京：人民出版社，2016 年版。

　　18.《国家"十三五"时期文化发展改革规划纲要》，《人民日报》，2017 年 5 月 8 日。

　　19.《公共文化服务保障法》，中华人民共和国主席令第六十号，发布日期：2016 - 12 - 25，实施日期：2017 - 03 - 01。

　　20.《江苏省文化厅"十三五"文化发展规划》，苏文〔2016〕6 号，发布日期：2016 - 5 - 26，实施日期：2016 - 05 - 26。

　　21.《关于建立健全国家公共文化服务体系示范区长效管理机制的意见》，苏府办〔2011〕54 号，发布日期：2011 - 03 - 14，实施日期：2011 - 03 - 14。

　　22.《关于推进现代公共文化服务体系建设的实施意见》，苏府办〔2015〕94 号，发布日期：2015 - 05 - 19，实施日期：2015 - 05 - 19。

　　23. 费孝通：《乡土中国》，北京：北京大学出版社，1998 年版。

　　24. 何影：《利益共享的理念与机制研究——和谐社会的视角》，哈尔滨：黑龙江大学出版社，2013 年版。

　　25. 靳江好、王郅强：《和谐社会建设与社会矛盾调节机制研究》，北京：人民出版社，2008 年版。

　　26. 俞可平：《民主与陀螺》，北京：北京大学出版社，2006 年版。

　　27. 朱翔：《城乡建设生态化：从分离到一体》，长沙：湖南师大出版社，2015 年版。

　　28. 甘新：《生态文明与美丽城乡——2013 广州论坛演讲集》，北京：商务印书馆，2014 年版。

　　29. 张国富：《城乡一体化新趋势与协调机制构建》，北京：中国农业出版，2011 年版。

　　30. 朱媛媛：《城镇化进程中的城乡文化整合研究》，北京：科学出版社，2016 年版。

　　31. 江苏省统计局：《江苏统计年鉴 2015》，北京：中国统计出版社，2015 年版。

　　32.《辞海》缩印本，上海：上海辞书出版社，1979 年版。

　　33. 胡寅寅：《走向真正的共同体——马克思共同体思想的致思逻辑研究》，哈尔滨：哈尔滨工程大学出版社，2016 年版。

　　34. 陈岳、蒲聘：《构建人类命运共同体》，北京：中国人民大学出版社，2017

年版。

　　35. 李静、季中扬等:《城市化进程与乡村叙事的文化互动》,北京:中国社会科学出版社,2015 年版。

　　36. 冯佳:《公共文化服务制度建设研究》,北京:国家图书馆出版社,2015 年版。

　　37. 费孝通:《中国文化的重建》,上海:华东师范大学出版社,2014 年版。

　　38.《梁漱溟全集(第 1 卷)》,济南:山东人民出版社,1989 年版。

　　39. 韩震:《社会主义核心价值观五讲》,北京:人民出版社,2012 年版。

　　40. 陈章龙:《论主导价值观》,南京:江苏人民出版社,2006 年版。

　　41. 陈来:《中华文明的核心价值》,北京:生活·读书·新知三联书店,2015 年版。

　　42. 陈如:《城乡和谐发展的新探索:社会主义新农村建设在南京》,南京:东南大学出版社,2006 年版。

　　43. 何强:《拾零集:城乡文化观察》,福州:福建教育出版社,2014 年版。

　　44. 折晓叶、艾云:《城乡关系演变的制度逻辑和实践过程》,北京:中国社会科学出版社,2014 年版。

　　45. 戴溥之、吕洁:《论城乡社区文化的均衡发展》,石家庄:河北人民出版社,2014 年版。

　　46. 胡新民:《和谐文化引领城乡发展一体化》,杭州:浙江人民出版社,2014 年版。

　　47. 汝信、付崇兰:《中国城乡一体化发展报告(2014—2015)》,北京:社会科学文献出版社,2015 年版。

　　48. 李泉:《城乡一体化进程中的新型城乡形态研究》,北京:中国社会科学出版社,2015 年版。

　　49. 郑文升:《大城市边缘区域的产业与城乡空间优化研究》,北京:科学出版社,2016 年版。

　　50. 吴理财:《中国城乡基层公共文化服务调查》,北京:高等教育出版社,2016 年版。

　　51. 陶思炎:《南京民俗》,南京:南京出版社,2016 年版。

　　52. 孙立平:《转型与断裂:改革以来中国社会结构的变迁》,北京:清华大学出版社,2004 年版。

　　53. 祁述裕:《文化建设九讲》,北京:国家行政学院出版社,2014 年版。

　　54. 张康之、张乾友:《共同体的进化》,北京:中国社会科学出版社,2012

年版。

55. 李静、毛仲荣：《共同体与环境共同体》，《郑州大学学报（哲学社会科学版）》，2012 年第 1 期。

56. 季中扬、李静：《论城乡文化共同体的可能性及其建构路径》，《新华文摘》，2015 年第 4 期。

57. 潘月斐：《深化中华民族共同体意识研究》，《中国社会科学报》，2016 年9 月 28 日。

58. 牟钟鉴：《共同体：人类命运　中国经验》，《新华文摘》，2016 年第 7 期。

59. 王泽应：《命运共同体的伦理精义和价值特质论》，《新华文摘》，2017 年第 1 期。

60. 肖小霞、德频：《冲突与融合：城市生活方式的变迁》，《学术论坛》，2003 年第 3 期。

61. 李佳：《乡土社会变局与乡土文化再生产》，《中国农村观察》，2012 年第4 期。

62. 马永强、王正茂：《农村文化建设的内涵和视域》，《新华文摘》，2009 年第 7 期。

63. 陈绍芳：《城市化进程中文化融合的哲学解读——基于主体间性理论的分析》，《社会科学家》，2010 年第 5 期。

64. 张学昌：《城乡文化共生发展的内在逻辑与推进策略——基于文化间性的视角》，《新疆社会科学》，2019 年第 1 期。

65. 蒋建国：《加快城乡文化一体化发展》，《求是》，2011 年第 23 期。

66. 李丽、郭占庆：《城乡统筹视阈中的城乡文化一体化发展研究——以山东省为例》，《山东社会科学》，2015 年第 5 期。

67. 刘中顼：《论城乡文化之互补在城乡融合发展中的作用》，《城市学刊》，2018 年第 5 期。

68. 滕翠华、许可：《供给侧改革视域下城乡文化一体化发展问题研究》，《天津行政学院学报》，2016 年第 6 期。

69. 万世骏、俞宁：《关于城乡文化协调发展问题的思考》，《湖南人文科技学院学报》，2018 年第 4 期。

70. 冯雨峰、黄扬飞：《省域城乡文化设施建设的调查与分析——以浙江省为例》，《城市规划》，2006 年第 12 期。

71. 李全文、赵永明、张红：《城乡文化一体化发展：困境、成因与理路》，《法制与社会》，2017 年第 5 期。

72. 高善春:《城乡文化一体化建设的路径探析》,《福建农林大学学报》,2010 年第 6 期。

73. 沈�:《马克思主义城乡融合思想及其对我国城乡文化一体化建设的启示》,《理论导刊》,2013 年第 7 期。

74. 滕翠华:《中国特色城乡文化一体化发展的理论基石》,《河北经贸大学学报》,2014 年第 6 期。

75. 郭爱玲:《在城乡一体化发展中推动农村历史文化传承》,《学术纵横》,2014 年第 3 期。

76. 徐学庆:《城乡文化一体化发展途径探析》,《中州学刊》,2013 年第 1 期。

77. 闫平:《城乡文化一体化发展的内涵、重点及对策》,《山东社会科学》,2014 年第 11 期。

78. 韩俊:《中国城乡关系演变 60 年的回顾与展望》,《改革》,2009 年第 11 期。

79. 周晓虹:《流动与城市体验对中国农民现代性的影响——北京"浙江村"与温州一个农村社区的考察》,《社会学研究》,1998 年第 5 期。

80. 江立华:《城市性与农民工的城市适应》,《社会科学研究》,2003 年第 5 期。

81. 张孝德:《生态文明视野下中国乡村文明发展命运反思》,《行政管理改革》,2013 年第 3 期。

82. 仇保兴:《不能用城市建设模式来建设乡村》,《中国乡村发现》,2016 年第 4 期。

83. 王春光:《新生代农村流动人口的社会认同与城乡融合的关系》,《社会学研究》,2001 年第 3 期。

84. 朱力:《论农民工阶层的城市适应》,《江海学刊》,2002 年第 6 期。

85. 张孝德:《城乡两元文明共生的中国特色城镇化模式》,《国家行政学院学报》,2012 年第 5 期。

86. 何彦霏:《城市文化与乡村文化的冲突与融合》,《学理论》,2016 年第 1 期。

87. 倪苹:《城镇化质量评价指标体系的构建与实证分析》,浙江工商大学学位论文,2013。

88. 杨惠珍:《我国新型城镇化形势下城镇化质量评价指标体系的构建》,《经济研究导刊》,2013 年第 20 期。

89. 杨钧:《河南省城乡一体化评价指标体系及量化分析》,《河南农业大学学报》,2014 年第 3 期。

　　90. 杨菊华:《流动人口在流入地社会融入的指标体系——基于社会融入理论的进一步研究》,《人口与经济》,2010 年第 2 期。

　　91. 陈鸿彬:《农村城镇化质量评价指标体系的构建》,《经济经纬》,2003 年第 5 期。

　　92. 姚富宽:《我国城乡文化一体化发展建设研究》,中国青年政治学院学位论文,2015。

　　93. 古颖:《基于乡村文化的大城市郊区美丽乡村规划对策探索——以上海市青浦区章堰村为例》,参见:《城乡治理与规划改革——2014 中国城市规划年会论文集(14 小城镇与农村规划)》,中国城市规划学会,2014 年版。

　　94. 李克华:《珠江三角洲城乡一体化的若干问题》,《南方经济》,1998 年第 3 期。

　　95. 周江燕、白永秀:《中国城乡发展一体化水平的时序变化与地区差异分析》,《中国工业经济》,2014 年第 2 期。

　　96. 王亚飞:《对我国城乡一体化实现模式的探讨》,《经济纵横》,2007 年第 4 期。

　　97. 完世伟:《城乡一体化评价指标体系的构建及应用——以河南省为例构建及应用》,《经济经纬》,2008 年第 4 期。

　　98. 苏春江:《河南省城乡一体化评价指标体系研究》,《农村经济问题》,2009 年第 7 期。

　　99. 苗瑞丹:《英国公共文化服务的分权与共治经验及其借鉴》,《马克思主义与现实》,2016 年第 4 期。

　　100. 曾维和、陈岩:《我国社会组织承接政府购买服务能力体系构建》,《社会主义研究》,2014 年第 3 期。

　　101. 曹永平、欧海燕:《论共享改革发展成果》,《广西社会主义学院报》,2006 年第 3 期。

　　102. 龙太江:《妥协理性与社会和谐》,《东南学术》,2005 年第 2 期。

　　103. 王彩波、李燕霞:《论制度化政治整合》,《吉林大学社会科学学报》,2003 年第 4 期。

　　104. 程春兰:《美国公共图书馆事业发展启示》,《合肥工业大学学报(社会科学版)》,2012 年第 10 期。

　　105. 陆晓曦:《英国文化管理机制:"一臂之距"》,《山东图书馆学刊》,2012 年第 6 期。

106. 陈明春:《杭州公共文化服务体系建设研究》,《中共杭州市委党校学报》,2009 年第 5 期。

107. 庄琦玲:《新型城镇化进程中公共文化服务体系研究——以常州市为例》,《江南论坛》,2015 年第 1 期。

108. 任贵州:《城乡公共文化服务设施共建共享机制级路径——以苏州市创建国家公共文化服务体系示范区为例》,《新世纪图书馆》,2016 年第 2 期。

109. 汪信砚:《全球化中的价值认同与价值观冲突》,《哲学研究》,2002 年第 11 期。

110. 贺善侃:《经济全球化背景下的价值认同与冲突》,《毛泽东邓小平理论研究》,2003 年第 5 期。

111. 张鸿雁:《核心价值文化认同的建构与文化治理——深化改革文化治理创新的模式与入径》,《南京社会科学》,2015 年第 1 期。

112. 莫凡、谭培文:《论社会主义核心价值认同的利益机制》,《内蒙古社会科学(汉文版)》,2010 年第 6 期。

113. 黄静、季明博:《社会主义核心价值体系价值认同的动力机制研究》,《求索》,2010 年第 7 期。

114. 李德顺:《怎样科学对待传统文化》,《求是》,2014 年第 22 期。

115. 葛承雍:《实现中国优秀传统文化的创造性转化》,《群众·大众学堂》,2014 年第 10 期。

116. 吴翠丽:《社会主义核心价值观嵌入日常生活的内在机理与实现路径》,《南京社会科学》,2015 年第 2 期。

117. 王泽应:《命运共同体的伦理精义和价值特质论》,《新华文摘》,2017 年第 1 期。

118. 鲍宗豪、李振:《社会预警与社会稳定关系的深化——对国内外社会预警理论的讨论》,《浙江社会科学》,2001 年第 4 期。

119. 王春光:《农村流动人口的"半城市化"问题研究》,《社会学研究》,2006 年第 5 期。

120. 张乐天:《超越断裂文化,建构多元文化——对进城农民工人际传播研究的一点思考》,《华东理工大学学报(社会科学版)》,2007 年第 3 期。

121. 付春:《软治理:国家治理中的文化功能》,《中国行政管理》,2009 年第 3 期。

122. 李佩环:《论全球化时代文化交往的实现机制》,《长白学刊》,2011 年第 3 期。

123. 蔡东伟：《论以农民为主体的城乡一体交往关系》，《辽宁行政学院学报》，2012 年第 11 期。

124. 戴迎华、陈靖：《社会距离视角的青年农民工城市交往问题探析》，《南京航空航天大学学报（社会科学版）》，2013 年第 2 期。

125. 韩康：《中国城镇化发展的最大风险：城乡矛盾内化》，《国家行政学院学报》，2013 年第 3 期。

126. 刘洪波：《跨文化心理学视域下的城乡文化交流探微》，《太原理工大学学报（社会科学版）》，2013 年第 5 期。

127. 江立华、谷玉良：《农民工市民化：向度与力度——基于对城市文化中心主义倾向的反思》，《中国特色社会主义研究》，2013 年第 6 期。

128. 张振鹏：《新型城镇化中乡村文化的保护与传承之道》，《福建师范大学学报（哲学社会科学版）》，2013 年第 6 期。

129. 林尚立：《现代国家认同建构的政治逻辑》，《中国社会科学》，2013 年第 8 期。

130. 滕驰：《城镇化进程中的民族文化交往》，《云南民族大学学报（哲学社会科学版）》，2014 年第 5 期。

131. 杨明华：《乡村旅游：城乡互动与区隔》，《贵州社会科学》，2014 年第 5 期。

132. 林娣：《新生代农民工市民化的社会资本困境与出路》，《社会科学战线》，2014 年第 6 期。

133. 叶兴庆、徐小青：《从城乡二元到城乡一体——我国城乡二元体制的突出矛盾与未来走向》，《管理世界》，2014 年第 9 期。

134. 暨爱民、彭永庆：《国家认同建构：基础要素与历史逻辑》，《中南民族大学学报（人文社会科学版）》，2016 年第 1 期。

135. 徐之顺：《城乡文化：基于文化认同的和谐共生》，《江苏社会科学》，2016 年第 2 期。

136. 陈立旭：《论特色小镇建设的文化支撑》，《中共浙江省委党校学报》，2016 年第 5 期。

137. 叶辉：《文化走亲，走出文化大繁荣》，《光明日报》，2014 年 4 月 8 日。

138. 钱春弦：《城乡共享"5＋2"生活模式》，《中国旅游报》，2015 年 8 月 21 日。

139. 周爱保、侯玲：《双文化认同整合有助于民族和谐》，《中国社会科学报》，2016 年 4 月 19 日。

140. 张云飞:《国外马克思主义生态文明理论研究——张云飞教授访谈》,《国外理论动态》,2007 年第 12 期。

141. 李晓丽:《我国环境法制建设的困境与出路》,《天水行政学院学报》,2014 年第 2 期。

142. 张保伟:《生态文化建设机制及其优化分析》,《理论与改革》,2011 年第 1 期。

143. 刘春凯:《英国文化遗产保护的公众参与借鉴》,《中国名城》,2016 年第 6 期。

144. 范长征:《英国文化创意"微创新"模式与政府支持体系对中国的启示》,《社科纵横》,2015 年第 11 期。

145. 王璇:《法国文化政策下的文化遗产保护》,《财政监督》,2013 年第 27 期。

146. 叶秋华、孔德超:《论法国文化遗产的法律保护及其对中国的借鉴意义》,《中国人民大学学报》,2011 年第 2 期。

147. 阮云星:《文化遗产的再生产:杭州西湖文化景观世界遗产保护的市民参与》,《文化遗产》,2016 年第 2 期。

148. 祖苏、王志强:《关于苏州市古村落保护利用情况的调研报告》,《常熟理工学院学报(哲学社会科学)》,2013 年第 5 期。

149. 〔美〕班纳迪克·安德森:《想像的共同体》,吴叡人译,上海:上海人民出版社,2005 年版。

150. 〔德〕斐迪南·滕尼斯:《共同体与社会》,林荣远译,北京:商务印书馆,1999 年版。

151. 〔英〕齐格蒙特·鲍曼:《现代性与矛盾性》,邵迎生译,北京:商务印书馆,2013 年版。

152. 〔美〕埃里克·H. 埃里克森:《同一性:青少年与危机》,孙名之译,北京:中央编译出版社,2015 年版。

153. 〔美〕塞缪尔·亨廷顿:《文明的冲突与世界秩序的重建》,周琪译,北京:新华出版社,2010 年版。

154. 〔美〕露丝·本尼迪克特:《文化模式》,王炜等译,北京:社会科学文献出版社,2009 年版。

155. 〔美〕罗伯特·芮德菲尔德:《农民社会与文化:人类学对文明的一种诠释》,王莹译,北京:中国社会科学出版社,2013 年版。

156. 〔美〕约瑟夫·奈:《软实力》,马娟娟译,北京:中信出版社,2014 年版。

157. ［日］平野健一郎：《国际文化论》，张启雄、冯青等译，北京：中国大百科全书出版社，2011 年版。

158. ［美］刘易斯·芒福德：《城市发展史——起源、演变和前景》，宋俊岭、倪文彦译，北京：中国建筑工业出版社，2005 年版。

159. ［英］埃比尼泽·霍华德：《明日的田园城市》，金经元译，北京：商务印书馆，2011 年版。

160. ［法］孟德拉斯：《农民的终结》，李培林译，北京：社会科学文献出版社，2010 年版。

161. ［美］本尼迪克特·安德森：《想象的共同体》，吴叡人译，上海人民出版社，2016 年版。

162. ［美］乔纳森·弗里德曼：《文化认同与全球性过程》，郭建如译，北京：商务印书馆，2004 年版。

163. ［美］夸梅·安东尼·阿皮亚：《认同伦理学》，张容南译，南京：译林出版社，2013 年版。

164. ［美］丹尼尔·贝尔《资本主义文化矛盾》，严蓓雯译，江苏人民出版社，2012 年版。

165. ［匈牙利］阿格妮丝·赫勒：《日常生活》，哈尔滨：黑龙江大学出版社，2010 年版。

166. ［英］戴维·英格利斯：《文化与日常生活》，周书亚译，北京：中央编译出版社，2010 年版。

167. Stephen L Mueller, Anisya S Thomas. Culture and Entrepreneurial Potential: A Nine Country Study of Locus of Control and Innovativeness. Journal of BuMness Venturing, 2001(16): 51 - 75.

168. renda S. A. Yeoh. The Global Cultural City? Spatial Imagineering and Politics in the (Multi) cultural Marketplaces of South-east Asia. Urban studies, 2005, 42(5): 945 - 958.

169. John M. The Application of Policy for Cultural Clustering: Current Practice in Scotland. European Planning Studies, 2006, 14(3): 397 - 408.

170. Israel Zangwill. America is a Great Melting Pot [A]. In Teresa O's Neill (Ed.). *Immigration: Opposing Viewpoints* [C]. San Diego: Green Haven Press Inc, 1992.

171. Anthony Giddens. Modernity and Self-identity: Self and Society in the Late Modern Age. Cambridge: Polity Press, 1991.

172. Bourdieu, P. The Forms of Capital. In Richardson, J. G(Ed.). Handbook of Theory and Research for the Sociology of Education. New York: Greenwood Press, 1986.

173. Berry J W, Poortinga Y P, Segall M H, et al. *Cross-Cultural Psychology: Research and Applications (2nd ed.)*. Cambridge (UK): Cambridge University Press, 2002: 345 – 383.

174. Ward C. The A, B, Cs of acculturation. In: D Matsumoto (Ed.). *The handbook of culture&psychology*. New York: Oxford University Press, 2001: 411 – 445.

175. Ward C, Rana-Deuba A. *Acculturation and adaptation revisited*. Journal of cross-cultural psychology, 1999, 30 (4): 422 – 442.

176. Ryder A G, Alden L E, Paulhus D L. Is acculturation unidimensional or bidimensional? A head-to-head comparison in the prediction of personality, self-identity, and adjustment. Journal of personality and social psychology, 2000, 79 (1): 49 – 65.

177. Cabassa L J. *Measuring acculturation: where we are and where we need to go*. Hispanic Journal of Behav-ioral Sciences. 2003.

178. Trimble J E. Introduction: social change and acculturation. In: K Chun, P B Organista, G Marin (Eds.). *Acculturation: advances in theory, measurement, and applied research*. Washington DC: American Psychological Association, 2003: 3 – 13.

179. Lee S, Sobal J, Frongillo E A. *Comparison of models of acculturation: the case of Korean Americans*. Journal of cross-cultural psychology, 2003, 34 (3): 282 – 296.

180. Bourhis R Y, Moise L C, Perreault S, et al. *Towards an interactive acculturation model: A social psychological approach*. International Journal of Psychology, 1997, 32: 369 – 386.

181. Arends-Toth J, Van de Vijver F J R. *Domains and dimensions in acculturation: Implicit theories of Turkish – Dutch*. International Journal of Intercultural Relations, 2004, 28: 19 – 35.

附　录

附录 1　相关调查问卷

城乡文化和谐共生评价指标体系第一轮专家咨询问卷

尊敬的专家:

您好! 非常感谢您能够在百忙中填写这份问卷!

我们目前正进行"苏州市文化和谐共生评价"课题的研究,苏州市坚持城乡一体化发展战略,以城带乡、以乡促城,城乡统筹,促进现代都市文化与乡村传统文化的交互整合,进而保障乡镇可持续发展和农民的文化权益。

课题组在前期研究和实地走访获取资料的基础上,设计了"城乡文化和谐共生评价指标"咨询问卷,问卷共有 4 个一级指标,15 个二级指标,32 个三级指标,指标属性分为客观指标和主观指标两部分。悉知您在城乡文化一体化发展和系统评价领域有着丰富的学识和经验,恳切希望能够得到您的指导和帮助,您的意见将作为我们研究的重要依据!

衷心感谢您的支持和指导! 祝您工作顺利,身体健康!

"城乡文化和谐共生"课题组

2017 年 12 月 20 日

第一部分：专家基本情况

一、您的基本情况

A1 您的性别：A. 男　B. 女

A2 您的年龄：A. 30—40 岁　B. 41—50 岁　C. 51—60 岁　D. 60 岁以上

A3 您的文化程度：A. 大专及以下　B. 大学本科　C. 硕士研究生　D. 博士研究生

A6 您的职称是：A. 正高级　B. 副高级　C. 中级

第二部分：填表说明

一、指标说明：

该评价指标体系共分为四个维度，其中城乡一体化和城乡均等化是客观指标，计算所需数据均来自公开年鉴或政府统计数据。外来人口市民化和城乡文化发展是主观指标，测量城乡普通居民对城乡文化和谐共生的主观印象，以问卷形式获取数据。

二、填写内容：

1. 请在"重要性"一栏中左侧对三级指标的重要性作出评价，并填写相应的数字，其中 1—5 分别表示很重要、较重要、一般、不太重要、不重要；

2. 请根据判断依据在"判断依据"一栏下相应的选项打钩；

3. 请根据对指标的熟悉程度在"熟悉程度"填入相应的数字，其中 1.0、0.8、0.6、0.4、0.2 分别表示很熟悉、较熟悉、一般熟悉、不太熟悉、不熟悉；

4. 若您认为该项内容描述不准确或应该删除，或有未考虑到的项目，请在"修改意见"栏内修改，修改或补充项目同样需要判断重要程度，请在相应栏内赋予分值。

表 1　城乡一体化指标评分

A₁ 城乡一体化								
二级指标	三级指标	指标含义或算法	重要性	判断依据				熟悉程度
				实践经验	理论分析	同行了解	直觉	
B₁ 经济发展	C₁ 城乡人均可支配收入比	农村人均可支配收入/城市人均可支配收入						
	C₂ 城乡人均固定资产投资比	农村人均固定资产投资/城市人均固定资产投资						
	C₃ 城乡人均消费比	农村人均消费/城市人均消费						
意见								
B₂ 基础教育	C₄ 城乡基础教育①（高中＋初中＋小学＋幼儿园）生均教育事业费投入比	农村基础教育生均教育事业费/城市基础教育生均教育事业费						
	C₅ 城乡基础教育每百名学生教师配备比	农村基础教育每百名学生教师配备数量/城市基础教育每百名学生教师配备数量						
意见								
B₃ 医疗卫生	C₆ 城乡人均医疗保健支出比	农村人均医疗保健支出/城市人均医疗保健支出						
	C₇ 城乡千人拥有医生数比	农村千人拥有医生数/城市千人拥有医生数						
	C₈ 城乡每千人拥有床位数比	农村千人拥有床位数/城市千人拥有床位数						
意见								

---

① 基础教育范围采用《江苏教育年鉴》统计标准，包括幼儿园、小学、初中、高中。

（续表）

二级指标	三级指标	指标含义或算法	重要性	判断依据				熟悉程度
				实践经验	理论分析	同行了解	直觉	
B₄ 城乡就业	C₉ 城乡人力资源社会保障基层公共服务平台建设覆盖率比	农村人力资源社会保障基层公共服务平台建设覆盖率/城市人力资源社会保障基层公共服务平台建设覆盖率						
	非农业从业人员比重比	第一产业从业人员比重/第二、三产业从业人员比重						
	C₁₁ 城乡科教文卫从业人员比重比	农村科教文卫从业人员占从业人员比重/城市科教文卫从业人员占从业人员比重						
意见								
B₅ 社会保障	C₁₂ 城乡最低生活保障水平比	农村最低生活保障水平/城市最低生活保障水平						
	C₁₃ 城乡最低生活保障人均支出比	（农村最低生活保障支出/农村最低生活保障人数）/（城市最低生活保障支出/城市最低生活保障人数）						
	C₁₄ 城乡基本养老保险覆盖率比	（农村基本养老保险参保人数/农村常住人口数）/（城市基本养老保险参保人数/城市常住人口数）						
意见								

表 2　城乡均等化指标评分

A₂ 城乡均等化								
二级指标	三级指标	指标含义或算法	重要性	判断依据				熟悉程度
				实践经验	理论分析	同行了解	直觉	
B₆ 信息服务	C₁₅ 城乡邮电业务量比	农村邮电业务总量/城市邮电业务总量						
	C₁₆ 城乡每百户接入互联网的移动电话拥有量比	农村每百户接入互联网的移动电话拥有量/城市每百户接入互联网的移动电话拥有量						
	C₁₇ 城乡每百户接入互联网的电脑拥有量比	农村每百户接入互联网的电脑拥有量/城市每百户接入互联网的电脑拥有量						
	C₁₈ 城乡每百户接入有线电视的电视拥有量比	农村每百户接入有线电视的电视拥有量/城市每百户接入有线电视的电视拥有量						
意见								
B₇ 生活环境	C₁₉ 城乡统筹区域供水覆盖率	城乡统筹区域联网供水乡镇个数/乡镇总个数						
	C₂₀ 城乡生活污水处理率比	农村生活污水处理率/城市生活污水处理率						
意见								
B₈ 社会管理	C₂₁ 城乡财政支出中公共安全支出比重比	（农村公共安全支出/农村财政总支出）/（城市公共安全支出/城市财政总支出）						
	C₂₂ 城乡每千人社区工作者配备比	农村每千人社区工作者配备人数/城市每千人社区工作者配备人数						
意见								

(续表)

二级指标	三级指标	指标含义或算法	重要性	判断依据				熟悉程度
				实践经验	理论分析	同行了解	直觉	
B₉文化共享	C₂₃城乡财政支出中文化支出比重比	(农村文化支出/农村财政总支出)/(城市文化支出/城市财政总支出)						
	C₂₄城乡人均公共文化设施面积比	农村人均公共文化设施面积/城市人均公共文化设施面积						
	C₂₅城乡基层综合文化服务中心覆盖率比	村(居)综合文化服务中心覆盖率/镇(街道、区)综合文化服务中心覆盖率						
意见								

表 3　外来人口市民化评分

A₃ 外来人口市民化								
二级指标	三级指标	指标含义或算法	重要性	判断依据				熟悉程度
				实践经验	理论分析	同行了解	直觉	
B₁₀物质融入	C₂₆城市住房	住房设施齐备度、卫生安全等						
	C₂₇公共设施使用	人文设施、交通设施等使用情况						
意见								
B₁₁社会融入	C₂₈城市社会生活	落户条件、子女教育等基本权利保障						
	C₂₉城市社会关系	与城市居民互动情况						
意见								

表 4　外来人口市民化评分

A₄ 城乡文化和谐发展								
二级指标	三级指标	指标含义或算法	重要性	判断依据				熟悉程度
				实践经验	理论分析	同行了解	直觉	
B₁₂ 心理融入	C₃₀ 依赖感	是否有定居打算						
	C₃₁ 融入感	遇到问题是否向城里人求助						
	C₃₂ 归属感	是否认同自己城市居民身份						
意见								
B₁₃ 政府	C₃₃ 支持力度	政府对传统文化、乡村文化的支持力度及效果						
	C₃₄ 保护力度	政府对传统文化、乡村文化的保护力度及效果						
意见								
B₁₄ 团体	C₃₅ 投入力度	单位对员工文化生活的投入						
	C₃₆ 支持力度	单位对员工文化生活的支持						
意见								
B₁₅ 个人	C₃₇ 文化参与	个人参与文化频率、投入						
	C₃₈ 个人保护意识	个人及朋友家人对文化的保护与传承意识						
意见								

城乡文化和谐共生评价指标体系第二轮专家咨询问卷

尊敬的专家：

　　您好！衷心感谢您在第一轮调查中倾注了大量时间和精力,给予我们很好的建议和启迪！

　　通过对第一轮问卷结果的分析,综合各位专家的意见,我们对问卷内容进行了整理和修改。本轮问卷咨询的目的,是请专家对修改后的问卷再次提出宝贵意见,您的意见将为城乡文化和谐共生各级指标权重系数及内容的确定,并对我们最后形成城乡文化和谐共生指标体系起到重要参考作用。希望您能尽快回复您的意见和建议,我们将不胜感激！

　　再次衷心地感谢您的支持和指导！

"城乡文化和谐共生"课题组

2018 年 3 月 15 日

表 1　城乡一体化指标评分①

A₁ 城乡一体化								
二级指标	三级指标	指标含义或算法	重要性	判断依据				熟悉程度
				实践经验	理论分析	同行了解	直觉	
B₁ 经济发展	C₁ 城乡人均可支配收入比	农村人均可支配收入/城市人均可支配收入						
	C₃ 城乡人均消费比	农村人均消费/城市人均消费						
意见								
B₂ 基础教育	C₄ 城乡基础教育②(高中＋初中＋小学＋幼儿园)生均教育事业费投入比	农村基础教育生均教育事业费/城市基础教育生均教育事业费						
	C₅ 城乡基础教育每百名学生教师配备比	农村基础教育每百名学生教师配备数量/城市基础教育每百名学生教师配备数量						
意见								
B₃ 医疗卫生	C₆ 城乡人均医疗保健支出比	农村人均医疗保健支出/城市人均医疗保健支出						
	C₇ 城乡千人拥有医生数比	农村千人拥有医生数/城市千人拥有医生数						
意见								

---

①　相较于第一轮专家咨询,根据专家评分和建议,三级指标中 C₂ 城乡人均固定资产投资比、非农业从业人员比重比、C₁₂ 城乡最低生活保障水平比、C₁₅ 城乡邮电业务量比、C₂₄ 城乡人均公共文化设施面积比 5 项删除。B₁₄ 团体指标下支持力度和投入力度指标内涵存在交叉,合并为一个指标,以便获取更为客观的数据。

②　基础教育范围采用《江苏教育年鉴》统计标准,包括幼儿园、小学、初中、高中。

(续表)

二级指标	三级指标	指标含义或算法	重要性	判断依据				熟悉程度
				实践经验	理论分析	同行了解	直觉	
B₄ 城乡就业	C₉ 城乡人力资源社会保障基层公共服务平台建设覆盖率比	农村人力资源社会保障基层公共服务平台建设覆盖率/城市人力资源社会保障基层公共服务平台建设覆盖率						
	C₁₁ 城乡科教文卫从业人员比重比	农村科教文卫从业人员占从业人员比重/城市科教文卫从业人员占从业人员比重						
意见								
B₅ 社会保障	C₁₃ 城乡最低生活保障人均支出比	(农村最低生活保障支出/农村最低生活保障人数)/(城市最低生活保障支出/城市最低生活保障人数)						
	C₁₄ 城乡基本养老保险覆盖率比	(农村基本养老保险参保人数/农村常住人口数)/(城市基本养老保险参保人数/城市常住人口数)						
意见								

表2　城乡均等化指标评分

A₂ 城乡均等化								
二级指标	三级指标	指标含义或算法	重要性	判断依据				熟悉程度
				实践经验	理论分析	同行了解	直觉	
B₆ 社会信息	C₁₆ 城乡每百户接入互联网的移动电话拥有量比	农村每百户接入互联网的移动电话拥有量/城市每百户接入互联网的移动电话拥有量						

（续表）

二级指标	三级指标	指标含义或算法	重要性	判断依据				熟悉程度
				实践经验	理论分析	同行了解	直觉	
B₆ 社会信息	C₁₇ 城乡每百户接入互联网的电脑拥有量比	农村每百户接入互联网的电脑拥有量/城市每百户接入互联网的电脑拥有量						
	C₁₈ 城乡每百户接入有线电视的电视拥有量比	农村每百户接入有线电视的电视拥有量/城市每百户接入有线电视的电视拥有量						
意见								
B₇ 生活环境	C₁₉ 城乡统筹区域供水覆盖率	城乡统筹区域联网供水乡镇个数/乡镇总个数						
	C₂₀ 城乡生活污水处理率比	农村生活污水处理率/城市生活污水处理率						
意见								
B₈ 社会管理	C₂₁ 城乡财政支出中公共安全支出比重比	（农村公共安全支出/农村财政总支出）/（城市公共安全支出/城市财政总支出）						
	C₂₂ 城乡每千人社区工作者配备比	农村每千人社区工作者配备人数/城市每千人社区工作者配备人数						
意见								
B₉ 文化共享	C₂₃ 城乡财政支出中文化支出比重比	（农村文化支出/农村财政总支出）/（城市文化支出/城市财政总支出）						
	C₂₅ 城乡基层综合文化服务中心覆盖率比	村（居）综合文化服务中心覆盖率/镇（街道、区）综合文化服务中心覆盖率						
意见								

表 3　外来人口市民化评分

A₃ 外来人口市民化								
二级指标	三级指标	指标含义或算法	重要性	判断依据				熟悉程度
				实践经验	理论分析	同行了解	直觉	
B₁₀ 物质融入	C₂₆ 城市住房	住房设施齐备度、卫生安全等						
	C₂₇ 公共设施使用	人文设施、交通设施等使用情况						
意见								
B₁₁ 社会融入	C₂₈ 城市社会生活	落户条件、子女教育等基本权利保障						
	C₂₉ 城市社会关系	与城市居民互动情况						
意见								

表 4　外来人口市民化评分

A₄ 城乡文化和谐发展								
二级指标	三级指标	指标含义或算法	重要性	判断依据				熟悉程度
				实践经验	理论分析	同行了解	直觉	
B₁₂ 心理融入	C₃₀ 依赖感	是否有定居打算						
	C₃₁ 融入感	遇到问题是否向城里人求助						
	C₃₂ 归属感	是否认同自己城市居民身份						
意见								
B₁₃ 政府	C₃₃ 支持力度	政府对传统文化、乡村文化的支持力度及效果						
	C₃₄ 保护力度	政府对传统文化、乡村文化的保护力度及效果						

（续表）

二级指标	三级指标	指标含义或算法	重要性	判断依据				熟悉程度
				实践经验	理论分析	同行了解	直觉	
意见								
B_{14}团体	C_{35}支持投入力度	单位对员工文化生活的支持和投入						
意见								
B_{15}个人	C_{37}文化参与	个人参与文化频率、投入						
	C_{38}个人保护意识	个人及朋友家人对文化的保护与传承意识						
意见								

城乡文化和谐共生评价指标体系第三轮专家咨询问卷

尊敬的专家：

　　您好！衷心感谢您在前两轮调查中倾注了大量时间和精力，给予我们很好的建议和启迪！

　　通过对第一、二轮分析及对主观问卷结果的因子分析，综合各位专家的意见，我们对问卷内容进行了整理和修改，确定最终的指标体系。本轮问卷咨询的目的，是请专家对修改后的问卷进行指标重要性矩阵判断，您的意见将为城乡文化和谐共生各级指标权重系数的最终确定，并对我们最后形成城乡文化和谐共生指标体系起到重要参考作用。希望您能尽快回复您的意见和建议，我们将不胜感激！

　　再次衷心地感谢您的支持和指导！

"城乡文化和谐共生"课题组

2018 年 4 月 15 日

问卷填写说明：

请您对同一维度中的两个指标相对重要性加以比较,问卷采用1—9标度法,如A对B稍微重要,则A对B相对重要性为3,在A指标方向选择3;再如B对A稍微重要,则B对A相对重要性为3,在B指标方向选择3。数字标度含义及示例如下：

重要性级别	含义	说明
1	同样重要	两因素相比,具有相同重要性
3	稍微重要	两因素相比,一个因素比另一个因素稍微重要
5	明显重要	两因素相比,一个因素比另一个因素明显重要
7	非常重要	两因素相比,一个因素比另一个因素非常重要
9	极端重要	两因素相比,一个因素比另一个因素极端重要
2、4、6、8	—	上述相邻判断的中间值

- 第1层要素

下列各组两两比较要素,对于"城乡文化和谐共生"的相对重要性如何?

A	重要性	B
城乡一体化	9 8 7 6 5 4 3 2 1 2 3 4 5 6 7 8 9	城乡均等化
城乡一体化	9 8 7 6 5 4 3 2 1 2 3 4 5 6 7 8 9	外来人口市民化
城乡一体化	9 8 7 6 5 4 3 2 1 2 3 4 5 6 7 8 9	城乡文化发展
城乡均等化	9 8 7 6 5 4 3 2 1 2 3 4 5 6 7 8 9	外来人口市民化
城乡均等化	9 8 7 6 5 4 3 2 1 2 3 4 5 6 7 8 9	城乡文化发展
外来人口市民化	9 8 7 6 5 4 3 2 1 2 3 4 5 6 7 8 9	城乡文化发展

- 第2层要素

下列各组两两比较要素,对于"城乡一体化"的相对重要性如何?

A	重要性	B
经济发展	9 8 7 6 5 4 3 2 1 2 3 4 5 6 7 8 9	基础教育
经济发展	9 8 7 6 5 4 3 2 1 2 3 4 5 6 7 8 9	医疗卫生
经济发展	9 8 7 6 5 4 3 2 1 2 3 4 5 6 7 8 9	城乡就业
经济发展	9 8 7 6 5 4 3 2 1 2 3 4 5 6 7 8 9	社会保障
基础教育	9 8 7 6 5 4 3 2 1 2 3 4 5 6 7 8 9	医疗卫生

(续表)

A	重要性																	B
基础教育	9	8	7	6	5	4	3	2	1	2	3	4	5	6	7	8	9	城乡就业
基础教育	9	8	7	6	5	4	3	2	1	2	3	4	5	6	7	8	9	社会保障
医疗卫生	9	8	7	6	5	4	3	2	1	2	3	4	5	6	7	8	9	城乡就业
医疗卫生	9	8	7	6	5	4	3	2	1	2	3	4	5	6	7	8	9	社会保障
城乡就业	9	8	7	6	5	4	3	2	1	2	3	4	5	6	7	8	9	社会保障

下列各组两两比较要素,对于"城乡均等化"的相对重要性如何?

A	重要性																	B
信息服务	9	8	7	6	5	4	3	2	1	2	3	4	5	6	7	8	9	生活环境
信息服务	9	8	7	6	5	4	3	2	1	2	3	4	5	6	7	8	9	社会管理
信息服务	9	8	7	6	5	4	3	2	1	2	3	4	5	6	7	8	9	文化共享
生活环境	9	8	7	6	5	4	3	2	1	2	3	4	5	6	7	8	9	社会管理
生活环境	9	8	7	6	5	4	3	2	1	2	3	4	5	6	7	8	9	文化共享
社会管理	9	8	7	6	5	4	3	2	1	2	3	4	5	6	7	8	9	文化共享

下列各组两两比较要素,对于"外来人口市民化"的相对重要性如何?

A	重要性																	B
人居环境融入	9	8	7	6	5	4	3	2	1	2	3	4	5	6	7	8	9	社会发展融入
人居环境融入	9	8	7	6	5	4	3	2	1	2	3	4	5	6	7	8	9	心理认同融入
社会发展融入	9	8	7	6	5	4	3	2	1	2	3	4	5	6	7	8	9	心理认同融入

下列各组两两比较要素,对于"城乡文化发展"的相对重要性如何?

A	重要性																	B
政府	9	8	7	6	5	4	3	2	1	2	3	4	5	6	7	8	9	团体
政府	9	8	7	6	5	4	3	2	1	2	3	4	5	6	7	8	9	个人
团体	9	8	7	6	5	4	3	2	1	2	3	4	5	6	7	8	9	个人

• 第 3 层要素

下列各组两两比较要素,对于"经济发展"的相对重要性如何?

A	重要性																	B
城乡人均可支配收入比	9	8	7	6	5	4	3	2	1	2	3	4	5	6	7	8	9	城乡人均消费比
城乡人均消费比	9	8	7	6	5	4	3	2	1	2	3	4	5	6	7	8	9	城乡人均可支配收入比

下列各组两两比较要素,对于"基础教育"的相对重要性如何?

A	重要性																	B
城乡基础教育生均事业费投入	9	8	7	6	5	4	3	2	1	2	3	4	5	6	7	8	9	城乡基础教育每百名学生教师配备比
城乡基础教育每百名学生教师配备比	9	8	7	6	5	4	3	2	1	2	3	4	5	6	7	8	9	城乡基础教育生均事业费投入

下列各组两两比较要素,对于"医疗卫生"的相对重要性如何?

A	重要性																	B
城乡人均医疗保健支出比	9	8	7	6	5	4	3	2	1	2	3	4	5	6	7	8	9	城乡千人拥有医生数比
城乡千人拥有医生数比	9	8	7	6	5	4	3	2	1	2	3	4	5	6	7	8	9	城乡人均医疗保健支出比

下列各组两两比较要素,对于"城乡就业"的相对重要性如何?

A	重要性																	B
城乡人力资源社会保障基层公共服务平台覆盖率比	9	8	7	6	5	4	3	2	1	2	3	4	5	6	7	8	9	城乡科教文卫从业人员比重比
城乡科教文卫从业人员比重比	9	8	7	6	5	4	3	2	1	2	3	4	5	6	7	8	9	城乡人力资源社会保障基层公共服务平台覆盖率比

下列各组两两比较要素,对于"社会保障"的相对重要性如何?

A	重要性																		B
城乡最低生活保障人均财政支出比	9	8	7	6	5	4	3	2	1	2	3	4	5	6	7	8	9		城乡基本养老保险覆盖率比
城乡基本养老保险覆盖率比	9	8	7	6	5	4	3	2	1	2	3	4	5	6	7	8	9		城乡最低生活保障人均财政支出比

下列各组两两比较要素,对于"信息服务"的相对重要性如何?

A	重要性																		B
城乡每百户接入互联网的移动电话拥有量比	9	8	7	6	5	4	3	2	1	2	3	4	5	6	7	8	9		城乡每百户接入互联网的电脑拥有量比
城乡每百户接入互联网的移动电话拥有量比	9	8	7	6	5	4	3	2	1	2	3	4	5	6	7	8	9		城乡每百户接入有线电视的电视拥有量比
城乡每百户接入互联网的电脑拥有量比	9	8	7	6	5	4	3	2	1	2	3	4	5	6	7	8	9		城乡每百户接入有线电视的电视拥有量比

下列各组两两比较要素,对于"生活环境"的相对重要性如何?

A	重要性																		B
城乡统筹区域供水覆盖率	9	8	7	6	5	4	3	2	1	2	3	4	5	6	7	8	9		城乡生活污水处理率比
城乡生活污水处理率比	9	8	7	6	5	4	3	2	1	2	3	4	5	6	7	8	9		城乡统筹区域供水覆盖率

下列各组两两比较要素,对于"社会管理"的相对重要性如何?

A	重要性																		B
城乡财政公共安全支出比重比	9	8	7	6	5	4	3	2	1	2	3	4	5	6	7	8	9		城乡每千人社区工作者配备比
城乡每千人社区工作者配备比	9	8	7	6	5	4	3	2	1	2	3	4	5	6	7	8	9		城乡财政公共安全支出比重比

下列各组两两比较要素，对于"文化共享"的相对重要性如何？

A	重要性																		B
城乡财政文化支出比重比	9	8	7	6	5	4	3	2	1	2	3	4	5	6	7	8	9		城乡基层综合文化服务中心覆盖率比
城乡基层综合文化服务中心覆盖率比	9	8	7	6	5	4	3	2	1	2	3	4	5	6	7	8	9		城乡财政文化支出比重比

下列各组两两比较要素，对于"人居环境融入"的相对重要性如何？

A	重要性																		B
住房条件	9	8	7	6	5	4	3	2	1	2	3	4	5	6	7	8	9		邻里关系
住房条件	9	8	7	6	5	4	3	2	1	2	3	4	5	6	7	8	9		生活权益
邻里关系	9	8	7	6	5	4	3	2	1	2	3	4	5	6	7	8	9		生活权益

下列各组两两比较要素，对于"社会发展融入"的相对重要性如何？

A	重要性																		B
公共设施使用	9	8	7	6	5	4	3	2	1	2	3	4	5	6	7	8	9		落户政策条件落实
落户政策条件落实	9	8	7	6	5	4	3	2	1	2	3	4	5	6	7	8	9		公共设施使用

下列各组两两比较要素，对于"心理认同融入"的相对重要性如何？

A	重要性																		B
依赖感	9	8	7	6	5	4	3	2	1	2	3	4	5	6	7	8	9		融入感
依赖感	9	8	7	6	5	4	3	2	1	2	3	4	5	6	7	8	9		归属感
融入感	9	8	7	6	5	4	3	2	1	2	3	4	5	6	7	8	9		归属感

下列各组两两比较要素，对于"政府"的相对重要性如何？

A	重要性																		B
支持力度	9	8	7	6	5	4	3	2	1	2	3	4	5	6	7	8	9		保护力度
保护力度	9	8	7	6	5	4	3	2	1	2	3	4	5	6	7	8	9		支持力度

下列各组两两比较要素,对于"团体"的相对重要性如何?①

A	重要性																	B
投入支持力度	9	8	7	6	5	4	3	2	1	2	3	4	5	6	7	8	9	投入支持力度

下列各组两两比较要素,对于"个人"的相对重要性如何?

A	重要性																	B
文化参与	9	8	7	6	5	4	3	2	1	2	3	4	5	6	7	8	9	个人保护意识
个人保护意识	9	8	7	6	5	4	3	2	1	2	3	4	5	6	7	8	9	文化参与

---

① 团体投入支持力度只有 1 个指标,所以此项指标相对重要性为 1。

城乡文化和谐共生评价指标研究市民问卷调查

问卷编码□□□□□

您好！

本问卷旨在调查城乡文化和谐共生的评价指标状况。您所提供的资料仅供学术研究之用，完全予以保密，绝不对外公开，请您按实际情况作答。

非常感谢您的协助！

一、您的基本情况

A1 您的性别：A. 男　B. 女

A2 您的出生时间：

A3 您的政治面貌：A. 党员　B. 团员　C. 群众　D. 其他党派人士

A4 您的户口：A. 城镇户口　B. 农村户口

A5 您的文化程度：A. 小学　B. 初中（含中专）　C. 高中　D. 大学　E. 研究生及以上

二、外来人口市民化

C1 现阶段，外来务工人员居住场所设施齐备状况：

（1）很同意　（2）比较同意　（3）一般　（4）不太同意　（5）很不同意

C2 现阶段，外来务工人员居住场所符合安全卫生标准：

（1）很同意　（2）比较同意　（3）一般　（4）不太同意　（5）很不同意

C3 现阶段，外来务工人员平等享有交通设施场所服务：

（1）很同意　（2）比较同意　（3）一般　（4）不太同意　（5）很不同意

C4 现阶段，外来务工人员平等享有图书馆、公园等人文设施场所服务：

（1）很同意　（2）比较同意　（3）一般　（4）不太同意　（5）很不同意

C5 现阶段，中小城市和小城镇中农民的落户条件得到有效落实与放宽：

（1）很同意　（2）比较同意　（3）一般　（4）不太同意　（5）很不同意

C6 现阶段，农民工随迁子女在城市中平等接受着义务教育：

（1）很同意　（2）比较同意　（3）一般　（4）不太同意　（5）很不同意

C7 现阶段，外来务工人员与城里人、周围邻里建立了较好的人际关系：

（1）很同意　（2）比较同意　（3）一般　（4）不太同意　（5）很不同意

C8 现阶段，越来越多的外来务工人员愿意留在城市定居：

（1）很同意　（2）比较同意　（3）一般　（4）不太同意　（5）很不同意

C9 现阶段，外来务工人员遇到困难是会主动寻求城里人帮助：

（1）很同意　（2）比较同意　（3）一般　（4）不太同意　（5）很不同意

C10 现阶段，外来务工人员在心理上认同自己是城市一分子

（1）很同意　（2）比较同意　（3）一般　（4）不太同意　（5）很不同意

三、乡村传统文化与城市现代文明的发展与融合

D1 现阶段，政府在文化事业上的财政拨款力度较大：

（1）很同意　（2）比较同意　（3）一般　（4）不太同意　（5）很不同意

D2 现阶段，苏州周庄镇、沙溪镇、沙家浜镇区域特色鲜明，成为旅游业的重要推动力：

（1）很同意　（2）比较同意　（3）一般　（4）不太同意　（5）很不同意

D3 现阶段，政府对乡村文化的保护与维护工作较重视，实践效果较好：

（1）很同意　（2）比较同意　（3）一般　（4）不太同意　（5）很不同意

D4 现阶段，政府对苏州古典园林、水乡古镇等历史遗存和文物的保护力度较好：

（1）很同意　（2）比较同意　（3）一般　（4）不太同意　（5）很不同意

D5 现阶段，您所在单位的文化活动投入力度较大：

（1）很同意　（2）比较同意　（3）一般　（4）不太同意　（5）很不同意

D6 现阶段，您所在单位组织文化活动的频率较高：

（1）很同意　（2）比较同意　（3）一般　（4）不太同意　（5）很不同意

D7 现阶段，一年中您的文化活动投入较高：

（1）很同意　（2）比较同意　（3）一般　（4）不太同意　（5）很不同意

D8 现阶段，您参加文化活动的频率较高：

（1）很同意　（2）比较同意　（3）一般　（4）不太同意　（5）很不同意

D9 现阶段，您及身边家人朋友对传统文化的传承保护意识较好：

（1）很同意　（2）比较同意　（3）一般　（4）不太同意　（5）很不同意

问卷回答到此结束，谢谢您的配合！

附录 2　项目中期成果

治理文化现代化的路径选择探究

徐之顺　曹达全

国家治理现代化,不仅要重视治理体系等硬件建设,还必须重视治理文化等软件建设。推进国家治理体系和治理能力现代化,也必须从治理体系建设层面深入治理文化建设的层面,更加注重先进治理文化的培育。如何培育符合当前社会发展需要的现代治理文化,尤其是如何传承和发扬中华传统治理文化,并理性借鉴吸收西方治理文化的元素,实现治理文化现代化,仍是一个值得进一步深入探讨的话题。

一、治理文化现代化的重大意义

什么是"治理文化",学界并没有一个统一的定义,而有待进一步规范。景枫等学者认为"所谓治理文化主要是指由国家积极地采取一定的手段或者默认民间社会采取一定的手段对国家和社会进行治理,以期达到和谐秩序的一种文化形态",包括"治理主体、治理手段、治理对象和治理目标等若干方面"。[①] 本文认为,治理文化还可以从精神的层面加以更深层次的解读,包括治理理念、治理价值、治理目标等核心内容。并且,作为人类重要的文化形态,治理文化形成于特定的历史时期,但也不断自我完善、自我发展,经历着从传统走向现代的历史发展过程。治理文化的现代化,就其本质而言,是在继承、弘扬民族的、全人类优秀治理文化基础上不断创造、发展,向现代治理文化转型的过程,也是先进治理文化不断涌现并发展壮大,不断创新、创造性转换的历史发展过程。习近平对此有深刻论述,他说:"创造性转化,就是要按照时代特点和要求,对那些至今仍有借鉴价值的内涵和陈旧的表现形式加以改造,赋予其新的时代内涵和现代表达形式,激活其生命力。创新性发展,就是要按照时代的新进步新进展,对中华优秀

---

① 景枫等:《中国治理文化研究》,北京:中国社会科学出版社 2012 年版,第 3 页。

传统文化的内涵加以补充、拓展、完善,增强其影响力和感召力。"①

探讨治理文化现代化对当前我国现代化建设事业具有十分重要的理论与实践意义。主要是:其一,治理文化现代化是治理体系和治理能力现代化的方向引领和条件保障。治理文化与国家治理体系相互联系、相互影响,如果说国家治理体系是基础,那么治理文化则是对治理体系的反应,并对治理体系具有至上性的引领、规范作用。当一种先进的治理文化被社会民众所接受的时候,这种治理文化必将构成这个民族文化的主导思想,甚至是主导的意识形态,决定着国家治理体系现代化的性质和方向,并对其实践进程产生巨大影响。"一般来说,国家治理体系与文化是同质的、一致的,有什么样的文化,就可能构建什么样的国家治理体系;有什么样的国家治理体系,就可能形成什么样的文化。"②只有通过培育先进的治理文化,才能够为国家治理体系的运行创造良好的生态环境,推动良好社会秩序的最终形成。其二,治理文化现代化也是培育践行社会主义核心价值观的重要载体。习近平指出:"推进国家治理体系和治理能力现代化,必须解决好价值体系问题。培育和弘扬核心价值体系和核心价值观,有效整合社会意识,是社会系统得以正常运转、社会秩序得以有效维护的重要途径,是国家治理体系和治理能力的重要方面。"③而核心价值体系和核心价值观建设离不开国家治理文化建设的支持,要靠各种治理文化建设措施来落实,使得符合核心价值观的行为得到鼓励、违背核心价值观的行为受到制约。正如习近平所指出的,"坚守我们的价值体系,坚守我们的核心价值观,必须发挥文化的作用"④。

二、对中国传统治理文化的理性思考

中国传统文化中虽然没有西方现代意义上的"治理"概念,但并不能否定存在"治国理政"的基本理念,相应地也应该承认中国传统治理文化的存在。中国传统治理文化融合了儒家、道家、法家等多种思想,以儒家化的意识形态为主导,以国家为"治理"主体。如果从国家、社会和民间三个层面相对区分,中国传统治理文化大致可归结为三个层面的基本特征。

国家层面:以人治与专制为核心的国家治理文化。人治文化是指依靠个人

① 中共中央宣传部:《习近平总书记系列重要讲话读本》,北京:学习出版社、人民出版社 2014 年版,第 101 页。
② 邓纯东:《吸收文化精华推进国家治理体系现代化》,《人民日报》,2014 年 4 月 4 日。
③ 习近平:《在省部级主要领导干部学习贯彻十八届三中全会精神全面深化改革专题研讨班开班式上的讲话》,2014 年 2 月 17 日。
④ 习近平:《在省部级主要领导干部学习贯彻十八届三中全会精神全面深化改革专题研讨班开班式上的讲话》,2014 年 2 月 17 日。

意志的作用来管理政权、实行政治统治的基本理念,或者是依靠统治者个人的权威治理国家的一种政治主张。其思想上,一方面是高扬"慎刑"和"仁政"的观念,强调"以德配天""敬天保民""明德慎罚";另一方面则保留有严酷刑罚的威摄手段,重视国家强制力和惩罚机制,正所谓"德主刑辅"的基本主张。前者主要体现在儒家思想之中,而后者则主要体现在法家思想之中。儒家的"人治"主义,就是重视人的特殊化,重视人可能的道德发展,重视人的同情心,把人当作可以变化并可以有很复杂的选择主动性和有伦理天性的"人"来管理统治的思想。如孔子认为"为政在人","其人存,则其政举,其人亡,则其政息"。① 其制度上,主要强调大国家和小社会的基本理念,国家是社会的中心,社会是隶属于国家的社会。有学者提出,纵观儒家治理文化不难发现,儒家治理以善治德治为魂,治己以修身正心为本、治民以仁政民生为务、治君以内圣外王为要、治国以礼法刑政为方。② 这种国家治理文化,其封建主义的本质弊端,是把国家的前途命运、人民的生死荣辱,全部系于统治者的"仁政"和为民作主,彰显的是个人的智慧和情感,却湮没了大众的基本权利。摒弃这种封建弊端,人治文化中也蕴含着一些积极的有益的成分,如重视发挥人的创造性,以人为本而不是以神为本;重视以德治国,以德为本而不是以刑治国;重视民生,以民为本而不是以君为本;等等。问题的关键在于,我们如何正确处理好德治与法治、人的创造性与民主、民本思想与公民权利之间关系,并把"为人民的统治"转变为"人民的统治",实现传统思想文化元素的创造性转换和发展。

　　社会层面:以身份依附和等级制为基本特征的秩序社会治理文化。在"普天之下莫非王土,率土之滨莫非王臣"的社会格局之下,中国自古就形成了一套以宗法制为根基,以家庭伦理为本位,以官僚制为骨架,以皇权至上为核心的封建专制主义社会形态。在这种社会形态中,人与人之间所形成的社会关系,基本处于一种等级秩序之中,人与人之间的利益关系、行为规则无不处于这种等级秩序之中。而"公共联系、社会本身、纪律以及劳动规则全靠习惯和传统的力量来维持,全靠族长或妇女享有的威信或尊敬(当时妇女不仅与男子处于平等地位,而且往往占有更高地位)来维持,没有专门从事管理的人的特殊等级"。③ 并且,对于等级和尊卑秩序的肯认,儒家与法家之间并无对立之处,其差别只在于如何达成秩序的稳定和对持久问题的认识上。儒家认为"礼"是天意和人情的体现,无

---

① 《礼记·中庸》。
② 参见平飞《儒家治理文化五大理念论》,《华南师范大学学报》(社会科学版),2011年第6期。
③ 《列宁选集》第4卷,北京:人民出版社1995年版,第28页。

论是性善论者，还是性恶论者，都相信可以通过道德教化，使人产生一种自觉遵循礼而生活的习惯。在处理人与人的关系上，儒家强调，礼的核心就是讲仁爱，首先是孝敬父母、尊重兄长，然后由爱亲人推到爱陌生人，由爱百姓推到爱万物，爱草木鸟兽、瓦石山水。"这是一种宇宙家族的思想，包容性很强，表明天、地、人、物、我之间的情感相通，痛痒相关，表达了一种普遍的同情心、爱心与正义事业感。"①这种以服从和遵守为基调的社会秩序文化，涵盖了人与自然、人与人、人与自身关系的治理理念，即"欲理合一"与"以理制欲"的和谐理念②，其特点是"责任先于自由、义务先于权利、群体高于个人、和谐高于冲突"等。"这个'先于'今天还是要坚持，这是中国的特色，我们没有必要和西方人一样，什么都是个人权利为先，伸张个人的要求为先。当然，也不要把'先于'变成'忽视'。"③我们今天所要做的工作，就是把它加以现代性转换，坚持责任与自由、义务与权利、集体与个人的并重和统一。

民间层面：以家族统治与道（宗）法为本的民间治理文化。在中国，古代的民间治理文化内容相当丰富，并且相当多元化，其中包括宗教文化、家族文化、乡野文化以及道家文化等。由于氏族残余的遗存，以及因血缘、宗教、地域、经济、文化等各种因素的影响所形成的各种社会秩序，在封建国家形态发展过程中的不同时期也以特殊的形式生存和发展，并对国家秩序产生一定的影响，甚至成为国家治理文化的一部分。他们在特定时期形成的组织、舆论和价值观念也构成了一定的社会力量，迫使国家或采取打击措施，或采取联合与让步的措施。当然，在民间治理文化中，诸子百家中的道家文化尤为盛行。道家文化以道、无、自然、天性为核心理念，认为天道无为、道法自然，据此提出无为而治、以雌守雄、以柔克刚等政治、军事策略，对中国乃至世界文化都产生了巨大的影响。道家的老庄派以自然为本，天性为尊，主张清虚自守、齐物而侍、清静无为。这种思想文化成为历代文人雅士远离残酷现实的精神家园，为很多仁人志士不得志时所遵从。它一方面对社会的稳定起到了一定的积极作用，另一方面却也使得民众玩物丧志，消极避世，而与当今社会注重全面参与社会治理思想相悖。中国古代民间治理文化另一来源，则是主要起源于血亲关系形成的文化。调整人们行为规范的，是长期共同生活中逐步形成并固定下来的民间风俗、乡规民约。这些行为规范在形式上没有严格的区分，道德、日常交往习惯、禁忌和祭祀礼仪等多种规范往

---

① 郭齐勇：《仁爱：中国人固有的根本》，《光明日报》，2014 年 7 月 22 日。
② 参见张应杭、王兆婷：《传统治理文化中的和谐理念述论》，《毛泽东邓小平理论研究》，2008 年第 7 期。
③ 陈来：《中国传统文化与核心价值观》，《齐鲁大讲坛》，2014 年第 1 期。

往混为一体,且没有权利义务的划分,从而使得民间的公德文化尤为丧失。正如梁启超在 1902 年便指出的:"我国民所最缺者,公德其一端也。……吾中国道德之发达,不可谓不早,虽然,偏于私德,而公德殆阙如。"①

三、对西方治理文化的批判与借鉴

从总体上说,西方近代以来所确立的治理文化,其主要特征为以下三个基本层面。

国家层面:以民主与法治为核心的国家治理文化。应该说,现代的民主、法治观念起源于西方,也首先在西方国家得以实践。近代以来,西方国家提出并强调重视民主与法律制度有机结合的国家治理思想文化,是西方国家对人类的贡献。但即使在西方发达国家,也并没有统一的实践模式,并经历了不断丰富和发展的过程。其中自由主义民主思想尤为盛行。自由主义民主发端于 17 世纪末英国革命的宪政主张,受 18 世纪的启蒙思想和美国独立以及法国大革命的影响,于 19 世纪确立为现代西方宪政体制。这种体制,在文化层面上,更多的是以分权为基本前提,强调权力之间的相互制衡为基本精神。但由于资产阶级民主是建立在私有制基础之上的,它从一开始就是以少数人对多数人的统治为前提,使之从本质上成为形式上的民主、"资本"的民主。马克思在《共产党宣言》中指出:"过去的一切运动都是少数人的或者为少数人谋利益的运动。无产阶级的运动是绝大多数人的、为绝大多数人谋利益的独立的运动。"②

社会层面:以"自由、平等、契约"为核心的社会治理文化。与自由民主主义相一致的西方社会治理文化,则是自由、平等、契约思想。其发端于 14 世纪到 16 世纪欧洲人文主义运动,其后在法国启蒙思想家孟德斯鸠、卢梭等思想家的演绎下,成为系统的、典型的资产阶级价值观,成为他们用以阐释资本主义一切社会现象和问题的主导价值。这种要求自由、平等和契约的价值观,既是劳苦大众反对封建压迫和剥削的历史要求,也是早期资产阶级反对封建专制、破除愚昧迷信、发展商品经济、追求个性解放的历史诉求,在冲击封建社会腐朽的社会制度和价值秩序的同时,也实现了人类社会思想观念、政治意识和伦理价值上的一次意义深远的启蒙和解放。毋庸置疑,"自由、平等"的价值观念同资产阶级一样,"在历史上起过非常革命的作用"。③ 但传承于古希腊时期的以追求个体自

---

① 参见梁启超:《新民说·论公德》,李华兴、吴嘉勋编:《梁启超选集》,上海:上海人民出版社 1984 年版,第 213－214 页。

② 《马克思恩格斯选集》第 1 卷,北京:人民出版社 1995 年版,第 283 页。

③ 《马克思恩格斯选集》第 1 卷,北京:人民出版社 1995 年版,第 274 页。

由的文化基因,在西方国家,逐步被推演出打破一切所谓束缚自由的行为的个人主义,以及在经济上不受外在制约的私有化和纯粹市场化,在倡导个性自由的同时,极力倡导自由放任的市场经济,并极力推崇人与人之间的关系通过契约来维系。尤其是新自由主义把"原子化"的个人主义作为理论前提,认为个人自由的总和就能形成社会整体的自由,个人利益最大化必然导致社会利益最大化,从而大肆推行有助于私有化、市场化的政治经济与社会政策,在社会管理方面主张小政府大社会的国家社会关系结构。而由于这种思想在实践层面上转变成了"自由的并不是个人,而是资本"①的事实,自由也就随之成为少数有财产的人剥削大多数无财产的人的自由,平等也只是意味着少数有财产的人对大多数无财产的人的奴役和压迫,契约则成为一种被剥削阶级利用的工具。

民间层面:多中心主义的民间治理文化。西方社会传统中存在着的多元主义因子,反映在古希腊城邦政治体制的多元化上,就是其权力机构相互之间基本上是横向的制约关系,而非相互统属的纵向关系。这种文化基因一直延续至今。在多元主义的社会结构中,没有一个集团可以主导其他集团,各种社会力量在获得了存在权利的同时,也使得任何一种权力均无法实现对其他权力的绝对控制,只能彼此达成妥协,建立一种新的权利义务关系。这种竞争和制约,给个人留下了一定自由与自主的罅隙,使得各种社会主体在互相竞争与争夺中不断发展和完善,但也使得社会的整体秩序受到破坏。这种思想文化的传播突破了将政府看作社会唯一管理主体的传统观点,促进了社会各方对社会管理的参与,体现了共同参与、共同承担责任的价值取向,但其缺点也是显而易见的,那就是社会主体的多元化致使整个社会缺少组织性协调性,一旦协调不足则会导致社会秩序混乱的境况。自由主义、民族情绪,各种极端主义观念均由此而生。

中国推进治理文化现代化,也应当对于西方治理文化加以理性思考,而不应照搬照抄。近代以来,西方国家伴随经济高速发展,与之相一致的一套西方治理体系也逐步得以确立,其中的治理文化也一度对中国产生重大而深远的影响,为人们打开对治理文化的探索提供了新的思路。很多仁人志士不断探索国家治理文化建设的发展路径,其中就包括走西方化和走自己道路两种不同选择的不断争论。并且,这种争论至今也并没有停止过。从实践层面上来说,近代以来,中国治理文化也受到西方社会较大的影响,并有西化的倾向。例如,从重视国家管理逐渐转向社会自治的文化,通过激发社会主体的积极性来达到社会进步的目标;从强调道德伦理转向法律治理、从儒法文化向西方强调个体自由的人权文化

---

①　《马克思恩格斯全集》第 46 卷(下)》,北京:人民出版社 1980 年版,第 159 页。

转向等。但无论是从理论探讨的应然层面还是从实践操作的实然层面,中国近代仍处在没有完全确定治理文化形态的历史阶段。而由于中西方历史文化传统和现实社会发展需要的不同,照搬照抄国外的治理理念也给我国带来了很多教训而值得反思。因此,当前,更加注重反思并理性借鉴西方治理文化对构建中国特色的治理文化就十分重要。

四、我国治理文化现代化的基本方向和重点内容

纵观我国传统治理文化和西方治理文化的发展历史与现实,我们发现任何一种治理文化均是存在于一定的历史和社会环境中,并与之相互影响、相互促进,其中现实的国家制度对治理文化的形成具有决定意义。

据此,要走好中国特色的治理文化之路,实现我国治理文化的现代化,在方向把握上必须坚持以下三个方面的有机统一:一要紧紧围绕中国特色社会主义现代化建设这一时代主题,确立充分体现社会主义制度根本要求的国家治理价值观念和文化需求。尤其要大力倡导符合我国社会主义民主政治建设本质要求的现代民主理念和民主精神,大力倡导符合中国特色社会主义实践需要的法治理念、法治意识和法治精神,大力倡导符合以人为本和谐社会建设要求的人本、友爱、互助等理念。二要紧紧围绕培育和践行社会主义核心价值观这一主流意识形态建设目标,确立与之相匹配的治理文化内涵。习近平在中央政治局第十三次集体学习时就明确指出:“核心价值观是文化软实力的灵魂、文化软实力建设的重点。”培育和弘扬核心价值观,是发展先进治理文化的核心内容。三要紧紧围绕吸收中华优秀传统文化和理性对待西方文化的基本观点,确立治理文化现代化的基本路径。对待中国的历史文化,我们不仅要理直气壮地继承和弘扬,而且要使中华民族最基本的文化基因与当代文化相适应,与现代社会相协调。与此同时,我们还要认真学习借鉴世界各国人民创造的优秀文明成果,不断增强国家文化软实力。故步自封或者因循守旧并不符合国家治理文化现代化的历史潮流。

因此,实现治理文化的现代化,必须丰富治理文化的精神内涵,并要突出以下三个方面的内容:

国家层面:建构以现代民主与法治理念为核心的国家治理文化。民主与法治文化的形成是政治现代化的重要内容,也是推进人治社会向法治社会转型的根本保障。只有培育和形成以民主法治为内核的国家治理文化,尤其是法治文化,才能更加稳妥地推进政治体制改革,才能更好地发展社会主义民主政治。这也是现代社会与传统社会治理文化的最大区别,也是国家和社会长治久安的根

本保障。对此,有很多人认为,中国古代也有法律文化,但可以肯定的是,传统中国社会的法律文化是一种"工具主义"的法律文化,法律只是统治阶级管理社会的工具,而统治阶级自身并不受法律的约束。这与当代中国所需要确立的法治文化有着本质的区别。首先,在当今社会关系多元化,社会主义市场经济的大背景下,政府已经不再是社会的唯一管理者,法律是实现社会各方利益相互平衡,国家有效治理的必然要求。其次,从精神的层面上看,法治文化主要是法治国家、法治政府,然后才是法治社会。法律精神的主要体现则是保障最广大民众的利益,而不是少数人的利益,这是符合现代精神的法治文化与传统法律文化的本质区别。再者,从制度设计上看,则要强调法律对权力的约束。强调政治的法律化,而不是法律的政治化。人的理性力量(无论是个人还是一个时代的人)永远是有限的,只有依据一代代人的智慧累积而成的制度,依据长期形成的规则和前例,人类才可能相对恰当地处理人类的事务。与此同时,我们所需要倡导的民主和法治,也绝不是照搬西方国家模式,而应当充分体现具有中国特色的民主与法治文化。中国的法治文化是以民主制度为基础,并且是以人民代表大会制度为核心的民主,是人民民主、协商民主和基层民主多种表现形式的民主,而不是西方"三权分立"为政治体制的民主。党的十八大和十八届四中全会提出要加快建设社会主义法治国家,更加注重发挥法治在国家治理和社会管理中的重要作用,维护国家法制统一、尊严、权威,保证人民依法享有广泛的权利和自由,实现法律面前人人平等。实现建设社会主义法治国家的目标,必须走中国特色社会主义法治道路,弘扬社会主义法治精神,树立社会主义法治理念,以法治文化建设奠定法治体系建设的坚实根基。

　　社会层面:构建"以人为本"的社会治理文化。"以人为本"是强调要以人为管理出发点,强调对人性的理解,尊重人、关心人、爱护人、培养人、教育人,树立以人为中心的治理理念。关注人的需求,凝聚人的智慧,激发人的潜能,促进人的发展。强调人的独立性,强调发挥个人作用,强调人与人之间关系的平等,这是国家治理和社会治理的立足点和出发点,也是追求的方向和最终目标。因为,从本质上来说,无论是国家治理,还是社会治理,其最终目的还是在于为最广大的人服务,还是需要依赖于人的力量。强调以人为本,首先要从威权文化转向民权文化。这是治理文化建设的重点内容和关键所在。从历史发展的角度看,威权文化也是阻碍社会发展最大障碍之一。只有剔除了这种文化因素的影响,才能够真正实现"以人为本"。为此,要培养公民形成主体意识,其中就包括强化民众的权利意识、参与意识、责任意识,培育积极向上的社会文化和公民文化。其次,还必须指出的是,现代的"以人为本"与古代的"民本主义"存在不同。古代的

"民本"实际上是相对于"君本"而提出的，"民本"说到底是为"君本"服务的。与此同理，西方近代的人文主义是新兴资产阶级的意识形态，说到底是为资产阶级、小资产阶级服务的。而作为科学发展观核心的"以人为本"，则体现了中国共产党"执政为民"的理念，反映了中国共产党代表着最广大人民群众的根本利益。另外，以人为本的文化与西方国家强调形式自由、平等和契约的社会治理文化也存在本质区别。真正的自由平等，不是形式上的自由平等，而应当是实质的自由平等，是建立在公平正义基础上的自由平等，建立在法治基础上的规则平等、机会平等。改革发展的成果要为所有人所共享，既要照顾到人的自然属性，也要照顾人的精神层面，特别是关怀和照顾社会弱势群体。

民间层面：促进形成以和谐为目标的民间治理文化。这是处理社会主体和利益之间关系的基本准则，这些主体和利益关系包括，人与人之间、人与社会、国家与国家之间、国家与社会之间关系。和谐思想不仅是中国治理文化的优秀历史传统，也为西方国家先贤所认同，更是社会主义核心价值观的重要内容之一。我们要以更加开放的心态、更加开阔的视野，从我国国情出发，坚持以我为主，为我所用，在借鉴的基础上吸收，在吸收的基础上创新，在创新的基础上提高，促进我国和谐文化不断增强凝聚力、生命力。我们要摒弃传统和谐思想中的消极因素，努力继承中华民族优秀文化中的和谐内核，大力弘扬中华民族文化的和谐思想。在具体措施上，要按照民主法治、公平正义、诚信友爱、充满活力、安定有序、人与自然和谐相处的基本要求促进社会各种关系的和谐，加强公民对和谐文化认同感，培育和提升公民德性，积极培养广大民众爱国、敬业、诚信、友善，注重公民道德建设，使之能够自觉履行法律义务、社会责任、家庭责任，成为具备道德素质的公民。

参考文献

[1] 管爱国、路军、张二震主编：《率先现代化的昆山之路》，人民出版社2012年版。

（原文载于《南京社会科学》2015年第1期，《新华文摘》2015年第11期转摘，转摘文章题目为《治理文化现代化的重大意义》）

城乡文化:基于文化认同的和谐共生

徐之顺

一、问题的提出：城乡文化的对立与冲突

人类社会经济活动总是发生在特定的地域空间,形成带有区域特征的特定文化。在中华文明发展的几千年漫长历史中,城乡文化和谐共生一直是一种普遍的社会现象,其根源就在于城乡之间通过地缘亲缘和贸易的纽带,形成了小农经济与手工业相结合的相互哺育的经济社会联系,城乡居民之间形成了以儒学思想为主导的中国传统文化的核心认同。但自 1840 年鸦片战争以来,随着工业化、市场化、城市化的兴起,社会化大生产方式逐步确立,传统的乡村小农经济与城市手工业相结合的生产模式普遍破产,城市以工业为主体,农村以农业为主体,形成了城乡二元经济社会结构,以及源于农业文明的乡村文化与源于工业文明的城市文化、外来文化的差异和碰撞。只不过 1978 年中国改革开放前,一方面,中国工业化进程缓慢,农业经济占主体,中国传统文化仍然占主导,城乡文化的差异更多地表现为"城"与"乡"物理空间上所附着的文化差异;另一方面,新中国成立后,实行严格的城乡户籍制度和生活资料按计划供给,城乡之间没有出现大规模的人口流动,城乡居民经济联系和社会交往很少,城乡相互封闭,各过各的日子,城乡文化的巨大差异被人为地控制住了,没有形成严重的文化冲突。

但是,自中国实行改革开放政策以来,工业化、市场化、城市化、信息化快速发展,极大地改变了传统社会原有的结构和运行机制,人们的生活方式和交往方式发生了重大改变,城乡文化关系也为之一变,由原来的相互断裂、隔离,变成相互碰撞、对立和冲突。城市文化凭借工业化的资本优势和城镇化的政策推力,通过传媒、教育、市场、人口流动、旅游等各种途径,以强势姿态全面"下乡"、广泛渗透,城乡文化逐步同质化、乡村文化逐步边缘化,引发了城乡文化的认同危机。

其一,城市化对乡村文化价值的否定,造成了城乡文化内在的对立和冲突,很大程度上动摇了城乡文化认同的思想基础。乡村文化是农民长期从事农业生产和乡村生活形成并发展起来的一整套思想观念、心理意识和行为方式。它表现为无形的,如农民的情感心理、生活情趣、处世态度、人生追求和行为习惯,也表现为有形的,如民风民俗、典章制度和生活器物等。乡村文化的价值,从根本上说,它承载了农业生产、农民生活和农业文明的思想价值、思维习惯和生活方式,其中有许多珍贵和合理的文化元素,特别是价值观,如对自然的尊重,淡泊名

利的处世态度，人际交往中崇尚中庸、忠恕、互助，社会关系中重视秩序、规范等。城市文化是建立在工业文明基础上的，包含着现代社会的许多进步理念，如崇尚创造与变革、讲求效率与效益、尊重知识与人才、注重法治与平等。与乡村文化相比，城市文化具有天然的优越性，更适合现代社会的需要。在城市文化的强烈冲击下，农民普遍缺失了安身立命的价值归属和生活生存的精神支柱，他们面临着要么承认乡村文化的低劣，机械模仿、接受城市文化，要么不接受同化、采取心理隔离策略的艰难选择。城乡之间产生新的文化鸿沟，乡村文化失去了独立性，沦为城市文化的附庸。

其二，城乡地域景观逐步同质化，乡村文化赖以生存的文化生态日渐消失。多年新农村建设，按照城市化的逻辑运行，对农村村落造成的损害非常严重。"从开发区建设到城市的扩张，从'撤村并居'到'土地整理'，都以消灭农村、驱逐小农为归结：迄今已经吞噬了 8 300 多万亩耕地、清除了至少 140 万个自然村和 1 亿 2 700 多万小农。"① 另据住房和城乡建设部统计数据，传统村落大量消失，现存数量仅占全国行政村总数的 1.9%。专家估计，有较高保护价值的传统村落现存不到 5 000 个。② 文化生态学认为，文化差异首先产生于不同的自然环境条件。乡村文化是建立在乡村的物质载体之上，一旦这些物质载体消逝，乡村文化也就失去了存在的根基。

其三，农村"空心村"与城市"城中村"逐步形成和扩大，导致城乡文化矛盾从城乡之间延伸到城市内部。当前我国农业发展首先面临的难题就是"谁来种地"。我国农业劳动力老龄化很快，从全国来看，农业从业人员中 50 岁以上的比重已超过 40%，再过几年这一比重将达到 50%。像江苏等沿海发达省份"实际从事农业生产的农民平均年龄 58.6 岁"③。老人农业的背后，是大量青壮年农民工从乡村迁徙到城市，政府花很大力气建起来的农村公共文化服务设施被空置。而流入城市的外来农村人口受自身文化素质、生活习俗、职业环境和社会制度等因素影响，又难以融入城市社会，成为"都市乡民"。都市乡民在城市大规模复制乡村生活方式，"老乡"意识、"故乡"情结、"同乡"传统成为他们社会联结的主要纽带。据统计，"深圳市属于'同乡村'概念的群体就有 643 个，120 万四川人按地域聚居在一起而形成的'四川村'就有几十个"④。城乡文化的对立与冲

---

① 张玉林：《大清场：中国的圈地运动及其与英国的比较》，国家行政学院，公共经济研究会中国乡村文明研究中心编：《第二届中国乡村文明发展论坛集辑》第 80 页。
② 王珏、张贺、陈原：《城镇化，如何留住文脉》，《人民日报》，2014 年 5 月 15 日。
③ 徐鸣：《让农民成为农村土地真正的主人》，《新华日报》，2013 年 4 月 9 日。
④ 王兴周：《都市乡民：中国城市化的新难题》，《中国社会科学报》，2015 年 6 月 26 日。

突已不限于城市与乡村传统的二元结构之间,而延伸至新旧市民、外来人口与本
地人口等城市内新二元结构,造成城市社会的分裂、隔离甚至对立。

　　其四,市场经济和农村工业化推动农民身份发生多角色转变。无论是留守
农民,还是都市乡民,不再能准确自身定位,普遍出现了集体性身份焦虑。"农
民"的称谓似乎成了弱势群体的符号特征。"广大农民急于摆脱'农民'的身份符
号,极力追求现代化、城市化的生活方式。既存的乡村文化处于解体之中,而新
的适应乡村社会的并健康发展的文化秩序尚待建设,从而出现了文化'真
空'。"[1]很多农民思想困惑和迷茫,对曾经作为精神支撑的传统价值观不再自
信,在价值评价和行为选择上无所适从,"我是谁""我往哪里去"的问题非常真实
地摆在他们面前。

二、中国城乡文化认同的特殊性

　　文化认同最早是西方学者提出的一个心理学、哲学、社会学的重要概念和社
会现象,学界对它的定义很多。王立洲认为,文化认同是人们对某种文化在观念
上和心理上持认可和接受的态度,它可以使人们形成共同的理想、信念、价值观,
从而在价值取向、思维模式、行为模式等方面达成一致,形成一股强大的凝聚力
和向心力。[2] 文化认同包括文化形式的认同、文化规范的认同和文化价值的认
同,其中文化价值的认同是核心认同,也是国家认同、民族认同、政治认同、自我
身份认同的最深层基础。本文主要讨论以价值观为核心的文化认同。

　　考察世界城镇化发展历史,城镇化进程不仅是一个经济增长的过程,更是一
个城乡社会融合发展的过程。早期的城镇化或者说传统城镇化,主要解决的是
物的问题,包括城市扩张、地产开发、景观建设、产业布局、经济规模等。现代城
镇化或者说新型城镇化,主要解决的是人的问题,而人的问题,不仅是城乡居民
能够获得均等化的公民权利和社会福利,还应包括城乡居民能够培育起现代文
化的进步理念。在城市化进程中如何处理城乡文化关系,中西方面临的历史与
现实条件存在较大的差异。西方发达国家主要解决的,是城镇化进程中新加入
个体和少数族裔与原有城市社群之间的文化冲突问题。在美国,从 19 世纪到
20 世纪中期,最有影响的是所谓"熔炉"(melting pot)理想。美国是上帝的熔
炉,"生活在一起的不同群体共同打造一个全新的美国文化;融合在这样一个新

---

　　① 赵霞、杨筱柏:《当代中国乡村文化认同的理论外延与路径依赖》,《河北师范大学学报》(哲学社
会科学版),2013 年第 5 期。

　　② 王立洲:《当代中国人的文化认同危机及其重建——兼论社会主义核心价值体系建设的路径和
方法》,《求实》,2011 年第 4 期。

的美国文化里的是来自世界各地的移民所代表的文化，每一个生活在美利坚合众国的人将为共享一个自由平等的美国文化而自豪"①。但这样一种"合众为一"的熔炉理想在美国并没有实现，今天的美国"种族歧视极其严重，少数族裔继续遭受系统性歧视"②。其根源就在于"移民被熔化的过程也就是被同化（assimilation）的过程"。"所谓同化有两方面含义：一方面是说由'百分之百的美国人'去改变其他民族和种族移民的历史传统、文化特性和道德标准；另一方面说新移民要学会适应新文化、接受新思想，进而成为新民族中的成员。"③1882年美国开始实行排华法案，其理由就是因为华人不能被美国文化所同化。可见，熔炉思想的实质，是一种美国文化的中心主义和美利坚民族的优越论。到了20世纪60年代末，在风起云涌的民权运动中，"美国原先的熔炉（melting pot）理想逐渐被抛弃，代之而起的是主张各群体保持自身文化传统和特定性的'马赛克'（mosaic）或'沙拉'（salad）理念"④。这又走向另一个极端：文化多元主义，主张各族裔各群体在文化上甚至政治上的自治。

中国城乡文化关系问题，既表现为弱势、边缘但人数众多、规模巨大的农民工群体如何融入城市社会并成为市民的问题，又表现为作为中华传统文化母体和根基的乡村文化对城市文化具有极大的反哺价值，乡村文化必须得到保护、传承和创新，以城乡文化认同促进城市中外来人口、市民和乡民的社会融合。具体地说，中国城乡文化认同的特殊性表现在以下几方面：

其一，中国城乡文化具有同源性、一体性，优秀传统文化构成了城乡文化认同的最深厚基础。认同是对共同或相同的东西进行确认。文化认同的本质内涵是寻求文化的一致性或同一性。农业文明是中国传统文化的基础和源泉，中国乡村文化集中体现了农业文明的核心价值理念。"负载着中国五千年文明的生产方式是农耕经济，而农耕经济的载体不在城市在乡村。所以，以乡村为载体成长起来的中华文明之根也不在城市，在乡村。""从这个角度看，中华文明是属于乡村社会主导的文明。"⑤在中国传统文化中，儒学思想占主导，其以人为本的主体精神、仁者爱人的人道精神、刚柔相济的坚忍精神、贵中尚和的中和精神、和而不同的包容精神等，这些被称之为中国人的"老道理""真精神"已深深扎根于中

---

① 范可：《文化多样性及其挑战》，《中国农业大学学报》（社会科学版），2008年第4期。
② 新华社：《2014年美国的人权纪录》导言，2015年6月26日。
③ 董小川：《美国多元文化主义理论再认识》，《东北师大学报》（哲学社会科学版），2005年第2期。
④ 范可：《文化多样性及其挑战》，《中国农业大学学报》（社会科学版），2008年第4期。
⑤ 张孝德："记得住乡愁"与有根中国梦的城镇化，国家行政学院，公共经济研究会中国乡村文明研究中心编：《第二届中国乡村文明发展论坛集辑》，第40页。

华民族的血脉和思想意识中,成为城乡文化共同的核心价值理念和滋养源泉。无论是城里人还是乡下人,从来到这个世界,就被这些道德精神耳濡目染,就奉行这些道德规范。反之,"发端于300年前西欧的现代文明,是一种以工业文明为基础、以城市化为表征的文明"①。工业文明的最好载体不是乡村,是城市。尽管现代工业文明或现代城市文明提出了诸如科学、自由、民主、平等、人权等美好理念,但它是建立在对农业文明、对乡村的排斥基础上的。西方发达国家城市化道路,基本上走的是城市取代乡村、城市文化取代乡村文化的两元归一的过程。

其二,中国城乡文化具有互哺性,城乡文化认同既表现为城市文化向农村、农民工强势渗透的单向过程,也表现为乡村文化对城市的反哺互补的双向互动过程。大量农民工进城改变了城市人口结构。农民工的城市融入,不是少数人(移民、农民工等)被多数人(本地市民)吸纳,像深圳、广州、苏州等沿海发达城市,外来人口超过了本地人口,出现了移民城市,实际是多数的外来人口与少数本地人口融合的问题。而且,未来20年农民市民化的数量相当巨大,有近4亿农民需要转化为市民。进城农民在习得、内化城市先进文化的同时,也积极、能动地改造、创造城市文化,不断拓展他们在城市生存的文化空间。零点研究咨询集团曾进行的一项居民生活调查结果显示,中国居民普遍具有对传统文化流失的危机感,北京、上海等8城市61.7%的城市居民认为我们正在失去传统文化。② 而目前我国一些城市正在蓬勃兴起的都市农业运动,代表了一种都市文明与乡村文明交融、工业文化与农业文化和谐共处的现代城市文明方向,从一个侧面印证了乡村文化对城市文化的反补价值。同时,还应看到,进城农民工群体由于数量庞大,其内部差异性也非常大。他们对城市文化的融入又表现为一种混杂性文化认同,即许多农民既对城市文化表示认同,又对乡村文化表示认同;既愿意留在城市享受城市生活,又不愿意放弃农村户籍并向往乡村田园生活。即使留在城市成为市民的农民,也与农村保持各种紧密的联系和交往。这表明,我国城乡文化认同的路径是城乡双向融入,其内容是双重和多维度的。

其三,中国城乡文化都面临现代性、全球化挑战,城乡文化认同既不是城市文化的一元化,也不是城乡文化的多元主义,而是建立在社会主义文化及其核心价值基础上的一体多样化。文化的一元化,就是城市文化对乡村文化的吸纳和

---

① 王治河:《走向一种厚道的后现代乡村文明》,国家行政学院,公共经济研究会中国乡村文明研究中心编:《第二届中国乡村文明发展论坛集辑》,第32页。

② 零点指标数据:《传统流失,文化设防并非妄谈》,2008年3月19日,网址:http://www.horizonkey.com/c/cn/news/2008 - 03/19/news_720.html。

同化,体现出城市文化的强势性、现代性和中心地位。文化的多元主义,就是城乡文化各自保持自己的文化特性、自主发展,强调乡村文化的独立性、自治性。但实际上,我国城镇化发展的历史表明,受市场经济、改革开放和全球化的深刻影响,城乡文化都面临着传统与现代、本土与外来、东方与西方的矛盾与碰撞,面临着与世界文明发展的先进理念接轨的问题。"多"与"变"是我国文化发展的主流。城乡文化的认同,绝不限于它们彼此之间的沟通、认可和接受,还包括它们对各种外来文化、民族文化、市场文化的求同和存异,城乡文化自身都迫切需要变革、创新和发展。我们需要重构城乡文化认同的新的价值主体,这种新的价值主体应具有传承性,能够传承作为城乡居民共同体的中华民族传统道德精华;具有时代性,能够反映改革开放、市场经济、全球化、现代化等时代进步的新要求;具有人民性,能够体现中国特色社会主义文化本质,代表当代中国人民的道德利益和道德需求。由上述三重属性所决定,这个新的价值主体只能是社会主义核心价值观。社会主义文化及其核心价值是城乡文化赖以和谐共生的命运共同体。城乡文化要把社会主义核心价值观作为核心价值认同,并以此为依托摆脱二元逻辑的局限,超越彼此的对立和差异,又开放性地吸纳各种外来的先进文化,形成文化发展的同一性与多样化。

三、城乡文化认同的实现路径

确立包容性发展的城镇化战略。党的十八大提出城乡发展一体化目标。城乡发展一体化,其本意是要把城乡作为一个整体进行统筹谋划,实现城乡功能互补、制度统一、权利平等的发展过程。但在一些东部沿海发达地区,城乡一体化演变成了以城市为主体的一种同质化发展,城市的标准和偏好成为改造乡村的尺度,城里人和乡下人从衣食住行,到兴趣、口味、爱好等表现为惊人的一致,城市社会和乡村社会也显示出极大的相似性和一致性。而这一现象还被作为"经验"在许多欠发达地区进行推广。在某种意义上说,同质化是现代化的普遍特征,也构成现代化的驱动力,但它与文化发展的丰富性、多样性和独特性形成尖锐冲突,并从根本上动摇了城乡文化认同的社会基础。如何避免城镇化中出现的城乡同质化发展的社会危机? 必须确立包容性发展理念,把它作为推进城乡发展一体化的重要战略,来构建一种新型城乡文化关系。这就需要坚持机会均等原则,尊重城乡文化之间的差异性与价值分歧,容忍并接受城乡文化间的异质要素,赋予处于弱势地位的乡村文化以充分的发展机会,使之与城市文化及其他文化共生共存、取长补短,努力克服"强者愈强、弱者愈弱"的马太效应。要坚持成果共享原则,在处理城乡文化一系列矛盾问题上,如传统文化与现代文化、工业文化与农业文化、户籍市民与非户籍农民工、大农业与小农户、新农村建设与乡村传统、政府主导、市场杠杆与农民主体作用、"撤点并校"与乡村教育、村落保护与宜居等,应在统筹兼顾中寻求各方利益的平衡点,找到最大公约数,把各方面的利益诉求、发展愿景最大限度包容进来。要创新城乡制度,不断改革完善政府公共文化服务体系、公共文化政策和公共管理规范,加强乡村文化保护规划和立法,努力创造一个有利于城乡文化共同繁荣发展的体制机制,以制度化融合渠道实现包容性发展。

推进城乡文化认同的价值基础建设。社会主义核心价值观的凝聚力,在于认知基础上的认同和践行。践行社会主义核心价值观必须直面发展中的问题,以"利益共生"化解城乡文化的对立和冲突,使城乡居民在共同利益基础上形成共同的价值观。一要大力推进农业转移人口"市民身份化"进程。身份问题是城市中外来人口非常关心的现实问题,身份确认能使他们获得心理安全感,实现个性稳定和心理健康。目前我国农业转移人口难以获得城市市民身份,出现比较严重的"半城镇化"现象,除了财政困难、城市生活成本高等客观因素,其根本原因还在于现有城乡经济社会制度的不公平性,户籍制度限制了人口合理流动,农民土地权益得不到实现,教育不公、就业不公、收入分配不公、社会保障待遇不公,等等。自由、平等、公正、法治是社会主义核心价值观社会层面的价值要求。"要把社会主义核心价值观的要求转化为具有刚性约束力的法律规定,用法律来推动核心价值观建设。"①我们要以城市外来人口有更多获得感为标准,深化城乡制度改革,加大制度创新,发展城市经济,促进农业转移人口市民化。二要缩小城乡文化差距,实现城乡公共文化服务均等化。要把"城乡之间、不同区域之间、不同人群之间文化权利均等的考量全面纳入公共文化服务体系建设基本政策框架","通过对人民基本文化需求和文化权益的普遍关照,通过国家对文化资源的整合与调配,使民主、文明、和谐、自由、平等、公正等社会主义核心价值观,成为人民群众文化生活的根本秩序,并且以人民群众可见可感的形式使社会主义理想所追寻的价值目标在文化层面落到实处"。② 三要创造城乡共有的特色价值观和文化品牌。这种特色价值观和文化品牌既扎根于城乡共同的历史文化,代表了城乡的"地方性知识",又能体现社会主义核心价值观的基本要求,具有普适性。改革开放以来我国各地提炼并打造出来的城市精神、区域文化和特色文化品牌,打破了城乡二元分化格局,构成城乡居民共同的精神追求,应充分

---

① 《习近平关于全面深化改革论述摘编》,北京:中央文献出版社 2014 年版,第 90 页。
② 周笑梅:《以社会主义核心价值观引领公共文化服务体系建设》,《光明日报》,2015 年 7 月 26 日。

发挥它们在推进城乡文化认同中的介质与纽带作用。

以优秀文化传统维系城乡文化认同。中华民族的文化传统既是城乡居民"集体记忆"的延续，更重要的是集体身份的认同。史学家钱穆曾深刻指出："若全部传统文化被推翻，一般人对其国家以往传统之一种共尊共信之心也没有了。"①基于文化传统的文化认同，可以使城乡居民超越地域、阶层、职业、空间的界限而牢固地凝聚在一起。习近平指出：要"努力实现传统文化的创造性转化、创新性发展，使之与现实文化相融相通，共同服务以文化人的时代任务"②。从各地群众性文化活动来看，关键是要使"传统"活化起来，能够融入现代城市和乡村生活，成为城乡居民生活的重要滋养。如深入挖掘和阐发传统文化的时代价值，形成新的价值文化；大力宣传"和"文化、"孝"文化、家风文化、天人合一的"生态"文化等，使之成为城乡文明风尚；以保护利用物质和非物质文化遗产、民间文化资源发展文化产业等形式，创造城乡居民文化生活的共同体；以各种传统技艺、民俗活动、节庆礼仪、民间工艺等为载体，营造浓郁的文化环境和生活样态。

活跃城乡居民交往互动。认同源于交往和沟通。伴随着城镇化进程，农村居民大规模流动和城市空间大幅度扩张，城乡经济联系越来越密切，为城乡居民交往创造了良好条件，但历史形成的城乡二元结构、文化差异、空间距离、心理隔阂等因素，仍然限制城乡居民的交往活动。据有关课题调查，城市人与农村人交往的主要障碍排前三位的分别为观念、经济地位、文化；城乡交流中农村需要的主要是科技下乡、平等互尊、户籍解禁。③促进城乡居民交往互动，关键是要把城乡融合水平作为新型城镇化的衡量指标，构筑交往载体、搭建交流平台，增进城乡居民之间的互动包容、接纳欣赏。在政府层面，多搭建以城带乡的公共文化服务平台，如浙江省美丽乡村建设和文化礼堂工程；在市场层面，大力发展农村现代物流，开辟城乡交往市场；在舆论宣传层面，加大城乡一体化信息网络建设，多创作生产有利于城乡居民交际交流的媒介产品；在社会层面，以社区为平台，以增进外来人口归属感为目标，积极推进跨文化交际。

参考文献

1. 中共中央宣传部. 习近平总书记系列重要讲话读本[M].北京：学习出版社，人民出版社，2014.

---

① 钱穆：《中国历代政治得失》，北京：三联书店 2001 年版，第 168 页。
② 习近平：《在纪念孔子诞辰 2565 周年国际学术研讨会暨国际儒学联合会第五届会员大会开幕式上的讲话》，2014 年 9 月 24 日。
③ 王喜平：《社会转型时期城乡居民的交往状况》，《哲学堂》第三辑。

2. 费孝通. 文化与文化自觉[M]. 北京:群言出版社,2010.

3. 齐格蒙特·鲍曼. 现代性与矛盾性[M]. 北京:商务印书馆,2013.

4. 季中扬,李静. 论城乡文化共同体的可能性及其建构路径[J]. 新华文摘,2015(4).

（原文载于《江苏社会科学》2016 年第 2 期）

农业现代化进程中的农民决策及其文化认同

朱蓉蓉　　徐之顺

与传统农业相比，工业化农业在提高农产品的总产量上显然是成功的，然而，从全球范围来看，世界人口的迅速增长及其对农产品日益增长的需求则远远超出当前的农业生产能力，人类正面临着社会、生态和经济的危机，农产品产量增长速度放缓，农业生态系统遭遇了前所未有的破坏。解决这些困境，工业化农业并不是一个优选方案，而是一个困难重重、不太稳定且成本高昂的努力。例如，市场波动意味着农民几乎无法获知这将给农业生产带来怎样的成本，他们也不知道当前的市场条件是否有利于其已经进行或将要进行的农业生产，以及这种难以捉摸的市场波动又会形成怎样的农产品价格。即便连续几年农产品价格高企，农民也会因为农业中介机构寻求暴利而致富愿望破灭。很多时候，不论市场价格如何波动，农民都要支付高昂的费用购买技术和设备进行农业生产活动。另外，气候变化、水资源短缺，以及长期影响工业化农业的那些经济政策、环境政策、社会政策等，都对农业生产、农民生活以及农村社区产生重要影响。从中国当前的农业生态环境来看，诸多因素，如土地有机质流失、盐碱化、荒漠化等，都需要认真面对并加以持续解决。这些严重威胁到中国农业生产的可持续性。

当我们将气候变化、资源配置和工业化农业放在一起加以讨论时，显然就要关心农民决策的核心命题。在工业化农业的复杂网络中，必须考虑在城乡一体化进程中，工业文化和农业文化之间的冲突是如何影响参与其中的农民决策活动；在新的文化背景下，农民将如何定义他们已经掌握的或将掌握的知识和技能；在农业生产决策网络中，与城市及其市民生活相比，农民如何定义自身的价值，并在两种文化的和谐共生中调整农业生产，在工业化农业和可持续农业之间作出恰当选择。基于城乡文化和谐共生的逻辑，可以在农业生产复杂的决策网络中找出一个切入点，即作为行动者的农民，他们关系到工业化农业和可持续农业的诸多方面。因而，农民决策及其文化认同就成为影响工业化农业或可持续农业复杂决策网络中的关键变量，通过这一变量，可以发现农民在农业决策网络中的深入参与会随着他们自身和网络的变化而变化，并进而对工业化农业和可持续农业的观念、实践和技术进步产生深刻影响。然而，农民的决策似乎总是或多或少地危及农业生态保护和可持续发展，因为在工业化农业的发展道路上，农民乐于将重点放在短期内迅速提高农作物产量的技术应用上，以确保迅速回流资金,维系生存。或许正是因为这种急功近利的目标,在城乡一体化进程中,城市文化中那些短平快的技术创新方案,影响了农民的价值判断和生产决策。

一、作为行动者的农民及其决策活动

概括地说,对于农民决策的研究,实际上是多学科的综合研究,学者们从社会、经济、政治、生态等不同视角去定位农民,将农民决策定位于自主性的个体。实际上,农民在作决策时,并不总是像所宣称的那样是具有自主性的个体。我们可以 ANT 为分析工具来评估农民作为网络成员的影响。ANT(actor-network-theory)即行动者网络理论,是布鲁诺·拉图尔、米歇尔·卡隆、约翰·劳等人在 20 世纪 80 年代初建构起来的。[①] 其主要议题是知识、权力和组织是如何得以开发和维护的,正如 ANT 经常追问的,"权力的机制"是什么[②]。ANT 的研究者认为,社会、行动者、机制和组织受到了"异质性"网络的影响,这种影响是思想性和物质性两种影响的结合。一般来说,知识通常被认为是思想、意识和观念的一种抽象,而在 ANT 的研究者这里,则被认为是关系网络的产物。当网络在满足其目的的方式上起作用时,由异质性的行动者构成的抵抗则是可以被克服的。卡隆为我们界定了克服抵抗的步骤,这也是形成网络的过程。第一步是议题的问题化,即一个行动者将另一个行动者招募到共同利益中来。招募需要界定一个"强制性节点"或问题解决方案的平衡点,网络中的所有行动者都必须接受这一节点或平衡点,以达到预期目标。第二步是利益强化,即在招募行动者时,"努力将其他行动者锁定在早已为他们准备好的角色上"[③]。卡隆指出,利益强化可以通过策略或文本和争论的使用来完成。第三步是录取,即"一组相互关联的角色由接受它们的行动者来加以界定并归因于此"。在这一步中,网络建构者们共同定义了多元行动者及其判断之间的关系,认为这些角色比其他可用的选项要更好。第四步也是最后一步是动员,即所有的行动者都要承诺作出努力。卡隆指出,这些步骤并非彼此断裂的,而需要连续地磋商和谈判,并可能在经过一段时间的成功之后又陷入失败。拉图尔也承认,网络即谈判。他写道:"ANT……试

① Fox S. Communities of Practice, Foucault and Actor-Network Theory. Journal of Management Studies, 2000(6): 853-867.

② Law J. Notes on the Theory of the Actor-Network: Ordering Strategy, and Heterogeneity. Systems Practice, 1992(4): 379-393.

③ Callon M. Some Elements of a Sociology of Translation: Domestication of the Scallops and Fishermen of St. Brieuc Bay//Law. Power, Action, and Belief: A New Sociology of Knowledge. Boston, MA: Routledge & Kegan Paul, 1986: 196-233.

图找出程序，使行动者能够与彼此的世界进行谈判，并建构行动。"①

网络不仅有潜力使农民的决策互动及其结果成为可能，而且还限制了他们的选择。在 ANT 中，行动实际上是网络成员之间行为相互影响和权力相互作用的结果，这些网络成员本身便是以特定方式共同构成行动的。就农民决策及其文化认同而言，基于行动者网络理论，可以提出这个问题：在工业化农业网络中，参与是如何影响农民决策及其文化认同的？工业化农业是一个由农民贡献的、动态变化的行动者网络，其中，农民变成了网络的构成部分，他们参与到多重相互关联的网络中。我们将农民作为网络中的行动者和决策者，讨论他们是如何被嵌入工业化农业网络，并着力探讨他们的决策实践及其文化认同。

工业化农业是一种资本密集型的农业，它依赖于专业化耕作、规模经济、机械化和管理技术。即便如此，工业化农业也是一个"不稳定的过程"，正如菲茨杰拉德所指出的，它会受到区域的气候变化、土壤条件、地形特点以及农产品市场需求等诸多因素的影响。② 在政策目标上，为了丰富且廉价的农产品，政府官员努力劝告农民"要么变强大，要么退出去"③。政府对提高产量和利润的承诺，强化了农民对农产品大规模、工业化生产的预期。然而，政府努力提高农产品产量的政策导向，会导致一个很自然的结果：在市场经济规律的作用下，农产品产量的增加导致了农产品价格的下降。政府的政策目标促使农民把更多的土地投入生产，应用更大、更快、更先进的设备，增加农产品供应，改变了农产品的供求结构，反而导致农产品价格的下降。农民为了提高农产品产量，往往依靠信贷，用来购买新品种、选用新技术、升级生产设备、租赁更多土地等，这就潜藏了农业风险。与此同时，工业化农业并不主张多样化的农业，因为它不能够形成规模效益，然而，单纯地追求农作物产量或种植一种或两种作物，在竞争和多变的全球市场中，又使工业化农业陷入危机。

中国当前正在踏入"用工业的方式发展现代农业"的道路。李克强总理指出："我当时听得很奇怪，怎么又是农业又是工业？他们带我看了一圈后我明白了：从选种、种植、收割、仓储，到加工、营销，完全是用工业的方式发展农业，打通了农业全产业链的各个环节，最终的产品销往全世界！"④实际上，中国要加快转

---

① Latour B. On Recalling ANT//Law J, Hassard J. Actor Network Theory and After. Oxford: Blackwell, 1999: 15 - 25.

② Fitzgerald D K. Every Farm a Factory: The Industrial Ideal in American Agriculture. New Haven, CT: Yale University Press, 2003.

③ Thompson P. B of Cabbages and Kings. Public Affairs Quarterly, 1988(1): 69 - 87.

④ 付聪:《李克强:用工业的方式发展现代农业》,中国政府网,2015 年 12 月 30 日,http://www.gov. cn/xinwen/2015 - 07/25/content_2902475. htm。

变农业发展方式,并不是要完全、彻底地走"工业化农业",而是要走一条"安全高效绿色发展之路"。中国既看到了工业化农业的利好面,同时也发现了它带来的各种问题。用安全、高效、绿色的发展眼光看中国农业的发展方式转变,中国最终选择了走可持续农业的道路,这是吸纳了工业化农业的利好面,同时又区别于自然经济基础上的传统农业的长效发展道路。李克强总理在《求是》杂志上发表文章阐明,当前我国农业发展面临提高价格和增加补贴两个"天花板",生态环境和资源条件两道"紧箍咒",要持续发展,只能加快推进农业现代化,促进农业发展方式转变。① 正是基于这样的考虑,我们专门考察工业化农业网络中的农民决策,揭示农民决策行为背后的文化认同建构模式,从而为中国在农业发展方式上走可持续农业,在文化上走向城乡文化和谐共生的发展道路提供理论支撑。

为此,借助于行动者网络理论,我们看到,工业化农业网络是人类和非人类的构成物的一种异质性组合。今天,转基因种子、化肥、除草剂、农业设备等在农业生产中所起的作用是很明显的。然而,就大多数农民的种植和收获能力而言,技术、机构(如农业信贷、农业保险、农技顾问等)与种子、拖拉机一样具有重要的意义。为此,我们必须探讨在工业化农业网络中,农民与其他行动者共同协商建构决策行动时,农民的决策实践和文化认同是如何被建构起来的。

二、农民决策实践及其文化认同解析

尽管城市文化与乡村文化是不同的,但在农业现代化进程中,农民的决策实践逐步浸透了越来越多的城市文化要素,并因此影响了农民在工业化农业网络中的决策行动。在城市文化的这些影响中,贷款的使用是极为明显的。与传统农业相比,现代农业的一个突出特点是贷款的使用。传统农业的耕作方式是以自给自足为前提的,因而它并不存在为了农业生产而出现的借贷行为,自然也就不存在农民的借贷决策。而在城市的工业生产方式中,借贷不仅是经常性的事,而且几乎在生产和消费的整个链条中都主张这种借贷的观念和文化认同。对于农民行动者而言,作为工业化农业网络中的其他行动者的债权人(如银行、信托机构等),不仅向农民提供了可以引进农业技术以及其他农业服务和产品供给的机会,而且也影响了农民的决策行为。与工业产品价值实现的链条相似,如果不计算农民非农经营活动的收入,那么,农民只有在他们将农业收成卖出时才能够获利,这意味着大多数农民每年只能获得一次或两次的农业生产回报。对于这些收入,农民必须用它们来支付土地租金、家庭消费、农业设备购置,以及其他生

---

① 李克强:《以改革创新为动力加快推进农业现代化》,《求是》,2015 年第 4 期。

活必需品。然而，当农作物的销售价格或产量很低时，农民可能没有足够的钱来支付种子、化肥、农药等，以供下一年的农事活动，为此，农民必须作出借贷的决策，才能确保农业生产的继续。为此，在工业化农业网络中，农民也像市民一样在经营和积攒着自己的信用额度。农民不仅认同了这种经营者的角色，而且也接受了城市的商业文化。"农民的商品观念逐步增强，他们觉得虽然采用新技术增加产量，但如果投入太多（包括物质投入和人工投入），经济效益不好，不如把更多的人力、物力用于发展经济作物或从事其他行业以增加家庭经济收入。"①这种"生意"取向是非常明显的，农民往往把自己作为"生意人"。确实，在很多农业生产实践中，农民总是试图从更高的农产品价格中牟利。而在工业化农业网络中，作为一门生意，农业的重要标志是生产的专业化，这种专业化不仅降低了农业活动和农产品的多样性，它还是习惯上用来应对灾难性危机的防护手段。也正是因为如此，农民对专业化有了良好的预期，对这种文化有了强烈的认同，这就加大了农民对与专业化生产相匹配的经营性贷款的高度依赖。

在这种文化认同的影响下，农民打破了过去那种墨守成规、量入为出的生产经营方式，他们接受了贷款以及由此而带来的风险和限制性规则。因而，贷款不仅可以让农民获得现代技术、投入和服务，而且还影响到农民是如何思考未来并作出决策的。为了偿还所背负的债务，农民今天所作出的决策可能会对明天产生负面影响。这样的决策网络制造了一些不利条件，它要求信贷保持周转顺畅，因而也就导致农民的决策强调短期的现金流，而不是长期的规划。银行对贷款农户的要求就是一个典型的例子。为了获得贷款，农民不得不接受银行所要求的角色。银行不仅希望贷款农民有农业保险，还希望他们能够增加种植面积，以增加潜在的收入水平和贷款偿还能力。尽管"扩大农户经营规模，农户会因获得规模效益增加采用农业新技术的热情"②，然而，情况并不总是如此。最终，尽管乡村文化中的"好农民"观念更倾向于确保借贷和偿债能力的匹配，然而城市文化中的冒险精神却使他们仍会接受更多的债务以及规范其"生意"的规则和约束。

保险文化是在城市高度复杂性的环境中生成的，如今，这种文化也得到农民的认同，尽管这种认同通常是被动的。就目前世界各地农业保险的运作来看，为了平衡因借贷而产生的债务和规避农业生产的内外风险，多数国家和地区的农业保险都具有一定的强制性，因而也就在一定意义上将保险文化强加给了农民。

---

① 陈继宁等：《农技推广：成本、效益与农民决策》，《中国农村经济》，1997 年第 8 期。
② 姜太碧：《农技推广与农民决策行为研究》，《农业技术经济》，1998 年第 1 期。

如果农民想要参加一些政府项目或保障性贷款,那么,他们就需要参加农业保险。对农民参加农业保险的这种要求所反映的是:债权人想要借此来确认,当农作物歉收时,农民将有能力偿还或至少部分地偿还贷款。与贷款对农民决策的影响一样,农业保险也影响了农业生产实践。例如,农民明知道农作物将要歉收,即便再努力也不会有什么好收成了,然而,保险政策和赔偿条款却依然要求农户继续种植那些农作物,这也就迫使他们无奈地继续耕作,不仅浪费了农业生产资源,还耽误了采取其他补救措施的可能。尽管农业保险为农户织了一张安全网,然而,它在帮助农户规避风险的同时,却也鼓励农民去尝试种植那些不适合他们土地的农作物,因为这些农作物未来的价格非常有吸引力。保险文化补充了冒险精神留给农民的风险,使农民在承担风险的同时又要想方设法规避风险。其实,在工业化农业网络中,农民承担风险和规避风险的决策行动受到了网络中其他行动者的极大影响,因而,对于农民而言,接受这两种文化意味着他们又必须承担沉重的经济压力。

为此,这种文化认同衍生出农民另一行动策略:经济上的压力会导致农民寻求最大限度地提高短期收益和利润,而这些却是以消耗土地资源和农业的长期生产能力为代价的。这就是很多人都已经意识到的,农业保险可能存在道德风险,它使农民可以通过农业保险将风险的成本转嫁出去,因而决策也就不那么慎重或愿意冒一些风险,以博取更大的收益。当然,对于作为行动者的农民而言,道德风险的问题是与农民在网络中建构起来的独立性相违背的,在道德风险与决策自主性之间,农民表现出了不安和失望,因为他们意识到了决策的个人成本和内在矛盾。然而,在工业化农业网络中,通常农民只有参与了农业保险并进行理性的盘算,他们才能与网络中的其他行动者建立起良好的伙伴关系。

现代社会是一个日益分化的社会,专业化分工是它的一个显著特点。在城市生产生活的几乎一切领域都存在着这种专业化分工的身影,而专业化的显性结果则是各种专业人员(专家)的涌现。而作为传统文化保留地的乡村社会,也没有逃离这种文化及其观念的影响,在工业化农业网络中,专业化日益渗入农业文化当中来,并无处不在地向农民提供可以为他们解决各类问题的专家。我们看到,农业技术的复杂性和市场变化的步伐,使农民很难有时间去了解或学习了专业知识再去了解农业创新是如何进行的。网络给农民和其他行动者分配角色的过程,也就是"录取"的过程,然而,由他们构成的网络却很难清楚地揭示农民是如何受"录取"影响的。我们发现,利用日益成熟的技术最大限度地提高效率和增加利润的驱动力,鼓励农民转向寻求专家的指导。农技顾问就是这样一类专家。在农业生产活动中,几乎所有的农民都使用这些专家的建议开展农田灌溉、病虫害侦察、土壤测试以及农田整治等活动。实际上，在工业化农业网络中，农民时常咨询专家有关病虫害防治的相关问题，而专家们通常会告诉他们需要做什么。当然，专家们也会基于可持续农业的要求而提醒农民种子、化肥、农药等的选用注意事项。农技顾问不仅是种子、化肥、农药方面的专家，而且还能够缩小农民个体与广袤自然之间的距离。天文学家、气象学家很受农民的青睐，通过细致的观察以及与专家的交流，农民能够加深对自然的理解和对气候变化的预测。这类专家可以覆盖一定的地理区域，并与其他行动者分享信息。虽然农民重点关注的是土地以及其所生长的作物，然而，农技顾问能够应用从许多领域观察而来的疾病或虫害知识，将生态知识和解决方案传递给他们所服务的农民，这种分工方式消除了农民进入知识领域并自己收集信息的必要性。

与其他因素相比，农技顾问的参与会导致农民以新的方式与环境建立更加密切的联系，并重新定义农民和土地。通常，土壤性质是通过实验室进行土壤测试获得的，并由农技顾问将之"转译"为实践建议。这些新的做法实际上低估了农民个人的经验和专长，而以大量的专业资料取而代之，这些资料消除了农民和专家了解各自领域中生态知识的需要。我们看到，农技顾问和农民之间的关系很像医生和病人之间的关系：医生很清楚病人的治疗过程，而这些对病人来说则是神秘的，但病人希望，如果忠实地遵循医生的处方，那么，他便能够恢复健康。对于大多数农民而言，他们都需要农技顾问的知识权威和技术专长，而且还需要更多其他类型的外部专家的建议。技术更新要求农民不断重新学习新技能或咨询更广范围的专家来帮助他们使用新技术。为此，跟上农业技术变革的步伐是农业发展中最困难的问题之一。农民必须不断地重新接受教育，否则就无法跟上技术变革的步伐，同时，新技术的持续发展也意味着农民需要持续改造。在不断的教育和持续的自我改造中，农民接受了这种专家文化，专家的专业知识是农民没有的，即便是农民在生产实践中长期积累的经验知识在专业知识面前也变得不再有效。因而，基于这种文化认同，农民作出了放弃实践经验而寻求专家帮助的决策行动。或许在传统的农业耕作方式中，经验知识比专业知识更适合于农业生产，然而在工业化农业中，专业知识则比经验知识来得更为有效，正如工业生产方式一样，它们可以帮助农民创造一定的生产条件，打破仅仅靠天吃饭的农业生产格局。

农业生产网络中其他的要素构成也值得注意，如作为资源的土地改变了农民与土地的关系，这种关系被重新定义为更加赤裸裸的经济关系，农民只会通过大量购买和有效应用昂贵的技术来"开采"土地的盈利能力，而不在乎它的可持续能力。因而在文化认同的意义上，它反映的是农民之于功利主义和"生意"文化的接受以及对传统农业耕作方式及其文化的抛弃。在这种功利主义和"生意"文化的影响下,农民接受了精于算计的农民才是一个好农民的观念,并在生产关系上将人与土地的关系简化为一种生产者与生产资料之间的单纯经济关系,而不是一种生态关系。与之相比,传统农业耕作方式中即便农民没有生态系统的观念,但农民总是将土地视作他们谋生的必需,因而会非常珍惜土地,并努力使土地变得越来越好。然而,在工业化农业中,对工业生产方式以及城市文化的接受使之抛弃了这种与土地共生的观念,转而追逐更加功利、更符合生意原理的行动策略。

三、农民决策中的冲突及其调适方向

在城乡文化的共同影响下,农民应用由自然条件、农业技术和社会安排构成的网络,最大限度地提高农作物的产量,并进而回应工业化农业网络的一个基本问题——增加收益。在农民看来,他们最大的兴趣在于:尽可能地扩大种植规模,实现收入迅速增长。然而,这并不意味着农民会在意他们参与其中的网络是如何反过来影响他们自己的。虽然工业化农业存在着一些已被言明的问题,但是农民会继续参与这一网络,并在决策行动中阐释那些由网络中其他行动者建构或重建的价值观念和实践做法。概括地说,在农民决策中,一方面,农民必须像企业管理者那样作出短期的、更经济的决策,另一方面,他们还要像环境保护者那样作出长期的、生态友好的决策,这二者之间出现了紧张关系。这种紧张关系在农民决策中是普遍存在的,并表现为几组冲突关系,它们揭示了网络中农民是如何不断地在不同角色之间进行调适的。

农民能够控制自己的活动与这些活动受网络影响的程度之间存在着冲突关系。许多农民把"当自己的老板"和独立意识作为农业的积极方面。诚然,当农民直接管理自己的日常活动,没有监督者站在一旁指手画脚时,工业化农业网络中的"权力"却增强了金融机构、专家、种子公司、农药公司,以及其他购买和加工农产品的公司对农民决策行动的影响。例如,银行会告知农民,如果他想获得贷款,那么,他就必须租赁一定量的土地或把农场经营到一定规模。保险公司会让农民继续种植已然歉收或收成无望的农作物,即使双方都知道这只是在浪费更多的资源和重新耕作的机会。农技顾问会告诉农民,他们应该在何时灌溉农作物,以何种剂量使用农药化肥,尽管如此,农民依然对是否按照农技顾问的建议行事有最终决定权,所以他们仍然是自己的老板,然而他们已远离了独立,他们的行动也要受到多种因素的制约。农产品的购买者也会引导农民作出选择。农民在选择种植什么的时候,受到市场以及市场中的买家的影响。想要继续耕作

的农民必须有一个至少能够将农产品卖出去的市场，所以他需要种植一种可以在短距离、短时间内便可售出去的作物。"从经营环境来看，由于农民经济行为具有很强的趋同性，易导致农产品很快饱和，如果不改变经营项目就难以生存。"①相比较而言，农民在种植高效农业时，最大的担忧便是，即使他们能够成功地种植，他们也不能完全清楚地知道如何将它们市场化。

在决策实践中，农民所体验到的另一组冲突关系是为获得经济利益而扩大经营与为生活质量而维护社区健康运行这二者之间的冲突关系。在农业现代化进程中，这种土地集中在少数人手中的模式导致了农村人口的锐减和农村社区的退化。在对农村社区退化感到惋惜的同时，很多农民也都表示，如果可以或者他们能够负担得起的话，他们还是会租赁更多的土地。在每户农民耕作较少的土地，农村人口依然非常充裕的时期，邻里关系和社区生活令人感到非常充实。在农村，较多的人口可以支持起当地的商业和学校，农民还可以经常性地参加村民自治活动。而现在，大量空心村的存在，大量土地没有得到良好的耕作或集中在少数人手中，农村社区挣扎地维持着农村家庭所需要的学校、公共服务以及商业活动等。那些依然留在农村社区的农民深刻地体会到了农村的这类变化。工业化农业的发展意味着农民需要花费更多的时间在他们自己的农场上，他们很少有时间来进行互惠、互助的劳动交换以及与邻居们开展日常的社会交往。在过去，互惠、互助的劳动是比较常见的，然而，随着更大、更快、更有效的农业技术的出现，更少的人可以完成更多的工作，这同时加剧了农业人口的外流。即使是农民子女，也受到这些变化的影响。农场工作热情的减退与高债务水平成为农民生活的常态，农民子女失去了接管农田的动机，也纷纷离开农村社区，到城市里去打拼，或选择从事其他行业。

农业现代化的未来发展方向要求城市和农村两种文化的和谐共生以及因此而产生冲突关系的有效化解。实际上，农民参与工业化农业网络，改变了他们传统上所重视的那些知识和专长的类型。他们不得不成为其他专家的专业知识的消费者，以实现最大限度地提高农作物产量的目标。农民参与工业化农业网络不是盲目的，虽然大量农民都生活和工作在一个以营利为目的的文化氛围中，他们见证了农业耕作方式和农村社区因工业化农业网络的力量而发生激烈变化，并对此作出过贡献。人们并不总是接受变化或对变化毫无异议，对文化认同、独立性以及技术应用的讨论，挑战了工业化农业网络分配给农民的那些角色，然而，工业化农业的技术应用和实践做法却巩固了农民对农业激烈变化的贡献。

① 林海：《农民经济行为的特点及决策机制分析》，《理论导刊》，2003 年第 4 期。

　　我们解释了农民对于不可持续做法的责任，这是短期经济不可避免的结果，它存在于农民对未来义务的感知和对城市某类文化的认同当中。农民们积极地利用技术，希望能增加他们的收益或减少体力消耗，但这些技术只能在一个狭窄的生产模式中实现这些目标。由于工业化农业网络经常是由少数几个提供有限选项的行动者所主导的，农民的选择受到了限制。农民对某类城市文化的认同以及随后受到网络中其他行动者的支配，生发了这样一种情况：农民的土地和劳动所产生的大部分价值被其他行动者所俘获。然而，即使在这个网络的范围内，参与其中的农民已经判断出，他们在网络内的回报要大于他们在网络之外的预期回报。毕竟，有大量的经验证据表明，工业化农业技术产生了高收益和高利润。然而，参与网络的好处并非没有代价，特别是日益退化的农业生态环境。那么，农民以及工业化农业网络中的其他行动者是如何解决短期需求和长期需求之间的冲突的呢？对此问题的回答，直接影响到中国特别是农业相对较为发达地区的农业发展的未来，并在普遍的意义上影响到农业发展的可持续性。在当前中国的农业现代化进程特别是工业化农业的视野下，农民正在探索一些替代性的生产策略，并寻找方法来实现两种文化之间的和谐共生。这样的变化并不仅仅是在农业较为发达的地区发生的，整个农业的可持续生态系统（网络中的一个非常重要的节点）都展现出了这样一种可能性。

　　对工业化农业的反思，提倡可持续农业，并不意味着我们要为理想化的农业耕作方式及其文化形式而争辩。相比较而言，通过 ANT 这个棱镜，我们看到在网络中出现新声音（有时是不和谐的）的可能性。例如，在缺水地区试验种植棉花、葡萄等特殊农作物来应对水短缺就是这样的声音。如果能够成功的话，其他农民就可以在这些地区选择种植棉花、葡萄等作物。这些试验和替代声音是很重要的，因为如果它们是成功的或者呼声足够大，也就是说，如果农民在创造更为经济的替代性农作物和在可持续实践上是成功的，那么，他们可以致力于同网络中的其他农民进行"兴趣强化"，从而能够在相互冲突的观念和文化之间进行较量。在与农业相关的各种争议中，农民都是梦寐以求的盟友，因为他们一直控制着劳动力、土地和水资源。没有他们的支持以及文化认同，可持续农业的理想都无法生根发芽，当然，这里必须有一些可供他们选择的具有可行性的备选方案。

　　由工业化农业网络建构的农民及其文化认同为我们指出了农民坚持不可持续做法的文化原因。我们不需要接受必然性的心理学解释。相反，我们可以通过文化认同解析来了解工业化农业网络是如何影响、改变并支配那些参与其中的农民的。农民的知识和专长因工业化农业过程的"黑箱"而遭到贬低，妨碍了农民改变其在可持续农业方向上的航向。可持续农业鼓励在短期和长期上重建农民与土地、水资源的联系，因而，我们也没有必要限制对中国农业现代化进程中出现的专业大户、家庭农场、农民合作社、农业产业化龙头企业等新型农业经营主体的关注。通过行动者网络理论这个分析工具，基于文化认同解析的视角，可以看到，多样性的、不同种类的行动者是如何创造并重现基于利益充分共享、文化和谐共生的网络的。这里，已经展示了农民是如何接受城市文化并作为更大的、相互依存的网络的一部分而存在的。总而言之，工业化农业网络正在农业现代化进程中发挥作用，并维持着一个不可持续的发展势头，通过认识这一网络，可以发现城乡两种文化在调适工业化农业和可持续农业中得以和谐共生的必然性。

[原文载于《南京农业大学学报》（社会科学版）2016 年第 3 期，《中国社会科学文摘》2016 年第 10 期转摘，转摘文章题目为《农民决策行为与文化认同建构的互动》]

促进城乡文化和谐共生

胡宝平　　徐之顺

促进城乡文化和谐共生，是消除城乡文化二元结构、实现城镇化健康发展的必然要求，也是全面建成小康社会的重要任务。多年来，江苏尤其是苏南在推动城乡文化一体化发展方面取得了显著成效，积累了丰富经验。党的十八届五中全会提出创新、协调、绿色、开放、共享的新发展理念，是今后相当长一个时期发展实践的行动指南。站在"十三五"发展的新起点，我们要以贯彻五大发展理念为契机，赋予城乡文化一体化发展以新的内涵和新的动力，加快形成城乡文化相互促进、和谐共生的喜人局面。

着力增强农民的文化自觉和主体作用。多年来，我省各地积极探索以城带乡、文化帮扶等举措，加强农村文化基础设施建设，丰富农民文化生活，有效缩减了城乡文化发展差距。但政府在文化发展中的主导作用有余，而农民的主体作用严重不足，一定程度上导致了文化下乡难以契合农民需求、文化基础设施使用率不高等现象。增强农民的文化自觉和主体作用，发挥主体创新这一农村文化复兴的根本力量，在当前显得尤其重要。为此，必须大力支持农民依法兴办文化团体，发挥扎根农村的文化能人、民间文化传承人和文化活动积极分子的作用。群众文化团体是推动群众文化参与、文化体验、文化创造的重要依靠力量，他们在文化活动中自我组织、自我创造、自我满足，发挥了专业文化团体无法替代的作用，形成了农村文化发展中真正的内生力量。要通过政府购买文化服务的方式，鼓励他们创作更多更好的文化产品；通过举办竞赛类活动鼓励他们不断提高自我发展、自我完善、自我管理能力；通过提供培训以及文化志愿者的帮助，鼓励他们保持文化创造的可持续发展能力。

着力推动城乡文化协调均衡发展。农村文化建设的滞后一直是实现城乡文化和谐共生的主要矛盾。城市文化凭借工商资本和政策优势获得了更多发展机会，而农村文化特别是经济欠发达地区地域文化则在资本劣势和政策匮乏的双重压力下发展乏力，形成"强者愈强、弱者愈弱"的马太效应。随着工业化、城镇化、信息化以及农业现代化的推进，我省城乡文化协调发展应在补短、看齐上下功夫。要更加注重城乡基层公共文化设施建设。"十三五"期间，我省推进城乡文化一体化发展的重点和抓手是大力实施面向农村和农民的各类文化惠民工程，切实改变过去那种片面追求城市大型公共文化设施的投资偏好，引导公共文化资源向城乡基层倾斜，不断提升农村电影放映、农家书屋、乡镇综合文化站、村文化室、广播电视网络村村通等文化基础设施建设水平，建设好省级标准的社区综合性文化服务中心，并争取省域全覆盖。更加注重农村公共文化服务内容建设。相对于城市文化生活的丰富多彩，农村文化生活则显得单调、陈旧、缺少活力。如何提高农村文化生活质量，努力向城市文化生活水准看齐，这是实现城乡文化协调发展的现实难题。要充分发挥以城带乡、城乡联动的"文化反哺"机制，推动城市优质文化资源下乡，改造提升乡村文化，使之融入现代元素，更好地适应现代农民生活。培育农村公共文化多元化供给力量，处理好政府与市场的关系，通过政策引导和市场激励，降低市场准入门槛，减少行政干预，充分激发企业、社团、事业单位和农民自身等社会力量办文化的积极性。

着力坚持发展与保护相统一，走绿色发展之路。新型城镇化的最大挑战，不是短期内实现更高的城市化率，而是要破解如何在发展现代城市文明的同时保护好乡村文明，形成城市与乡村两元文明共生、互补的绿色发展方式。为此，要积极倡导城乡居民绿色生产生活方式，把生态文化作为社会主义核心价值观的重要内容广泛宣传培育，体现于市民公约、村民公约之中，贯穿于城乡生产生活的各方面、全过程，内化为价值判断，外化为行动准则。要加大传统村落民居和历史文化名村名镇保护力度，实现生产、生活、生态的融合发展。注重在保护中传承，在传承中创新，在创新中发展，实现传统村落和历史文化名村名镇的现代再生，不断呈现乡村文化之美。大力推进生态城市与美丽乡村建设。加强城乡发展系统谋划、统一规划，城市要建成现代化的令人向往的宜居城市，乡村要建成现代化的令人留恋的乡村，城乡相得益彰、良性互动。

着力形成城乡文化相互开放、包容的新局面。目前我省一些地方推进城乡一体化演变成了以城市为主体的一种同质化发展，城市的标准和偏好成为改造乡村的尺度，城里人和农村人从衣食住行，到兴趣、口味、爱好等表现为惊人的一致，城市社会和乡村社会也显示出极大的相似性和一致性。在某种意义上说，同质化是现代化的普遍特征，也构成了现代化的驱动力，但它与文化发展的丰富性、多样性和独特性形成尖锐冲突，并从根本上动摇了城乡文化和谐共生的社会基础。如何避免城镇化中出现的城乡同质化发展的问题？必须确立文化开放、包容发展的理念，把它作为推进城乡发展一体化的重要指导思想，作为实施新型城镇化战略的重要实践路径，从而构建一种新型城乡文化关系。一方面，创造条件促进城乡居民交往互动，增进城乡居民之间的互动包容、接纳欣赏。在政府层面，积极搭建以城带乡的公共文化服务平台；在市场层面，大力发展农村现代物流，开辟城乡交往市场；在舆论宣传层面，加大城乡一体化信息网络建设，多创作生产有利于城乡居民交际交流的媒介产品；在社会层面，以社区为平台，以增进外来人口归属感为目标,积极推进跨文化交际。另一方面,努力实现城乡文化交流互鉴,共同提升。让乡村优秀文化走进城市,提供别样文化之美,以丰富市民的文化生活。城市要拆除无形的围墙,以包容的心态友好接纳进城农民工,把农民工纳入城市公共文化服务体系,建立政府主导、企业共建、社会参与的农民工文化建设格局,推动农民工融入城市。

着力实现城乡居民文化民生的共建共享。共享是中国特色社会主义的本质要求,也是全面小康社会文化发展的目的。贯彻共享原则,重要的是以"利益共享"化解城乡文化的对立和冲突。一要缩小城乡文化差距,实现城乡公共文化服务均等化。重点是加大公共财政对农村文化基础设施建设的投入力度,实现城乡文化基础设施互联互通、共建共享。建立农村文化基础设施决策、建设和运行管护机制,避免决策随意、资金滥用、设施闲置毁损,做到一次投入、长期受益。二要探索公共文化信息资源共享途径。按照《江苏省公共文化服务促进条例》精神,充分利用新技术、新兴媒体等,增强文化信息资源的远程服务能力,实现文化信息资源的共建共享。三要建立群众性精神文化生活共享机制。以政府为主导,以公共财政为支撑,以群众文化团体为主体,以社区文化活动为载体,以文化惠民为宗旨,广泛开展群众性的文化活动,满足城乡群众的精神文化需求。通过群众性文化活动这条纽带,最大限度地吸引外来农民工,培育和谐融洽的人际关系,促进外来农民工的认同感、归属感,使和谐、友爱等价值观在群众的日常生活中生根发芽。

（原文载于《群众》2016 年第 6 期）

道德讲堂:城乡文化和谐共生的有效载体

胡宝平　徐之顺

城乡文化和谐共生,是以人为本的新型城镇化的重要内涵,也是新型城镇化实施效果的重要评价标准。我国城镇化的实践表明,城乡文化的和谐共生,主要表现为农民或农民工市民化、农村城镇化、城乡文化发展一体化。近年来,为推动城乡文化和谐共生,江苏各地积极探索,积累了许多好的经验与做法,其中,发端于常州市继而普遍在全省开办的道德讲堂,不仅成为思想道德建设的重要平台,也成为促进城乡文化和谐共生的有效载体,值得重视与完善。

道德讲堂传播了社会文明观念,增强了农民的文明意识,加快了农民市民化进程。农民或农民工市民化不仅体现在身份的外在转变,同时还需要观念的内在转变。转变观念,除了自发的力量推动,还需要自觉的力量推动,道德讲堂就属于自觉的力量。目前,各地道德讲堂包括七大类,其中就有新市民道德讲堂。新市民道德讲堂的出发点,就是帮助进城农民或农民工摒弃落后的生活方式,更好地适应城市现代生活,使城乡文化有机整合,在新市民身上融为一体。道德讲堂通过我听、我看、我评、我行等步骤,引导新市民鞭挞不文明行为,逐步树立文明观念。新市民道德讲堂并不局限于固定场所,还设立流动道德讲堂,如利用节假日举办"学习礼仪知识,争做文明新市民"讲座,组织新市民游览城市,看城市巨变,把道德讲堂搬上游船、汽车,增强新市民的市民意识,使城市文明更快地融入新市民的认知结构。

道德讲堂构建了道德风尚高地,提升了农民、市民的道德素质,增进了城乡居民的价值认同。价值认同是城乡文化和谐共生的重要基础。现代城乡文化关系,是社会主义先进文化占主导的一元与多样的关系,其中一元是主体,多样是形态。只有当城乡居民都确立了对社会主义先进文化特别是核心价值观的认同和共识,城乡文化才能获得和谐共生的最坚实的道德基础。改革开放以来,由于市场经济的快速发展,法治建设的不到位,道德信仰的缺失,无论农村还是城市均不同程度地出现了社会公德匮乏、职业道德沦丧、家庭美德缺失、个人品德下降等现实问题。道德资源与道德行为的匮乏,导致城乡文化缺乏良性共生的主体性道德基础,而道德讲堂则在一定程度上恢复了主体道德意识,增强了道德判断力,培育了道德荣辱观。各地道德讲堂坚持"身边人讲身边事、身边人讲自己事、身边事教身边人",积极开展了社会公德、职业道德、家庭美德、个人品德教育,如:围绕"礼仪"主题,推进社会公德建设;围绕"诚信"主题,推进职业道德建设；围绕"和睦"主题，推进家庭美德建设；围绕"友善"主题，推进个人品德建设。通过努力，城乡好人好事不断涌现，城乡居民道德素质显著提高。

道德讲堂弘扬了优秀传统文化，以文化人，有效发挥维系城乡文化的纽带和涵养作用。中华民族的文化传统既是城乡居民"集体记忆"的延续，更重要的是集体身份的认同。基于对共同历史文化的认同，城乡居民超越了地域、阶层、职业、空间的界限而牢固地凝聚在一起。但在现实生活中，乡村文化往往成为落后文化的代名词，城市中心主义、城市文化优越感等等，对乡村文化造成很大冲击，导致城乡文化内在的对立和冲突，很大程度上动摇了城乡文化和谐共生的现实基础。习近平总书记指出："要努力实现传统文化的创造性转化、创新性发展，使之与现实文化相融相通，共同服务以文化人的时代任务。"道德讲堂就具有这种文化自觉，肩负着传承优秀传统文化的使命。各地的道德讲堂并不简单地请专家、学者宣讲传统文化，局限于"坐而论道"，更注重与传统的节日、传统的风俗习惯有机结合起来，在开展"我们的节日"、邻里节等活动中，既弘扬传统文化的精髓，又消除传统文化中的不健康成分，同时注意充实一些与现代文化生活相适应的文化元素。比如，一些城市社区道德讲堂借助中秋节、春节等传统节日邀请城市农民工参与活动，既弘扬了传统文化又消除了农民工的心理距离，使农民工在感受家的温暖时增强了对城市文化的认同感与精神归属感；一些社区则借助"邻里节"等活动，鼓励大家走出家门相互熟识，消除人与人之间的冷漠，使原本属于农村文化的熟人观念与城市文化结合起来，推动了城市社区文化共同体建设。

道德讲堂构建了社会支持网络，提高农民的社会适应能力，促进城乡居民互动、城乡文化互适。农民或农民工进入城市，转变为市民，但他们受自身文化素质、生活习俗、职业环境和社会制度等因素影响，往往难以融入城市社会，沦为"都市乡民"。都市乡民在城市大规模复制乡村生活方式，"老乡"意识、"故乡"情结、"同乡"传统成为他们社会联结的主要纽带。大量"城中村"、城市"边缘人"的出现，说明城乡文化并没有因为农民身份的市民化就能融合。城市新市民由于缺乏朋友、组织支持，甚至受到歧视与偏见，他们就会自我封闭或文化隔离。旧的城与乡地理空间上的文化二元结构，就演变为新旧市民、外来人口与本地人口等城市内部新二元结构，造成城市社会的分裂甚至对立。现实中，道德讲堂的优越之处在于：它作为一个固定的空间载体，使农民、农民工与市民共享一个空间，交流互动得以实现，相互熟悉得以成为现实，心理和情感的距离大大缩小，共同体意识逐步确立；它作为一个流动的活动载体，使农民、农民工有机会参与各类群众性的志愿组织、文化组织，从而有机会建构属于自己的社会支持网络，增强城市适应能力。一些地方的道德讲堂注重把农民、农民工嵌入各种空间与活动载体之中，挖掘自身潜能、发挥自身价值，寻找城市的存在感与意义感，并在此过程中消除他们对城市的误解，帮助他们实现心理和谐、社会关系和谐和文化和谐。

　　江苏各地道德讲堂所发挥的功能充分说明，道德讲堂对于推动中华优秀传统文化与现代文明相互吸纳、融合，实现城乡文化和谐共生、建设社会主义和谐社会意义重大。针对当前道德讲堂建设中出现的内容单一、覆盖面不足、形式刻板、内生动力不强等实际问题，各地要在总结经验基础上着力优化、强化道德讲堂建设。首先是思想认识上进一步解决道德讲堂"为何建"的问题，关键是不断拓展对道德讲堂功能、作用的认识。为更好推动农业转移人口市民化，道德讲堂要把建构城乡文化共同体作为重要使命，推动实现城乡文化和谐共生。其次，进一步解决道德讲堂"讲什么"的问题。一要着眼文化传承，讲清楚中华优秀传统文化的文化基因、精神特质与价值追求，讲清楚中华优秀传统文化的现代价值，讲清楚如何推动中华文化的创造性转化与创新性发展，让城乡群众更好坚守自己的精神家园；二要着眼道德培育，讲清楚社会主义核心价值观与中华优秀传统文化之间的本质联系，为培养新市民指明方向；三要着眼共建共享，讲清楚城乡群众尤其是新市民关心的热点、难点、焦点问题，回应道德关切，化解道德困惑，提高道德自觉，维护道德利益；四要着眼组织创新，做到因地制宜、因人制宜、因事制宜，不照搬照抄，不生搬硬套。最后，进一步解决道德讲堂"怎么讲"的问题。坚持形式多样，多措并举、多样并存、多元发展，提高讲堂的吸引力和凝聚力；提倡内容跨界融合，讲堂与活动融合，与科技融合，与文化融合，与市民生活融合。发挥群众主体作用。道德讲堂就是群众讲堂，要围着群众转，增强群众道德自觉和自我教育的能力；实行教化与服务并举，在服务中育德，在育德中服务，实现服务与教化的良性互动。

（原文载于《群众》2017年第7期）

价值认同与城乡文化和谐共生

胡宝平　徐之顺

发达国家的发展历史表明,城乡文化关系问题是一个国家在工业化、城市化进程中必然出现、必须解决的重大实践问题。这一问题解决的好坏,直接关涉到国家现代化能否顺利实现。党的十九大报告从更好推动实现现代化强国的角度提出实施乡村振兴战略,明确"按照产业兴旺、生态宜居、乡风文明、治理有效、生活富裕的总要求,建立健全城乡融合发展体制机制和政策体系,加快推进农业农村现代化"①。这一重要战略思想为城乡文化关系发展指明了方向。从新时代中国特色社会主义城乡文化关系看,实现城乡文化融合发展是当前和今后努力的大方向。城乡文化融合发展的实质是城乡文化互惠一体化,城乡文化互惠一体化则是城乡文化和谐共生的最高层次、最理想状态,即城、乡文化作为两种不同的文化形态,平等共存,尊重包容,交流互鉴,良性互动,并在此基础上形成现代城乡文化共同体。近年来,我国理论界围绕城乡文化和谐共生问题开展了大量理论与实践探索,取得了积极成果。但应看到,现有研究主要着眼于城乡文化和谐共生的外部条件建设,而对于实现城乡文化和谐共生的内生条件,特别是基于价值共识的价值认同机制则关注不够。本文着眼于从价值认同的视角思考城乡文化关系,以期深化探讨。

一、价值认同是城乡文化和谐共生的内生基础

汉语"认同"一词译自英文单词 identity。韦氏大词典对 identity 有五种解释:相同性、一致性;个性;身份;等同;身份要素。《现代汉语词典》对"认同"有三种解释:共同性;亲近感;承认、认可。有学者研究认为,"认同"与"承认"都是处理同一性与差异性、共同体与个人之间关系问题的概念,但"承认"的概念消除了"认同"概念潜藏的原子主义、分裂主义的弊端,把目标指向了共同体的存在与团结。② 从这个意义上讲,相较于韦氏大词典的解释,《现代汉语词典》对"认同"的解释更具有延展性、修正性。综合以上解释,"认同"概念需要把握三个层面:第一是相同性、一致性,这是主体认同的基础;第二是源于相同性、一致性的亲近

---

① 习近平:《决胜全面建成小康社会　夺取新时代中国特色社会主义伟大胜利》,北京:人民出版社2017 年版,第 32 页。

② 曹卫东:《从"认同"到"承认"》,《人文杂志》,2008 年第 1 期。

感、归属感，体现了主体的心理认同、情感认同；第三是共同体取向的主体间的相互承认，体现了主体认同的价值旨归。价值认同往往指"个体或社会共同体（民族、国家等）通过相互交往而在观念上对某一或某类价值的认可和共享，是人们对自身在社会生活中的价值定位和定向，并表现为共同价值观念的形成"①。从城乡文化和谐共生的视角看，价值认同则是指城乡居民对城乡文化价值及其相互关系的共同认可与共享，形成共同的价值观念和归属感。城乡文化和谐共生不仅需要一定的经济文化发展水平等客观基础，也需要共同的主观价值认同基础。相较于客观基础，主观基础更加重要。历史表明，一定的客观基础并不必然实现城乡文化和谐共生，客观基础作用的发挥有赖于城乡居民对城乡文化价值及其关系的共同认可与共享。价值认同是城乡文化实现和谐共生的内生基础，表现在：一是城乡居民对城乡文化和谐、平等关系的认同。反对城乡文化优劣之分，尊重差异，包容多样，视城乡文化为平等、共栖、共存的文化形态，承认城乡文化各自存在的价值及其互补性；反对城乡文化分离，主张城乡文化和而不同、和实生物。二是城乡居民对城乡文化共同体的认同。主张城乡文化不是绝对独立的，而是相对独立的，两者功能互补，属于一种整体性文化，反对城乡文化偶然的暂时的共生；主张城乡文化必然的长期的一体化共生，城乡文化形成和谐的对立统一体。三是城乡居民对共同历史文化情感、记忆的认可与共享。城乡居民拥有共同的历史文化纽带和精神家园，拥有共同的历史文化身份与情感归属。

价值认同决定了城乡文化发展性质及和谐共生方向。城乡文化不是抽象地脱离于一定的经济基础与上层建筑的文化，城乡文化总是属于一定社会的文化，受制于一定的经济基础、社会形态、社会制度，因而存在着封建主义的城乡文化、资本主义的城乡文化与社会主义的城乡文化。当代中国的城乡文化属于社会主义的城乡文化，是中国特色社会主义文化的重要构成和重要表现。当代中国城乡文化和谐共生，呈现为社会主义先进文化主导的一元多样的文化格局。需要指出的是，应然状态转化为实然状态不是自发产生而是自觉产生的。这个"自觉"体现为文化自觉，"是生活在既定文化中的人对其文化有'自知之明'，明白它的来历、形成的过程、所具有的特色和它发展的趋向"。② 当代中国城乡居民的文化自觉主要表现为对中国特色社会主义先进文化发展必然性的认知与认同。文化自觉离不开文化自信，没有坚定的文化自信，难以树立清醒的文化自觉。当代中国城乡居民的文化自觉源于对中国特色社会主义文化的自信，是对源自中

---

① 汪信砚：《全球化中的价值认同与价值观冲突》，《哲学研究》，2002 年第 11 期。
② 费孝通：《中国文化的重建》，上海：华东师范大学出版社 2014 年版，第 35 页。

华民族五千多年文明历史所孕育的中华优秀传统文化的自信,是对熔铸于党领导人民在革命、建设、改革中创造的革命文化和社会主义先进文化的自信,实质是对中国特色社会主义文化强大生命力和彰显的巨大中国价值与人类价值的坚定自信。文化的核心是价值观,"文化由较为普通的价值观组成,并由此产生了具体行为规范"①,城乡居民对当代中国城乡文化发展性质及其和谐共生方向的认同,最根本的要落实在对社会主义核心价值观是城乡居民共有的主体价值观这一认知、认同上,共同认可"社会主义核心价值观是当代中国精神的集中体现,凝结着全体人民共同的价值追求"②,共同认可社会主义核心价值观是联结现代城乡居民的共同精神信仰。具体而言,社会主义核心价值观中,富强、民主、文明、和谐作为国家层面的价值目标,应成为城乡居民国家信仰实践中的最高价值追求;自由、平等、公正、法治作为社会层面的价值取向,应成为城乡居民社会理想信仰实践中的最高价值追求;爱国、敬业、诚信、友爱作为公民层面的价值准则,应成为城乡居民道德信仰实践中的最高价值追求。在这三个层面的价值追求实践中,城乡居民不断建构共同的文化认同和精神归属。从现实来看,改革开放以来,城乡一些地区程度不同地存在黄、赌、毒现象,存在封建迷信死灰复燃现象,存在信仰邪教现象,存在拜金主义、享乐主义、消费主义以及铺张浪费现象,存在崇奉西方文化价值观现象,存在城乡文化歧视、文化偏见及文化发展失衡现象,如此等等,均体现了非社会主义价值认同对城乡文化发展的消极、负面影响。所以,促进城乡文化和谐共生,我们应以社会主义核心价值观作为主体价值观,引领、支配城乡文化和谐发展,形成一元多样的城乡文化共同体。

二、现代城乡文化共同体是价值认同生成的基本依托

马克思主义认为,"'思想'一旦离开'利益',就一定会使自己出丑"。③ 共同利益的存在是共同价值认同生成的前提与基础。城乡居民共同的价值认同,必然根植于共同的利益之中,共同利益以及建立其上的共同价值追求构成了城乡居民紧密联系的核心要素。现实生活中,城乡居民缺乏共同价值认同,恰恰源于城乡之间存在割裂、对立甚至是冲突的利益。中华人民共和国成立以来,以剥夺农村为代价的工业化、城市化进程逐步形成了城乡二元结构,以及改革开放以来伴随着农民工涌入城市形成了"市民与农民工"的城市"新二元结构"。"双二元

---

① 戴维·英格利斯:《文化与日常生活》,周书亚译,北京:中央编译出版社 2010 年版,第 12 页。
② 习近平:《决胜全面建成小康社会　夺取新时代中国特色社会主义伟大胜利》,北京:人民出版社 2017 年版,第 42 页。
③ 《马克思恩格斯全集》第 2 卷,北京:人民出版社 1957 年版,第 103 页。

结构"的实质在于城乡共建经济社会但无法共享发展成果，导致农村经济社会发展滞后、农村文化生态恶化乃至农村文化边缘化、虚无化。因此，改变城乡发展二元结构，实施乡村振兴战略，真正推动城乡发展一体化，坚持整体思维，超越城乡视野，把城乡作为地域整体看待，整体规划、整体发展，以城带乡、城乡互动，推进以人为核心的城镇化，实现城镇化与新农村协调发展，让广大农民平等参与现代化进程，分享现代化成果，这是实现城乡文化和谐共生的经济基础，也是实现城乡居民共同价值认同的坚实支撑。

　　现代城乡文化共同体源于城乡居民利益共同体，是城乡居民价值认同生成的依托。现代城乡文化共同体是指在城乡之间，基于文化发展的整体性、传承性和文化环境影响的关联性，以城乡居民的共同文化利益和共同价值认同为联结纽带，以推动城乡文化一体化发展为目标，城乡共同治理文化事务，城乡居民共享文化发展权益的有机联合体。现代城乡文化共同体是"文化"与"共同体"的紧密融合，共同体的建立基于共同的文化，中国城乡历史形成的广泛的经济社会文化联系，是形成现代城乡文化共同体的重要基础和文化支撑，而"现代"则相对于"传统"而言。从空间看，现代城乡文化共同体蕴含两个层面：区域层面的现代城乡文化共同体与国家层面的现代城乡文化共同体。区域层面的现代城乡文化共同体以地域文化为支撑，是形成国家层面现代城乡文化共同体的必经阶段、必要环节；国家层面的现代城乡文化共同体以民族文化为支撑，是所有区域层面现代城乡文化共同体的最终发展结晶。从本质特征看，现代城乡文化共同体，首先是以社会主义核心价值观为灵魂、为主导、为统摄，体现社会主义先进文化发展方向的文化形态；其次彰显了现代性，体现现代工业文明、生态文明的要求，体现了人类文明的时代发展潮流，体现中国特色社会主义现代化的特质，体现现代中国人的文化需要和精神诉求；再次，它是城乡文化相互依存、相互渗透、相互转化、共同发展，不断创造出新内容新形式的城乡文化共同体，"它不仅吸纳、融合了城市与乡村两种文化形态的要素，而且吸纳、包容着不同的地域文化与民族文化"①，是高于城乡文化具体形态的文化有机整体。现代城乡文化共同体提供了形成共同价值认同的环境、条件和土壤，通过建构现代城乡文化共同体，城乡的"我们—他们"关系则变成"我们"关系，塑造出共同的文化身份、文化归属与文化认同。

　　现代城乡文化共同体是城乡多样文化的合作共同体。城乡居民共同价值认同不是静态的而是动态的，不是抽象的而是具体的，是伴随着城乡文化共同体发

_____

① 季中扬、李静：《论城乡文化共同体的可能性及其建构路径》，《学海》，2014 年第 6 期。

展而发展的,是在城乡文化持续合作共赢的过程中形成的。城乡文化合作共赢
突出表现在城乡文化协同治理上。城乡文化协同治理是一种整体治理观,即城
乡文化是一个有机整体,必须统筹规划,协调发展,反对城市中心主义,反对政府
单方面的强势作用,主张政府、企业、社会组织等多元主体的互动协作,共同发挥
作用;强调来自城乡社会和广大人民群众的广泛动员与积极的文化参与;注重文
化建设中不同意见、观点和方案的倾听、平衡和吸纳。马克思主义始终认为,"意
识在任何时候都只能是被意识到了的存在,而人们的存在就是他们的现实生活
过程"。[①] 城乡文化的持续合作发展构成了城乡居民的现实文化生活,产生了客
观存在的文化事实,城乡居民在现实的文化生活中体验到文化共同体的存在,容
易形成共同的文化认同与价值认同。

三、价值认同的实现路径

城乡居民共同价值认同的实现是主客观因素复杂作用的结果,既受制于客
观的城乡利益共生的深度与广度,以及促进城乡文化共生的法律、制度等支撑和
保障因素,又受制于城乡主体的认知、情感、心理、行为与交往等因素。马克思主
义认为,外因要通过内因才能起作用。这里,我们在肯定客观条件重要性的同
时,着力针对城乡主体共同价值认同的特殊性和特殊规律进行探讨。

第一,培育城乡居民主体价值观。从历史和现实来看,依据价值传播者和价
值接受者在价值生成中主观能动性的强弱,价值生成大致呈现为三种方式:自然
生成、规训生成和互动生成。自然生成遵循社会存在决定社会意识原则,规训生
成遵循主观能动性原则,互动生成遵循主体间性原则。三种生成方式没有绝对
的优劣之分,依着不同的环境和问题,可以单独使用,也可以综合使用。我们应
恰当地采用不同的生成方式,促进社会主义核心价值观从应然状态向实然状态
的转变。一要春风化雨、润物无声,实现城乡居民主体价值观的自然生成。马克
思主义认为,"人们的意识,随着人们的生活条件,人们的社会关系,人们的社会
存在的改变而改变"。[②] 实践中,应以保障城乡居民文化权利为宗旨,扎实推进
城乡公共文化服务体系建设,在实现公共文化服务的标准化、均等化过程中培育
核心价值观。要支持城乡社区广泛建立民间文艺团队,大力开展城乡群众性文
化活动,把社会主义核心价值观嵌入文艺创作、文化活动之中,实现主流文化与
民间文化的融合,增强群众价值判断力与自觉践行力,树立正确的历史观、民族

---

① 马克思、恩格斯:《德意志意识形态》(节选本),北京:人民出版社 2003 年版,第 16 页。
② 《马克思恩格斯选集》第 1 卷,北京:人民出版社 1995 年版,第 291 页。

观、国家观、文化观。二要注重灌输，强化干预，实现城乡居民主体价值观的规训生成。灌输，是马克思主义意识形态建设的重要理念和重要方式。培育核心价值观，要"坚持全民行动、干部带头，从家庭做起，从娃娃抓起"①，以优良党风政风促进城乡风气的根本好转。要积极引领城乡民间文艺团队和群众性文化活动发展，制定评价准则，规范审美趣味，使之成为培育主体价值观的丰厚土壤。三要通过官民互动、政社互动，实现城乡居民主体价值观的互动生成。社会主义核心价值观作为一般的抽象价值话语，要与城乡所在地域的文化价值观相结合，实现从一般向特殊、抽象向具体的地方化大众化转变，才能真正成为城乡居民的主体价值观。实践中，一些地方做出了有益探索，形成了各具特色的地方精神，如北京精神：爱国、创新、包容、厚德；上海精神：海纳百川、追求卓越；南京精神：开明开放、诚朴诚信、博爱博雅、创业创新；等等。这些地方精神是社会主义核心价值观的地域性表达、地方性知识，形成了城乡居民共同认同的地域性核心价值。

　　第二，传承共同的历史文化认同与情感纽带。丹尼尔·贝尔认为："对一个社会、一个群体或一个个人来说，文化是借助内聚力来维持身份认同的连续过程。"②这一思想同样适用于城乡文化共同体的形成和发展，而可以借助的"内聚力"则是城乡共同拥有的传统文化。"从'中国文化根柢'寻根的意义上来培养文化认同感，其诉求本质就是从传统文化中寻找为全体大众所共享的'核心价值'，这是文化认同的土壤。"③中华优秀传统文化是中华民族的基因，几千年来潜移默化地影响着中国人的思想观念、思维方式和行为方式，形塑了中国人的精神世界，构成了百姓日用而不觉的价值体系，蕴含着城乡居民共同的文化记忆，形成了文化的集体身份认同和情感纽带。可以说，"传统文化提供的生活规范、德行价值及文化归属感，发挥着其他文化要素所不能替代的作用"④。因此，培育城乡共同价值认同必须传承中华优秀传统文化，传承传统文化就是保存、延续集体的文化记忆，持续建构文化的集体身份认同。共同的历史文化认同和情感纽带可以使城乡居民超越地域、阶层、职业、空间的界限而牢固地凝聚在一起。我们要重视作为社会主义核心价值观文化根柢的中华优秀传统文化，"深入挖掘中华优秀传统文化蕴含的思想观念、人文精神、道德规范，结合时代要求继承创新，让

---

　　① 习近平：《决胜全面建成小康社会　夺取新时代中国特色社会主义伟大胜利》，北京：人民出版社2017年版，第42页。
　　② 丹尼尔·贝尔：《资本主义文化矛盾》，严蓓雯译，南京：江苏人民出版社2012年版，第36页。
　　③ 张鸿雁：《核心价值文化认同的建构与文化治理——深化改革文化治理创新的模式与入径》，《南京社会科学》，2015年第1期。
　　④ 陈来：《中华文明的核心价值》，北京：生活·读书·新知三联书店2015年版，第114－115页。

中华文化展现出永久魅力和时代风采"①。促进传统文化与现实文化相融相通，共同服务以文化人的时代任务。一要借助城乡各类道德讲堂、文化讲堂等空间载体，广泛开展优秀传统文化教育普及活动，讲清楚中华文化的历史渊源与发展走向，讲清楚中华文化的价值理念与独特创造，讲清楚中华文化的生命活力与当代价值，增强城乡人民的文化自觉、文化自信和文化认同。城乡居民树立对优秀传统文化的自信与认同，就形成了对社会主义核心价值观自信与认同的原动力。二要在传承发展民俗文化中培养核心价值。民俗文化是一个地区在长期的生产生活实践中形成的，是该地区人们文化心理、价值观念、思维方式、生产生活方式的生动反映，是精神世界的生动表达，也是地域性城乡居民共同的文化与情感纽带。在工业化、城市化的进程中，民俗文化呈现衰微之势，各地应系统梳理民俗文化资源，以持续开展好"我们的节日"活动为主抓手，结合时代要求，立足于满足城乡居民以及外来农民工的心理、精神与现实需要，丰富内涵，转化形式，扩展功能，延伸阐发，实现民俗文化与核心价值观的融合，避免形式化、商业化，不断增强民俗文化的生命力、魅力与凝聚力。三要把传承优秀传统文化与现代传播技术有机结合起来，精心创作影视剧、文学作品等群众喜闻乐见的优秀文化产品，借助互联网、文化信息资源共享工程、广播电视村村通工程等，实现优秀传统文化城乡全覆盖，在历史文化价值认同的交叠共识与累积承续中实现共同价值认同。

　　第三，建立日常生活道德养成机制。利益共同体的形成、文化共同体的实现、传统文化的现代转化都需要在城乡居民的日常生活中完成与体现，需要把社会主义核心价值观融入社会发展各方面，转化为人们的情感认同和行为习惯。学者梁漱溟说，"文化并非别的，乃是人类生活的样法"②，道出了文化与日常生活的深度互嵌。从本体论来看，人的日常生活与人的存在是统一的，一个人的日常生活表征着一个人的存在方式，日常生活既是一个人重要的栖息场域，又是一个人重要的存在样态。什么是日常生活，学者赫勒从人与社会的关系维度指出，日常生活就是"个体的再生产"③，换言之，个体的再生产构成日常生活的主体内容，日常生活过程就是个体再生产的过程。这一阐释与中国人对于日常生活的理解存在共通之处。《现代汉语词典》对"生活"的解释为"人或生物为了生存和发展而进行的各种活动"。不同之处在于，赫勒从个体再生产出发，强调为获得

---

　　①　习近平：《决胜全面建成小康社会　夺取新时代中国特色社会主义伟大胜利》，北京：人民出版社2017年版，第42页。

　　②　《梁漱溟全集》（第一卷），济南：山东人民出版社1989版，第380页。

　　③　阿格妮丝·赫勒：《日常生活》，哈尔滨：黑龙江大学出版社2010年版，第3页。

生存所必需的规则条件与规则系统。概而言之，日常生活，指人平常、平时为了实现个体再生产进行的各种活动以及活动中形成的一般规则，区别于非常、特殊时期进行的各种活动及其特殊规则，属于常态化的各种活动与规则。从个体再生产来看，日常生活主要包括生产活动、消费活动与交往活动及其活动中形成的相应规则，这些活动构成了城乡居民互动的场域，也构成了城乡文化共生的场域以及在此过程中实现价值认同的场域。

一要重视在农民工日常生活中推进价值认同。农民工顺利实现城市文化适应，是农民工市民化中城乡文化和谐共生的重要体现，也构成了农民工生产、消费与交往等日常活动的重要内容。要创造条件，通过培训推动农民工进入现代工业分工体系，在现代工业化的生产活动中培育独立意识、责任意识、竞争意识与合作意识，实现人本身的不断再生产。农民工的生产活动增添了业缘关系，与固有的血缘、地缘意识整合在了一起，在重视人情的同时可以培育契约精神、法治精神，能够推动熟人社会的文化与陌生人社会的文化结合、传统文化与现代文化的整合。要重视农民工的日常交往活动，推动农民工融入所在城市、所在生活社区，鼓励农民工参与社区志愿组织、社区文艺团队等，参与社区治理，摆脱老乡交往圈限制，扩展社会交往范围，建构社会支持网络，培育社区共同体意识。此外，政府还应通过购买文化服务或鼓励城市基层文艺团队常态化进工地、进工厂，为农民工演出时尚健康、积极向上的文艺节目，丰富农民工日常文化消费活动。

二要重视在新型职业农民日常生活中推进价值认同。新型职业农民，主要指农民就地市民化进程中形成的适应现代社会要求、具有现代文明素养的有文化、懂技术、会经营的农民，是摆脱了身份农民的职业农民。从文化社会学的角度看，新型职业农民实质是工业化、城市化进程中城乡文化一体化共生的具体呈现，新型职业农民生产与再生产过程也是农民在城乡文化和谐共生中不断实现价值认同的过程。实践表明，成功的农民就地市民化无不需要一定的支撑条件，或者拥有现代化的工业经济支撑，或者拥有现代化的农业经济支撑，或者兼而有之。因此，我们要重视在农民的现代生产活动和经营管理活动中推动工业文化与农业文化的和谐共生、传统文化与现代文化的和谐共生，使文化和谐共生的过程成为农民价值观念、思维方式、行为方式、交往方式不断调适整合的过程。通过打造经济合作社、村民议事会等组织载体，在继承优秀传统文化的同时不断生成平等观念、契约观念、民主观念等适应现代社会发展的价值理念。重视改造、提升农民传统的日常消费活动，消除铺张浪费、大操大办的落后思想观念，移风易俗，普遍建立并发挥村民议事会、道德评论会、红白理事会的作用，引导形成勤俭节约、合理有度的文明消费理念。

　　三要重视在城乡居民日常交往中推进价值认同。城乡居民日常交往过程也是城乡文化交流互动过程,推动了城乡居民形成新的文化认同和价值认同。城乡居民的日常交往,一方面体现于市民在乡村的生产经营、创业、旅游消费以及乡村养老等日常活动中;另一方面体现于农民进城所从事的打工、经营、消费等活动中。通过日常交往,市民可以感受到乡村文化的自然、淳朴、生态、和谐,体验不一样的真、善、美;农民可以近距离感受到城市现代化之美。城乡居民对于城乡文化的双重认同必将改变固有的文化认知、文化评价,建构新的文化价值认同。在重视城乡居民各自进入对方生活空间实现文化交流互动的同时,还要重视在城乡空间展示不同文化,创设融合城乡文化的符号体系并使之成为城乡居民文化消费生活的重要内容、重要组成部分,促进城乡文化互动。城市应以包容的精神,搭建平台,创造空间,提供机会,把农村的特色民俗文化、特色农副产品和特色文明成果展示给城市居民,丰富市民文化生活,为城市文化提供新的文化资源,在丰富发展城市文化中构建市民新的价值认同。要推动文化下乡、文化帮扶、文化辅导的常态化,使更多农民有机会欣赏、吸纳城市文化、现代文化,让城市现代文化展示成为农民日常文化消费活动的重要构成,在实现乡村文化的现代转换与发展中形成农民新的价值认同。

　　(原文载于《南京社会科学》2018 年第 2 期,中央党校《党政干部参考》2018 年第 5 期复印,复印文章题目为《城乡文化和谐共生中价值认同的实现路径》)

经济高质量发展是推进社会主义现代化进程的内涵

徐之顺

　　党的十九大报告从新的历史方位出发，提出了开启全面建设社会主义现代化国家新征程的两个阶段、"两个 15 年"战略安排，即从 2020 年到 2035 年，在全面建成小康社会的基础上，再奋斗 15 年，基本实现社会主义现代化；从 2035 年到本世纪中叶，在基本实现现代化的基础上，再奋斗 15 年，把我国建成富强民主文明和谐美丽的社会主义现代化强国。党的十九大报告还作出我国经济已由高速增长阶段转向高质量发展阶段这一战略判断，强调必须坚定不移把发展作为党执政兴国的第一要务，贯彻新发展理念，建设现代化经济体系，坚持质量第一、效益优先，以供给侧结构性改革为主线，推动经济发展质量变革、效率变革、动力变革，提高全要素生产率。社会主义现代化是经济高质量发展的目标和方向，经济高质量发展是社会主义现代化的内涵和支撑。准确理解社会主义现代化的内涵和要求，认真把握两个阶段的战略安排，是切实推动经济高质量发展的前提。

理解社会主义现代化的内涵和要求

　　社会主义现代化是一个发展目标。马克思主义认为，未来的理想社会，每个人的自由发展是一切人自由发展的条件，更加突出公平正义、平等尊严和发挥每个社会成员的潜能。党的十九大报告描绘了我国现代化两个阶段的发展目标。基本实现社会主义现代化的主要目标要求是：在经济建设领域，我国经济实力、科技实力将大幅跃升，跻身创新型国家前列；在政治建设领域，人民平等参与、平等发展权利得到充分保障，法治国家、法治政府、法治社会基本建成，各方面制度更加完善，国家治理体系和治理能力现代化基本实现；在文化建设领域，社会文明程度达到新的高度，国家文化软实力显著增强，中华文化影响更加广泛深入；在民生和社会建设领域，人民生活更为宽裕，中等收入群体比例明显提高，城乡区域发展差距和居民生活水平差距显著缩小，基本公共服务均等化基本实现，全体人民共同富裕迈出坚实步伐；在社会治理领域，现代社会治理格局基本形成，社会充满活力又和谐有序；在生态建设领域，生态环境根本好转，美丽中国目标基本实现。社会主义现代化强国的目标要求是：富强、民主、文明、和谐、美丽。具体表现为：我国物质文明、政治文明、精神文明、社会文明、生态文明将全面提升，实现国家治理体系和治理能力现代化，成为综合国力和国际影响力领先的国家，全体人民共同富裕基本实现，我国人民将享有更加幸福安康的生活，中华民族将以更加昂扬的姿态屹立于世界民族之林。归结起来,党的十九大报告所描绘的我国社会主义现代化蓝图,突出了中国特色社会主义的本质要求,代表了人民群众对美好生活的向往。我们要推进的社会主义现代化,是创新驱动的现代化,是以人为本的现代化,是实现人民共同富裕的现代化,是人与自然和谐共生的现代化。

社会主义现代化是一种发展水准。建成社会主义现代化强国,意味着不仅要进入高收入国家和地区的行列,还要基本达到高收入国家中位数的发展水平。在达到高收入国家经济增长规模、数量水准的同时,也应达到高收入国家在发展动力、社会进步、人口素质、生活水平、生态环境、政府治理等方面的质量、效率水准。这些是我们衡量、评价社会主义现代化水平的重要标准。还应看到,我国全面建成小康社会进程中存在的短板弱项,主要是发展不平衡不充分的一些问题,如发展质量和效益还不高,创新能力不够强,实体经济水平有待提高,城乡区域发展和收入分配差距依然较大,群众在就业、医疗、教育、居住、养老等方面面临不少难题,生态环境保护不够有力,社会文明水平尚需提高等。这些问题能否有效解决,直接影响到人民群众对我国现代化建设水平和成果的主观感受,必须格外加以重视。为此,要学习好贯彻好党的十九大报告关于新时代中国特色社会主义发展的战略安排,切实解决好发展不平衡不充分问题,努力实现更高质量、更有效率、更加公平、更可持续的发展。

推动经济高质量发展的几个要点

决胜全面建成小康社会,开启全面建设社会主义现代化国家新征程,必须坚定不移把发展作为党执政兴国的第一要务,坚持解放和发展社会生产力,坚持社会主义市场经济改革方向,推动经济持续健康发展,推动经济高质量发展。为此,需要把握好以下几个方面。

确立绿色发展方式。社会主义现代化建设是一个长期过程,是一个由主要依靠物质资源投入刺激经济增长的落后发展方式向主要依靠创新驱动推动经济增长的先进发展方式转变的历史进程。在过去经济高速增长阶段,由于资源约束相对宽松,我国经济增长方式是粗放的,导致了目前比较严重的环境污染和资源瓶颈制约问题。推动经济高质量发展,首先必须探索建立科学的发展方式以突破资源瓶颈制约。我们不能把主要依靠物质资源投入刺激经济增长的落后发展方式带入新的发展阶段。党的十九大报告提出加快建设创新型国家的战略任务,强调坚定实施创新驱动发展战略,在强化基础研究、加强应用基础研究、加强国家创新体系建设、倡导创新文化等一系列重点领域,取得新突破。因此,要突出科技创新的作用，走出一条绿色发展新路子，形成主要依靠创新投入推动经济增长的先进发展方式。

经济增长要与促进社会公平正义协调推进。党的十九大报告把坚持在发展中保障和改善民生作为新时代坚持和发展中国特色社会主义的基本方略之一，强调"增进民生福祉是发展的根本目的。必须多谋民生之利、多解民生之忧，在发展中补齐民生短板、促进社会公平正义"。因此，推动经济高质量发展，应坚持民生为先、民生为重、民生为本，不断实现好、维护好、发展好最广大人民的根本利益，让发展成果更多、更公平惠及全体人民，使经济社会发展朝着共同富裕方向前进。在实际工作中，要把提高就业质量和推动创业摆到突出位置，以产业结构调整带动就业结构优化。加强基本公共服务体系建设，加大社会公共产品和服务的供给，不仅要增加供给数量，更要提高供给质量。进一步健全社会保障体系，持续扩大社会保险覆盖面，稳步提高社会保障待遇水平。打造现代化的社会治理体系，改进社会治理方式，激发社会组织活力，推进社会治理主体、手段、过程的现代化。

以城乡融合发展推动"三农"现代化。现代化必须解决区域差异大、城乡发展不平衡等问题。习近平总书记强调：中国要强，农业必须强；中国要美，农村必须美；中国要富，农民必须富。党的十九大报告高度重视"三农"工作，提出实施乡村振兴战略，坚持农业农村优先发展，按照产业兴旺、生态宜居、乡风文明、治理有效、生活富裕的总要求，建立健全城乡融合发展体制机制和政策体系，加快推进农业农村现代化。乡村振兴战略的提出，突破了以往统筹城乡发展中比较重视以城带乡、以工支农单向度资源流动的局限性，而是强调城乡是一个有机整体，尊重差异、资源互补，坚持农民主体地位，充分发挥乡村主动性来激发乡村活力，探索建立农业农村可持续的内生增长机制。在推动区域协调发展方面，党的十九大报告指出："以城市群为主体构建大中小城市和小城镇协调发展的城镇格局。"这就确立了城市群在区域协调发展中的重要空间作用和社会价值。推进城市群发展，重点要解决好城市间的分工协作和跨行政区发展难题，如提供区域性公共物品包括城市间共建共享的大型基础设施、同城化的社会福利，跨行政区的城市群治理等。

防范化解风险，实现平稳增长。现代化进程总是伴随着一系列经济社会风险和不确定性。在经济全球化背景下，国内外各种不确定因素引发各种风险和挑战，我国经济社会结构转型和体制机制转型的双重叠加，使得现代化建设更为复杂艰巨。当前和今后一个时期，可能是我国发展面临的各方面风险不断积累甚至集中显露的时期，这些风险既包括国内的经济、政治、意识形态、社会风险等,又包括国际经济、政治、军事风险等。党的十九大报告指出:从现在到二〇二〇年,是全面建成小康社会决胜期。要突出抓重点、补短板、强弱项,特别是要坚决打好防范化解重大风险、精准脱贫、污染防治的攻坚战。党的十九大报告还进一步强调,健全金融监管体系,守住不发生系统性金融风险的底线。防范化解风险,需要增强忧患意识,运用底线思维,突出问题导向,提高驾驭本领;需要深化系列改革,补齐制度漏洞,做好顶层设计;需要加强源头防治,如坚决化解产能过剩、降低企业杠杆率、增强可持续发展能力;处理好发展与利益、效率与公平的协调关系,解决好民生问题,增加群众幸福感;继续加大反腐败力度,进一步改善党群关系,提高党委政府公信力等。

（原文载于《光明日报》2018 年 5 月 24 日第 6 版）

文化自觉、文化自信与城乡文化和谐共生

徐之顺　　胡宝平

"发达国家的发展历史表明,城乡文化关系问题是一个国家在工业化、城市化进程中必然出现、必须解决的重大实践问题。"①21 世纪以来,党和国家非常重视城乡文化关系问题。2011 年党的十七届六中全会提出城乡文化发展一体化理念。2012 年党的十八大提出以人为本的新型城镇化战略。2017 年党的十九大提出实施乡村振兴战略,加快形成城乡融合发展的体制机制。2018 年习近平在中共中央政治局第八次集体学习时强调:"在现代化进程中,如何处理好工农关系、城乡关系,在一定程度上决定着现代化的成败。我国作为中国共产党领导的社会主义国家,应该有能力、有条件处理好工农关系、城乡关系,顺利推进我国社会主义现代化进程。"②近些年来,理论界、学术界从文化适应、文化认同、公共文化服务等多维视角研究了城乡文化和谐共生问题,取得了积极成果。然较少有学者从文化自觉、文化自信的视域研究思考城乡文化和谐共生。文化自觉是对自身文化"是什么""如何形成"和"应当是什么"的理性认知,文化自信是对自身文化"应当何为"的情感认同和实现其价值的坚定信念。文化自觉、自信构成文化坚持和发展的前提和基础。唯有清醒的城乡文化自觉和坚定的城乡文化自信,才能为真正解决我国发展什么样的城乡文化、确立什么样的城乡文化关系、如何保持城乡文化和谐共生的正确方向等现实问题提供理论与实践指导。

一、文化自觉：城乡文化和谐共生的客观认知前提

文化自觉概念,费孝通先生较早提出并在不同场合进行了阐释。"文化自觉,意思是生活在既定文化中的人对其文化有自知之明,明白它的来历、形成的过程、所具有的特色和它发展的趋向。自知之明是为了加强对文化转型的自主能力,取得决定适应新环境、新时代文化选择的自主地位。"③"自觉是为了自主,取得一个文化自主权,能确定自己的文化方向。"④"同时,文化自觉指的又是生活在不同文化中的人,在对自身文化有自知之明的基础上,了解其他文化及其与

---

①　胡宝平、徐之顺:《价值认同与城乡文化和谐共生》,《南京社会科学》,2018 年第 2 期。
②　《习近平在主持中共中央政治局第八次集体学习时的讲话》,《人民日报》,2018 年 9 月 23 日。
③　费孝通:《中国文化的重建》,上海:华东师范大学出版社 2015 年版,第 35 页。
④　费孝通:《中国文化的重建》,上海:华东师范大学出版社 2015 年版,第 60 页。

自身文化的关系。"①综合上述阐释,文化自觉主要包含三层含义:第一,文化自觉是对不同文化发展规律的自觉认知,既体现在对自身文化发展的把握,也体现在对他者文化发展的把握,"我们需要懂得各国、各地区的文化为什么不同,只有抓住了比较研究,才能谈得到自觉"②。第二,文化自觉是对不同文化发展关系的自觉认知。全球化时代,"过去那种地方的和民族的自给自足和闭关自守状态,被各民族的各方面的互相往来和各方面的互相依赖所代替了。物质的生产是如此,精神的生产也是如此。各民族的精神产品成了公共的财产。民族的片面性和局限性日益成为不可能,于是由许多种民族的和地方的文学形成了一种世界的文学"③。把握不同文化关系的正确价值取向就是"在这个正在形成中的多元文化的世界里确立自己的位置,然后经过自主的适应,和其他文化一起,取长补短,共同建立一个有共同认可的基本秩序和一套各种文化都能和平共处、各抒所长、联手发展的共处守则"④。这个"共处守则"正如费孝通所说的:"各美其美、美人之美、美美与共、天下大同。"⑤第三,文化自觉是对自身文化发展主体性的自觉认知。树立文化自觉的目的是获得文化发展自主权,避免文化入侵、文化殖民,既不闭关自守,也不盲目照搬,坚守本民族的文化立场,谋求本民族的文化发展权益,牢牢掌握文化发展的话语权、主导权与领导权。自中国实行改革开放政策以来,工业化、市场化、城市化、信息化快速发展,极大地改变了传统社会原有的结构和运行机制,城市文化凭借工业化的资本优势和城镇化的政策推力,通过传媒、教育、市场、人口流动、旅游等各种途径,以强势姿态全面"下乡",广泛渗透,城乡文化关系由原来的相互断裂、隔离,变成相互碰撞、对立和冲突。⑥ 如何有效遏制伴随着工业化、城镇化进程而出现的我国城乡文化同质化、乡村文化边缘化趋势,努力消除城乡文化的对立和冲突,实现城乡文化和谐共生,就成为我国现代化进程必须解决的重大现实问题。实现城乡文化和谐共生,涉及城乡文化发展规律、城乡文化关系以及城乡文化发展主体性等问题。因此,坚持文化自觉既是实现城乡文化和谐共生的前提,也是其基本要求。

　　1. 确立对城、乡文化发展规律及其关系的自觉认识。传统中国城乡文化的发展具有同源性、一体性,⑦二者根源于农耕文明且较少受到外来文化影响,呈

①　费孝通:《中国文化的重建》,上海:华东师范大学出版社 2015 年版,第 75 页。
②　费孝通:《中国文化的重建》,上海:华东师范大学出版社 2015 年版,第 130 页。
③　《马克思恩格斯文集》(第 2 卷),北京:人民出版社 2009 年版,第 35 页。
④　费孝通:《中国文化的重建》,上海:华东师范大学出版社 2015 年版,第 161 页。
⑤　费孝通:《21 世纪人类面临的新挑战》,《广西民族学院学报》,2000 年第 5 期。
⑥　徐之顺:《城乡文化:基于文化认同的和谐共生》,《江苏社会科学》,2016 年第 2 期。
⑦　徐之顺:《城乡文化:基于文化认同的和谐共生》,《江苏社会科学》,2016 年第 2 期。

现出很强的稳定性、连续性。近代中国以降，受列强入侵、开埠通商以及国内民族工业的影响，城市的发展具有了与以往不同的动力与环境，城乡呈现了不同的发展轨迹，城乡文化日益呈现多样性、异质性。城市文化的基础是现代工业经济，工业经济的发展是当代中国城市文化发展的根本动力；而乡村文化的基础则是有着几千年历史的农业经济，农业经济的发展是当代中国乡村文化发展的根本动力。新中国成立以后，城乡经济二元发展格局带来城乡文化二元发展格局。改革开放以后，随着城乡经济二元发展转变到城乡经济统筹发展，再转变到城乡经济一体化发展、城乡融合发展，城乡文化二元发展也逐步转变到城乡文化统筹发展进而转变到城乡文化一体化发展、城乡文化融合发展。现在，城乡统一市场的形成，城乡发展要素的自由流动，现代传播手段的普及应用，所有这一切推动了城市文化与乡村文化的相互影响、相互渗透，形成了"你中有我、我中有你"的景象。因此，城乡文化的发展既不可能像传统中国城乡文化的完全同质化发展，也不可能形成城乡文化完全独立、互不关联的并行发展，应该也只能是相对独立的关联性融合发展。需要进一步把握的是，几千年来中国文化底色是乡土性，乡村文化是中华文化的坚实载体，农耕文化依然具有强大的文化基因与影响力，潜隐并深度地支配着当代中国人的思想与行为。同时，中国目前仍然有近 5.8 亿人生活在农村，承载着中华文化的乡土底蕴。西方发达国家城市化的历史也表明，以城市吞并农村这一文化圈地式的现代化发展路径是行不通的，是不可持续的。因此，当代中国城乡文化关系不是先进与落后的关系，不是替代与被替代的关系，不是改造与被改造的关系，而是不同文化形态、同等文化地位、共享文化发展权利之间的关系，是功能各异、优势互补的文化关系，是和而不同、和实生物、和谐共生的文化关系。

2. 正确把握当代中国城乡文化与中国特色社会主义文化的关系。中国特色社会主义文化以中华优秀传统文化、革命文化、社会主义先进文化为基本内容，中华优秀传统文化是革命文化与社会主义先进文化之源流，革命文化是对中华优秀传统文化的继承与发展，社会主义先进文化则是对中华优秀传统文化与革命文化的继承与发展，三种文化在时间上继起、空间中并存，共同构成中国特色社会主义文化。中国特色社会主义文化内蕴着中国精神、中国价值与中国力量，是实现中国梦的精神指引，对具体的文化建设起到引领作用。当代中国城乡文化是以不同经济形态为基础、以不同物理空间为载体的文化形态，它与中国特色社会主义文化之间存在密切关系：一方面，二者是共性与个性的关系，中国特色社会主义文化构成当代中国城乡文化的本质，中国城乡文化则成为中国特色社会主义文化的具体存在样态。从精神文化层面来说，中国特色社会主义文化无法抽象地存在,必须依托一定的、具体的文化样态。中华优秀传统文化、革命文化和社会主义先进文化都必须通过形态各异、特色鲜明、地域差异的城乡文化来彰显。发展丰富多彩的城乡文化是发展中国特色社会主义文化的重要路径。另一方面,中国特色社会主义文化引领城乡文化发展方向。中国特色社会主义文化是中国特色社会主义制度优越性在文化形态上的表现,我们要建设的是具有中国特色的社会主义城乡文化,唯有坚持前者才能保证后者沿着正确的方向健康地发展。"当代中国城乡文化和谐共生,呈现为社会主义先进文化主导的一元多样的文化格局。"①社会主义先进文化规约着中国城乡文化的价值取向与价值标准,贯穿于城乡文化发展的全过程、各方面,并形成社会主义先进文化主导下的现代城乡文化共同体。

3. 正确把握当代中国城乡文化与外来文化之间的关系。肇始于西方的工业革命,在推动实现国家现代化、经济全球化的过程中,也推动了文化流动、文化传播的全球化。长期以来,受西方经济强势的影响,文化流动、传播的全球化并不是双向的、多向的,而是单向的、一维的,表现为西方文化向全球的高势位渗透与覆盖。如何对待西方资本主义文化,如何化解中外文化冲突,成为近代以来中华民族面临的重要文化问题,也成为近代以来中国城乡文化发展中的重要问题。"就现代化类型而言,中国属于典型的迟发—外生型,其过程特征表现为由外到内的传导型社会变迁,因而现代化导致的文化冲突大致具有异质文明冲突的性质。"②中国思想界在这一问题的思考中曾经形成了复古论、折中论与西化论等三种思想倾向,但哪一种思想都缺乏清醒的文化自觉。是在中国共产党产生后,运用马克思主义辩证看待中外文化关系,中华民族在文化精神上才从被动转为主动,正确解决了文化冲突问题。历史与现实表明,正确处理中华文化、中国城乡文化与外来文化的关系,必须坚持以马克思主义为指导思想,既要避免城乡文化封闭僵化,又要避免文化入侵。吸收外来但忘记本来,外来文化就会演变成文化殖民;吸收外来不忘本来,外来文化就会具有民族文化的形式并与本土文化融为一体。清醒把握中国城乡文化与外来文化交流、碰撞、交融的过程,就是形成民族性的中国城乡文化发展的过程。

4. 坚持城乡文化发展的主体性。城乡文化发展的主体性,是指城乡文化主体主动参与文化创造、文化发展,主导外来文化要素的吸收吸纳,主动选择文化发展道路,把握城乡文化发展方向。简言之,就是完全拥有推动城乡文化发展、

---

① 胡宝平、徐之顺:《价值认同与城乡文化和谐共生》,《南京社会科学》,2018 年第 2 期。
② 韦定广:《当代中国文化和谐的路径选择及其目标实现》,《常熟理工学院学报》,2008 年第 3 期。

使之满足自身美好生活需要的文化领导权。城乡文化发展的主体性，首先体现为城乡文化发展的自主权。自主权是主体性的核心。在处理中外文化关系中，不以别人的意志为准则，不以别人的审美为标准，不以别人的好恶为裁判，而是深知自己的文化特色、文化特质、文化价值、文化旨趣，因而面对他者文化，能够从容对话，交流互鉴，美美与共。只有确立文化主体性才能有效拒绝外来文化霸权，对文化渗透保持警惕。其次体现为城乡文化发展的能动性。城乡文化主体不仅能根据现实需要满足自己的精神文化生活，而且能够根据自己的发展需要能动性地形成具有现实超越性的精神文化价值目标；不仅能够依靠现有的条件发展城乡文化，而且能动地创造条件发展城乡文化。城乡文化主体的能动性过程，也是城乡文化主体本质力量的生成累积过程，是主体自身改造、促进本质力量丰富与发展的过程，这一过程正是通过城乡文化的多样性发展体现出来的。

二、文化自信：城乡文化和谐共生的主观认同基础

文化自信不同于文化自觉。文化自觉属于主体的理性意识；文化自信是主体对自身文化生命力、文化意义与文化功能、文化价值的体认与坚定信心，表现为主体的积极健康的心理状态和精神状态。同时，文化自信与文化自觉存在着密切联系。一方面，文化自觉奠定了文化自信的理性基础，缺乏文化理性，文化自信容易受非理性的情感支配，难以稳定坚持、独立自守，文化自信也容易演变成文化自大或文化自卑。正是在这个意义上，文化自觉构成文化自信不可或缺的要素和前提条件。另一方面，文化自信是文化自觉的底气和目标追求。"文化自信既可以说是文化自觉的底气，也可以说是文化自觉的自信呈现。"[①]没有文化自觉的主体是无根的主体，是被他者文化统摄，实质是被异己主体主宰的主体；文化自信是文化自觉的内在精神动力和行为目的，没有文化自信，主体难以产生文化自觉的需要与动力。可以说，文化自信是理论形态的文化自觉转化为现实形态文化自觉的中介和桥梁。

1. 文化自信是城乡文化繁荣发展的活力之源。没有城乡文化的繁荣发展，城乡文化和谐共生注定是低水平的不可持续的和谐共生。城乡文化繁荣发展的动力除植根于经济繁荣发展之外，文化主体创造活力的迸发也是必备因素。文化自信催生了主体的自豪感、认同感和使命感，使主体有责任、有义务、有使命推动文化的发展繁荣，比如孔子整理六经、唐宋援佛入儒推动儒学创新发展等等，

---

① 张继焦：《从"文化自觉"到"文化自信"：中国文化思想的历史性转向》，《思想战线》，2017 年第 6 期。

背后都存在着坚定的文化自信。从实践来看,凡是文化繁荣的城乡,均饱含着文化主体对自身文化的强烈情感认同以及创新发展的热情和激情;凡是文化凋敝的城乡,无不体现了文化主体对自身文化的冷漠、摧毁与拒斥。总之,文化自信左右着主体的文化偏好、文化选择与文化实践。

2. 文化自信是城乡文化健康发展的坚实基础。改革开放以来,伴随着城乡经济社会的深度变革与快速发展,城乡文化获得了空前的繁荣发展,与此同时,也暴露出不容忽视的问题。如:城乡文化虚无化。城市化进程中,拆旧城造新城,破坏历史文化遗产的现象并不鲜见。随意割断历史文脉,人为消除记忆空间,导致"乡愁"无处寻觅,精神家园无处存放,造就无根的城市文化。一些乡村则鄙视乡村文化,照搬城市文化,导致乡村文化城市化,城乡文化同质化。又如:城乡文化世俗化,表现为以自私自利为主的个人主义,以符号占有为主的消费主义,以工具理性为主的道德虚无主义,以感官满足为主的享乐主义。再如:城乡文化西方化。一些城市道路、广场、小区喜欢以西方文化符号命名。一些建筑喜欢模仿、复制西方建筑样态,甚至盲目推崇西方设计师建筑设计式样,以此吸引眼球,标榜现代。这些问题的产生,从根本上是源于文化自信的缺失,实质是对中国城乡文化生命力与功能价值的认同危机。缺乏文化自信,也就缺失了对先进文化、民族文化与地域文化的尊重、信仰与坚守,正如有学者指出的:"实际上,追求形式上的独特和怪异,还有一种心理就是怕别人说我们不够现代化,然而这恰恰反映出对我国建筑文化缺乏应有的自信。"①

3. 文化自信为城乡文化和谐共生提供了共同的精神文化纽带。城乡文化和谐共生不仅体现为城乡文化动态的共生过程,而且体现为静态的共生统一体。这个统一体就是现代城乡文化共同体。现代城乡文化共同体的形成,不仅需要以城乡利益共同体为经济基础,而且需要以共同的精神文化纽带为情感及居民交往基础,共同的精神文化纽带可以消除城乡主体因身份、地位、职业、距离造成的差异,维系城乡居民之间的交往交际。在当代中国,建构共同的精神文化纽带离不开对中华优秀传统文化的自信与认同。中华优秀传统文化是中国人文化认同和价值认同的最大公约数。此种共同的精神文化纽带,从中华民族层面看,通过儒家主流文化理念以及以春节、元宵节、清明节、端午节、七夕节、中秋节等传统节日为载体的传统文化表现出来。从城乡层面看,通过地域文化、地域精神表现出来。近些年来,中国传统节日的吸引力、影响力和感召力有所衰减,而西方节日借助现代传媒和市场力量则推波助澜,这正是文化自信缺失的表现,是对传

---

① 单霁翔:《从功能城市走向文化城市》,天津:天津大学出版社 2013 年版,第 227 页。

统节日、民俗文化资源价值挖掘不够、利用不足、活化不力，难以适应转型期中国城乡居民的文化需要、心理需要、交往需要。

三、以文化自觉、自信促进城乡文化和谐共生

党的十九大报告指出："发展中国特色社会主义文化，就是以马克思主义为指导，坚守中华文化立场，立足当代中国现实，结合当今时代条件，发展面向现代化、面向世界、面向未来的，民族的科学的大众的社会主义文化。"①唯有树立文化自觉，才能坚持城乡文化和谐共生的正确方向，真正使中国特色社会主义文化引领城乡文化发展繁荣、和谐共生；唯有坚定文化自信，城乡主体才能真正认同中国特色社会主义文化，肩负起城乡文化创新发展的重任与使命。对于城乡文化发展来说，"发展面向现代化、面向世界、面向未来的，民族的科学的大众的社会主义文化"，实质就是要着力发展马克思主义指导下的先进性、民族性、地域性的中国特色社会主义城乡文化。

1. 坚持先进文化引领，促进具有时代精神的城乡文化和谐共生。社会主义先进文化的核心是社会主义核心价值观，坚持社会主义先进文化对城乡文化发展及其共生的引领，就是要使社会主义核心价值观成为城乡居民的核心价值认同。没有社会主义核心价值认同，城乡文化发展就会丧失共同的价值观基础，丧失鉴别文化优劣的能力，城乡文化融通就会偏离健康的发展方向。为此，一要推动社会主义核心价值观融入城乡群众精神文明创建活动之中，通过学雷锋志愿服务、爱岗敬业、诚信教育、孝老爱亲等形式多样的主题实践活动，借助可操作性的价值评价标准，让社会主义核心价值观贯穿于文明城市、文明单位、文明校园、文明村镇、文明家庭等创建活动之中，以扎实有效的文明创建活动促进核心价值观在城乡大地生根发芽。二要推动社会主义核心价值观融入城乡群众日常生活之中，与市民公约、村规民约、行为规范有机融合，与地域文化、地域精神有机融合，实现核心价值观的地方性表达，充分发挥价值观解决现实关切、抚慰心灵、终极关怀的重要作用，推动核心价值观成为城乡群众的价值信仰、精神支柱和价值追求，化为群众的情感认同、行为认同。三要推动社会主义核心价值观融入群众文化活动之中。目前城乡群众文化活动热情高涨，政府应支持建立群众文化团体，鼓励文化志愿者开展文化帮扶，支持创作蕴含正确价值导向的文艺节目、文化作品，促进核心价值观的大众化、通俗化。四要推动社会主义核心价值观融入

---

① 习近平：《决胜全面建成小康社会 夺取新时代中国特色社会主义伟大胜利》，北京：人民出版社2017年版，第41页。

城乡好人等各类道德模范推荐、评选之中。好人推荐、评选的过程同时也是培育践行社会主义核心价值观的过程,是城乡群众树立真善美、寻求真善美、学习真善美、鞭挞假恶丑的过程。社会主义核心价值观的宏大话语,通过好人推荐评选活动的常态化融入城乡群众的日常生活之中。

2. 坚守中华文化立场,促进具有中国风格的城乡文化和谐共生。中华文化立场,"就是按照主要在中国大地上产生并发展的共同文化价值观、思维方式、人文理念、核心思想来分析和处理问题"①。要引导城乡居民科学认知中华优秀传统文化的人文价值、中国价值和时代价值,把不断弘扬中华优秀传统文化作为城乡文化发展的出发点和落脚点,不断促进中华优秀传统文化根深叶茂;引导城乡居民学会运用中华优秀传统价值观念、思维方式开展文化交流、解决文化冲突、进行文化创造;要不断提高城乡居民文化自决自主能力。著名学者汤因比研究了人类历史上诸文明并得出结论,认为文明的衰落在于"自决能力的丧失"。文化自决自主能力不同于政治领域的决断,可以运用手中的权力抉择。文化领域的自决自主取决于清醒的文化自觉,以及在此基础上的文化创造性转化与创新性发展能力。此种能力不济,坚守中华文化立场难以实现。现实生活中,中华文化在何种情形下实现内容不变与形式创新相结合,何种情形下实现形式不变与内容转化相结合,何种情形下内容转化与形式创新相结合,这些都应在城乡居民的生产、生活、交往中形成并最终由实践加以检验。

3. 坚守地域文化特性,促进具有地方色彩的城乡文化和谐共生。从空间看,城乡文化总是体现为一定地域的城乡文化。地域文化,"是由特定区域的气候条件、地理环境、物质生活、民俗风情、社会风气和文化传统等诸多因素综合作用后所逐渐形成"②,地域文化可大可小。大处看,一定地域的城乡文化属于同一种地域文化;小处看,城乡文化的不同可以视为不同地域文化的影响结果,表现为不同地区城乡文化或同一地区城乡文化各具特色与个性。现实中存在的城市文化趋同化、城乡文化同质化,一定程度上是忽视地域文化或剥夺地域文化在城乡文化发展中的地位和作用所致。地域文化是一定地域的大众共享的文化,同一地域的文化传统或文化民俗或共守的历史文化基因,构成了地域性城乡文化融合共生的文化基础。随着区域经济社会的发展,地域文化经历着缓慢的文化变迁过程,因而存在着历史与现代的不同。发展城乡文化,就要传承、改造、转换、提升地域文化,努力实现城乡大众的文化发展权益与精神文化诉求。一是维

---

① 朱康有:《坚守中华文化立场》,《人民政协报》2017 年 11 月 20 日。
② 单霁翔:《从功能城市走向文化城市》,天津:天津大学出版社 2013 年版,第 189 页。

护好"乡愁"与"城愁"。尊重城乡的文化肌理、文化传统，保护好城乡的文化遗产、文化积淀，为城乡文化可持续发展贮存丰富的用之不竭的文化资源、文化要素。二是传承好民俗文化。"民俗是集体意识与行为的显现，并由社群性决定了民俗文化的民族性和地方性。"①民俗文化是地域文化的典型、集中代表，是地域性生产生活方式、思维方式、风俗习惯的文化结晶，反映了地域性城乡群众共同的文化记忆、文化情感，形塑了共同的集体文化身份，构成了城乡文化和谐共生的心理情感基础。当代中国，传承民俗文化要顺应城乡主体生产生活方式的改变、交往方式的改变、审美趣味的改变，创新文化表达，激活内在生命，契合群众文化需要。三是建构好地域精神。地域精神是地域文化的核心与灵魂，构成了地域性的文化性格，如张家港精神、温州精神、深圳精神等等，均是如此。要把传承发展地域精神作为地域性城乡文化发展的关键，不断提升地域文化软实力，在城乡文化发展中发挥凝魂聚气功能，让地域精神传承构成城乡文化和谐共生的内在动力。

［原文载于《南京师范大学学报》(哲社版)2018 年第 6 期］

---

① 陶思炎：《南京民俗》，南京：南京出版社 2016 年版，第 2 页。

打造文化交往空间　破解文化整合困境

朱蓉蓉　　徐之顺

　　由于文化等诸方面的深刻差异,在城市工作、生活的大量进城务工人员无法真正融入城市社会。法国社会学家涂尔干将这种困境称为"整合困境"。这种困境在跨区域的文化交往互动中表现得尤为明显。有效化解由城乡差异特别是文化因素造成的居民交往互动矛盾,必须明确以"城乡发展一体化"为根本目标、以"协同治理"为基本手段的科学工作思路。只有重视和利用好文化这一因素,才能建设好、运用好城乡居民交往互动矛盾纠纷调处机制,有效化解由文化差异造成的居民交往互动冲突。

一、城乡文化的整合困境亟待突破

　　在城市的经济社会发展中,农村剩余劳动力在城市建设和发展过程中承担着不可或缺的劳动分工者角色。但他们在城市中的生活,是一种跨区域的文化交往互动。传统的农村生活与文化,使其在生活经验、价值观、审美方式、思维方式、行为规范等诸方面,与城市存在显著的文化差异。

　　从体制机制上看,进入城市的农村劳动力因缺乏市民身份,城市空间的社会系统、政治系统、文化系统没有在体制上关注他们相应的社交需求、政治权利及身份认同等基本权益。城市空间的主流文化圈、生活圈将农村流动人口排斥在外,导致城乡居民交往缺乏互动基础。农村流动人口所熟知和认同的乡村传统文化在城市文化中心主义的背景下显得微不足道,城乡文化和谐共生仅能成为文化系统的美好愿景,城乡文化的整合困境由此形成。

　　同时,进城务工人员在文化层面的需求不断增长。经济社会不断发展带来的不仅是物质财富的快速积累,更是精神文化层面居民个体主体意识和权利意识的觉醒。在城市空间里,同一社会场域聚集着不同的利益群体。这些利益群体或源自域内社区,或源自域外社区。他们携带着母体社会赋予的独特文化基因,并形成稳固的文化体系和复杂多样的利益诉求。主体意识和权利意识的显著变化,将折射到不同个体为维护应得利益而产生的态度和行为差异上。当这些异质性文化体系和差异性较强的个体态度、行为出现在同一社区场域时,必然存在张力、发生碰撞。

二、打造多样一体文化交往空间

根据"公共产品"和"公共服务"理论，上述异质利益诉求群体具有公共的利益诉求，如良好的治安环境、绿色的生态环境、稳健的社会保障体系、便利的基础设施等。因此，为突破这样的文化"整合困境"、实现城乡和谐共生的社会目标，需要依托社区和民政等相关部门，共同打造交往空间，促进文化交流，完善体制机制，促使矛盾化解。

公共管理者或服务者面对社区多元利益群体松散琐碎的利益诉求时，需通过合理、合法、创新、有效的途径调配政治资源、经济资源、社会资源、生态资源及文化资源，整合多样化的文化体系和利益诉求，为不同利益主体在同一社会场域交往互动提供条件保障，改变利益失序格局。在社区社会场域形成以社会主义核心价值观为核心的"多样一体"文化氛围，建设社区居民共治社区场域公共事务、共享社区场域建设成果、共担社区场域管理风险的整体利益格局。

在城市的社会生活空间中，社区是相关政策规定的重要宣传和执行主体。同时也比上级组织更加了解各居民小区的实时动态，因此是城乡居民互动的润滑剂。社区既可以通过激发各居民小区潜在的社会资本，举办丰富的社区文体娱乐活动，以增进来自不同文化背景的居民个体之间的情感交往，也可以在这一过程中实时监控、引导居民小区的"社情民意"，弘扬社会主义核心价值观。

三、矛盾调处机制应重视文化因素

有效化解由文化差异造成的居民交往互动冲突，除去文化层面的软性措施，还需从制度层面建设完善城乡居民交往互动矛盾纠纷调处机制。调处机制的建设中文化因素同样不可忽视。

依托城市社区等基层自治组织建立健全社会矛盾预警排查机制。对于矛盾纠纷较为突出的居民小区，社区干部需要及时登记在册和上报上级组织备案，并派遣具有心理咨询和情感分析专业知识或经验的工作人员入户访问，用"动之以情、晓之以理"的方式，将城乡居民交往互动的矛盾纠纷化解在萌芽状态。此外，在各级地方政府公安部、民政部和财政部的协同治理下，要建立一套"一级、二级、三级"城乡居民交往互动矛盾分级管理系统。不断完善矛盾纠纷调处机制，推动形成"人民调解、行政调解、司法调解"的综合网络。

强化人民调解的工作网络建设。以"互联网＋"为契机，积极拓展工作思路，构建集合线下收集、存储、传递，线上信息分析、整合的综合调解管理服务平台。综合调解管理服务平台，一方面可以扩大城乡居民矛盾纠纷调解网络的物理空间覆盖范围,有效化解城市社区和乡村社区问题解决途径不畅通的处境,并将组织触角延伸至如金融、保险、建筑工程等矛盾纠纷多发行业;另一方面,综合调解管理服务平台线上服务系统具有提前预约、网络咨询、视频会议、远程协调等先进功能,这些功能可以大大降低解决问题的成本。以人民为中心做好行政调解。行政调解既要保证程序规范,又不能伤及实体调解成效,即调解工作导向需兼顾程序性和实体性、规范性和时效性。

深化司法调解工作。当人民调解和行政调解均不能有效协调矛盾纠纷当事人的利益诉求时,司法调解就变成了唯一的调解救济渠道。各级人民法院对于提请的司法调解案件,要全力承担调解任务,对于依法适用调解范围的,严格规范调查、立案、调解、判决程序,加大沟通、协调力度。对于依法不适用调解范围的,积极督促庭外调解,并及时提供法律咨询等法律援助手段。

在此需要强调的是,城乡居民交往互动主体矛盾纠纷受交往互动主体的文化背景、心理和身份认同程度、地区治安管理等因素的影响,存在发生的场域和频率差异。因此,矛盾纠纷调处机制的建设和完善中,同样要重视文化因素。

(原文载于《中国社会科学报》2019 年 12 月 17 日第 7 版)

后　记

该课题 2014 年 6 月获国家社科基金立项,原计划 2016 年底完成,但因研究问题的复杂性、问卷调查和样本数据获得的困难等原因,项目研究延迟至 2019 年底,研究时间近 6 年。课题组认真执行项目申请书计划,先后召开系列调研座谈会,以苏州市为样本区进行社会调查,总结地方经验,参加相关学术研讨会 10 次左右,召开开题会、中期研讨会等各类研讨活动 8 次。经过努力,课题进展顺利,先后发表中期成果(论文)10 多篇并产生一定学术影响;撰写决策咨询报告《在新型城镇化进程中推动苏州城乡文化"和谐共生"》,发表于苏州市哲学社会科学联合会《决策参阅》2015 年 5 月 29 日第 4 期,获得时任中共江苏省委副书记、苏州市委书记石泰丰批示;完成研究报告《城乡文化和谐共生:理论基础、实现机制及地方经验》,9 章约 20 万字。

本书是在充分讨论确定研究写作提纲基础上,课题组成员分工执笔完成的。撰写分工如下:徐之顺(第一章第一、二、三、四节,第二章第二、三、四、五节,第三章,第四章第二节,第六章),胡宝平(第四章第一、四节,第七章),李明宇(第二章第一节,第五章、第九章),朱蓉蓉(第一章第五节,第八章),徐之顺、胡宝平、李明宇、朱蓉蓉共同撰写了第四章第三节。课题负责人徐之顺负责全书写作提纲的拟定、总纂定稿和写作过程中的组织工作。李明宇参与了统稿工作。省社科联胡元姣帮助整理、统计问卷调查结果和分析调查结论。

囿于理论研究广度深度和实践发展不足的局限性,本项目成果还存在一些不足和欠缺,提出的一些观点和研究结论也是带有探索性,不当和偏颇之处在所难免,敬请同行专家和读者批评指正。需要指出的是,课题组的研究还是初步的,仍然有很多问题需要进一步深入探讨,如:如何从实施乡村振兴战略的高度定义城乡文化和谐共生的时代内涵,使之成为国家战略的重要组成部分;如何从发展中国特色社会主义文化的高度,推进社会主义核心价值观的生活化、制度化,使之构成城乡居民主体价值观的核心;如何从经济欠发达地区实际出发,调整、充实评价指标,使评价研究更具有科学性和普适性;等等。总之,课题组的研究工作虽然取得了一些成绩,但我们深感责任更大,还需要付出更大努力深化研究,为中国和江苏城乡文化和谐共生、繁荣发展贡献智慧和力量。